近代日本の都市社会集団

伊藤久志 著

◆近代日本の都市社会集団　目　次◆

凡　例

一　本文で引用している史料・文献の表記は、原則として原典に従った。ただし常用漢字は新字体に改め、句読点については適宜補った。

二　本文で引用している史料・文献の記述中、注釈や補足説明が必要と判断した箇所は、〔　〕を用いて補った。ただし、ママ処理については〔　〕を用いず、ルビとした。

三　年代の表記には、原則として元号による和暦を用い、西暦を適宜補った。本文中の元号は、改元の日の前後で使い分けている。ただし表の中で使用した元号については、日付にかかわらず、一八六八年に「明治元年」、一九一二年に「明治四五年」、一九二六年に「昭和元年」を用いた。

四　出典文献の書誌のうち、公刊されたもので出版者名が編著者名と同一のものについては、後者を省略した。

本書は、「國學院大學課程博士論文出版助成金」の交付を受けて刊行されました。

序章　課題と方法

第一節　課題と方法

1　本書の課題

本書が課題とするのは、明治初年から戦後、およそ高度経済成長が一段落しつつある昭和四五年（一九七〇）頃に至る時期において、日本の都市社会集団が(1)、水面下でさまざまな役割を果たし続けることができたのはどのような条件によるものであったのかを、主として組織面の検討を通じて明らかにすることである。本書で言う都市社会集団とは、地縁的結合に基づく諸集団（以下、地縁集団と呼ぶ）のうち、町内会とその前身にあたる個別町、そして職縁的結合に基づく諸集団（以下、職縁集団と呼ぶ(2)）のうち、営業種目を同じくする企業体からなる同業組合である。

近世史研究において、個別町や仲間（以下、本書においてこの語はすべて営業上の仲間を指す）といった社会集団が都市を支えた重要な担い手と考えられていることは、周知の通りである。一方、近代の都市史研究(3)において右の系譜につらなる社会集団は、これまでの研究であまり顧みられていない。確かに、近世社会が元来「共同社会的な部分社会が随所に見られた(4)」と言われる集団主義的なものであったのに対して、近代社会では「自由競争・個人主義を標榜せる資本主義精神(5)」が導入された。そして戦後の都市社会を見ると、地縁集団である町内会の加入率は低下しつつあり、また職縁集団である事業協同組合の動向が経済界のトピックとなることは少ない。しかし、戦前の地域社会においては市町村役場の人的・財政的基盤がきわめて弱く、この「行政の貧しさ(6)」のために、個別町のような社会集団に多くの業務が委ねられざるを得なかったことは、よく知られている。また戦後まもない頃の社会学研究者は、町内会を「特異な地域集団」

と評価し、個人主義と対立する「封建遺制」であるがゆえに早晩消え去るものと考えていた。[7]しかしそうならなかった現実をふまえ、一九六〇年代からは、町内会を日本における「文化の型」として積極的に評価する見方が現れるようになった。[8]このように、日本社会においてはむしろ、都市社会集団が近代、あるいは現代に至ってもなお一定の機能を果たし続けていることにこそ注目すべきであろう。

しかし、明治維新以降国家レベルで進められた社会構造の変革は、甚大かつ長期にわたるものであり、近世の都市社会集団がそのままの組織で対応できたということは、ありえない。また近世都市社会史においては、この三〇年ほどの間に身分制や流通をめぐる研究が目覚ましい進展を見せて精緻な社会構造の枠組を構築してきた。その結果、近代史の側から社会集団がなぜ機能を果たし続けられたのかを考えるうえで、次のような問題が生じるに至ったと考える。

第一点は、身分制の解体という変革が、地縁集団においては実際どのように反映されたのか、という問題である。社会学の研究においては、個別町と家持・店借の関係について、近世の個別町では構成員自体が狭義には家持に限られたのに対し、明治期に再編された個別町では原則として借家人までが構成員となり、さらに第一次世界大戦後には規約上借家人は役員にもなりうるなどの形で個別町の「平準化」が進行した、という流れで画期性が指摘されてきた（具体的な研究については第一章の注2を参照）。しかし近世史学の研究においては、幕末期すでに個別町の内部で借家人の地位が上昇していたことが指摘されている（第一章の注3を参照）。こうした幕末期の実態をふまえると、明治前期の画期性をどう理解するのが適切なのかは、改めて問われるであろう。そもそも当時の家持が、それまで個別町運営から排除してきた者の取り込みをこの時期新たに受容しえたのは、どのような理由によるものだったのだろうか。一方、昭和戦中期から戦後にかけての町内会は、借家人層を含む全戸加入制となり（戦後は任意加入である）、その点がかつて社会学者によって注目されていたことは先に述べたとおりである。だが、全戸加入制と封建遺制を象徴する旧中間層支配とが併存し得たのがなぜかという問題はいまだ残されたままであり、この点についての考察も必要であろう。

第二点は、流通独占の解体という変革が、職縁集団＝仲間[9]においては実際どのように反映されたのか、という問題である。明治政府は、独占の否定とともに問屋を中心とする株仲間を解放した。その後に政府は殖産興業の文脈から同業組合を、問屋、仲買など業態の異なる者が所属する「同居型」組織として新たに制度化したが、その結果実際には殖産興業と直接に結びつかない業種の商人たちによっても同業組合は再び設立されていったのである。これはなぜだろうか。とりわけ問屋＝卸商らは、この新しい同業組合制度にどのように対応したのだろうか。また、昭和初期には共同経済事業を行う協同組合型の商業組合が制度化された。そしてこの組合は昭和戦中期に戦時体制のもとで配給統制機関へと変質させられたが、戦後は再び協同組合型の事業協同組合が制度化されて、社会に定着した。従来の研究ではこの過程について、それぞれ国家政策の変更によるものとして断絶面しか捉えられていない。しかし事業者側の意思や状況を史料からうかがうことで、連続的に理解することはできないのだろうか。

そして第三点は、都市の広域化、すなわち区域＝空間[10]の拡大という変容が、近代の都市社会集団においてはどのように反映されたのか、という問題である。近世までに都市化していた地域では、明治期に市制を施行した際、都市の区域はほぼそのまま引き継がれた。だが第一次世界大戦後になると町村編入による広域化が著しく進み、都市そのものの性格を変えるほどであった。従来の都市社会集団に関する研究では、この点が十分顧みられていない。個別町や同業組合は、右のような変容をどのような形で受け止めたのだろうか。

2　検討の方法

①三つの着目点

右のような問題意識をふまえて、本書で具体的に着目するのは次の点である。

第一に、明治初年から昭和四五年（一九七〇）頃に至る時期の中で、明治前期と昭和戦中期という二つの時期に焦点を合わせる。明治前期が身分制の解体や株に基づく独占の否定といった、大きな変革期であったことは言うまでもない。しかし近世史研究の進展をふまえて、近代史からも前項で述べたような問題を改めて説明することが求められていると考える。また昭和戦中期の政策が戦後の社会にもさまざまな面で影響を与える画期であったという主張は、一九四〇年体制論と呼ばれて種々の事実が指摘されている[11]。しかし各都市など地域レベルの問題については、昭和戦中期に採用された仕組みがなぜ戦後まで定着したのかを、改めて説明すべきであろう。

第二に、近世の社会構造論を前提としたうえで近代の地縁・職縁集団双方に目配りした考察を行うために、集団内部の力関係を検討する際には、有力者・非有力者という概念を用いる。すなわち地縁集団においては有力者＝家持、非有力者＝借家人という形で、（商業系の）職縁集団においては有力者＝卸商、非有力者＝小売商という形で、それぞれ内部の力関係を理解する。それによって、両集団における類似性と差異の検討を試みる。個々に見れば当然実力（資力）のある、すなわち資産や収入の多い借家人や小売商も存在したであろうが、少なくとも敗戦頃までは、一般に右のような基準で類型化することは可能だと考える。また有力者・非有力者というのはあまりにも素朴な用語＝概念かもしれないが、このように抽象度の高い概念を用いることで、地縁集団・職縁集団を俯瞰できるであろうし、近世の身分制社会から近代の市民社会・資本主義社会へと社会の価値観が大きく変わる時代的な変化を、連続的に理解しやすくなると考える。

そして第三に、地縁・職縁集団と区域＝空間との関係を考えるために、おのおのの集団がかかえる区域について、極力意識する。具体的には地縁集団の場合、個別町・町内会の区域がどのようなものかということである。これは公称区画としての町・丁目と同一であると考えられやすい。しかし公称区画は行政当局が決定するものであり、社会集団としての地縁共同体がどのような対応をするかは別問題であろう。とりわけ、町村編入によって町方の伝統を引き継ぐ旧市域と在方の伝統を引き継ぐ新市域とが都市内部で混在するようになると、地域による性格の違いが問題化してくるのである。また職縁集団の場合、（商業系の）同業組合の区域は市域と同一であると考えられやすい。しかし、近代においては国内市場の完全自由化や輸送機関の発達といった、商圏を格段に拡大させる要因が現れる。そのため商人の経済活動も、必ずしも市（・郡）域に限定されなくなり、府県などの区域を視野に入れる必要が出てくるであろう[12]。

②対象に関する確認

本書で扱う時期は、明治初年から戦後に至るまでであり、終期としては冒頭に述べたように昭和四五年前後までを念頭に置いている。この時間幅は長いかもしれないが、近世と近現代の対比を重視する形で課題を設定すると、ある程度長い期間を扱わざるを得ない。また明治維新（一八六八年）から敗戦（一九四五年）までが七七年間であるのに対して、敗戦から本年（二〇一六年）までの期間は七一年間に達する。近現代をひとつのまとまった時代として捉える以上、昭和戦中期と戦後について、断絶面だけでなく連続面も意識する見方は、今後ますます必要になるのではないだろうか。なお、本書の各章では「明治期」「昭和期」と元号を用いて時代区分を行っているが、筆者は改元が社会に実質的な影響を及ぼしていると考えているわけではない。明治期とは、第一次世界大戦という、日本の社会経済に大きな影響を与えた事件が起きる以前の時期を指す。そして昭和期とは、古典経済学に立脚した国際的な経済体制の秩序が世界恐慌によって崩れ、修正資本主義などの新たな理論に基づく経済政策が模索されるようになった時期を指すと考えられたい。前者をいわゆる一九世紀市民社会、後者を二〇世紀大衆社会と捉えることも可能であろう。また次節以降、本文中では「近（現）代」（Modernity）という語はほとんど使用せず、「明治期以降」という表現を使用している。これは、近（現）代が中世や近世などの他の時代区分と異なり宿命的に未完の時代であって、「戦後」の長期化をふまえると、本書の考察においては「近代的」「近代化」といった概念を、安易に使用すべきでないと考えたことによる。

本書で扱うフィールドは、近世との対比を考えるという設定課題を受ける形で、近世までに城下町や港町など町場としての蓄積を有していた都市とし、以下ではこれを在来都市と呼ぶ。またそれらの都市の中でも、市制を施行した段階ですでに町場であった地域（以下、旧市域と呼ぶ）の動向を念頭に置く。日本の都市は、第一次世界大戦後の時期から町村編入が盛んに行われるようになり、敗戦時にはすでに編入町村部（以下、新市域と呼ぶ）が面積・人口ともに旧市域を上回っていたと見られる。そのため敗戦後について都市の旧市域を扱うことは、もはや都市の中でもマイナーな領域を扱うことになるわけである。しかし本書では、近世との対比を重視する立場から旧市域に重心を置いた。近現代の都市にとって新市域の都市化を考えることは、[13]やがてそちらがメジャーになって都市の概念自体に変質を迫るという意味でむろん重要である。だが新市域の検討を積み重ねても、その成果を直ちに旧市域の状況の理解に援用することはできないであろう。本書ではまた、在来都市を便宜的に大都市（いわゆる六大都市のうち、神戸と横浜を除く東京・大阪・京都・名古屋の四大都市）と地方都市に分けて考察している。

本書で扱う対象は、地縁集団と職縁集団である。このうち職縁集団については、やはり近世との対比という観点から、商業系の同業組合を念頭に置いている。さらに日本の都市社会集団は地縁集団にせよ職縁集団にせよ、歴史的に連合体（以下、都市内における集団がいくつかずつまとまったものをこう呼ぶ）や総合体（以下、都市内における集団がすべて、あるいはそれに近い形でまとまったものをこう呼ぶ）を形成している。このため本書では、個別町と同業組合を基礎的な社会集団と位置づけたうえで、それらの総合体として町総代会と実業組合連合会を取り上げ、また地縁集団の連合体として町内会連合会を取り上げる。これらの集団の性格について、住民や営業者が自発的に結成したものと、行政当局の主導で強制的に設置されたものを区別することは、確かに重要な論点となりうる。しかし日本の社会集団の実態を調べてみると、近世の個別町や近代の負担学区のように、当初は行政の主導で設置されたものであっても、しだいに生活共同体としての機能を強めたり、あるいは住民代表として選挙の候補者を推薦する主体になったりと、時間の経過とともに利益集団としての性格を醸成する事例がしばしば見られる。このため、両者を設立の経緯で区別することは、さほど有効ではないと筆者は考えている。

3　各部・章の構成

本書は考察対象にあわせて全体を三部に分け、その中をおおむね時期によって章に分けている。そして各部のテーマに関して存在する先行研究の成果や、それをふまえた本書での具体的な検討事項は、それぞれ次のようなものである。

【第一部】ここでは地縁集団のうち個別町の動向を中心に扱う。近世の個別町は、近世初頭に共同体としての結合力を最も強く備えており、時代が下るにつれて弱体化、形骸化していったと考えられている。[14] だがこうした弱体化の傾向は、あくまでも相対的なものである。確かに大都市の個別町は「家守の町中」となっていったことが明らかにされているが、[15] 地方都市では一般に大都市ほど極端な現象は見られない。各自治体史の記述からは、個別町が幕末期に至るまで町方支配や生活共同体の基本的な枠組であり続けたことがわかる。[16] 以下の各章は、そのような近世の個別町を前提として考察している。

第一章では、身分制の解体という変革が、地縁集団において実際どのように反映されたのかを、個別町が引き続き「強大」[17]であったと言われる、地方都市の事例をもとに考える。前述した通り、借家人＝非有力者が明治期になって個別町の構成員になったという理解は、身分制の解体という国家レベルの変容を個別町にそのままあてはめたものにすぎない。すでに指摘されている幕末期の実態をふまえ、平準化したと言われる明治前期における個別町の再編がどのようなものであったのか、そして家持＝有力者を含む地域住民がこの再編を受容しえた条件がどこにあるのかを考察する。また平準化がもたらした影響を多面的に捉えるために、町内の内部組織であるクミアイに着目して、その性格変化を検討する。

第二章では、明治末期から地方都市で設立されはじめた町総代会、つまり個別町の総合体の性格について考える。町総代会は先行研究において、第一次世界大戦以前からデモクラティックな、つまり本書で言う非有力者層まで含めた形で市民の意思を代表する性格を持っていたと評価されている。しかし本書では、第一章で確認した明治期個別町の性格をふまえながら、この評価が正しいのかを再検討する。

第三章では、昭和戦中期に内務省訓令によって全国で強制的に設置された町内会の性格について、戦後社会へのつながりを意識しつつ、地域住民の意識にできるだけ重点を置いて考える。その際、社会学が置き去りにしている全戸加入制の二面性についても取り上げている。ただし本章で最も重心を置いているのは、これまで顧みられていない区域＝空間との関わりである。行政当局が、効率的な地方行政を町内会に担わせようとする立場から、この点に関してどのような要求を持っており、個別町とそれを引き継ぐ町内会がいかに対応したのかを検討することで、町内会が戦後社会に定着していく条件を明らかにする。

【第二部】ここでは地縁集団のうち、連合町組織の動向を中心に扱う。近世の連合町組織というべき町組は、三都という当時の大都市でそれぞれ展開していた。[18]また町組は、比較的規模の大きい地方都市にもまとまって存在していたことが知られている。しかしこれらの町組はいずれも明治維新とともに解体されており、個別町に比べて結合力は弱かったと考えられる。

明治期以降の連合町組織として知られているのは、大阪市や京都市の学区である（ここで言う学区とは、町々の連合体が費用を負担して小学校を運営するためのもので、以下本書ではこれを負担学区と呼ぶ）。ただし従来の研究では、地域住民が小学校運営費を負担するというこの特殊な制度が解体されていく状況が注目される一方で、負担学区の廃止後も通学区という形で引き続き維持されていた町々のまとまりが、地域住民にとってどのような意味を持っていたのかということへの関心は弱かった。そして、東京市については明治期以降に形成された連合町組織の存在自体が、研究史上知られていない。一方、大都市の個別町組織としては、京都市の公同組合制度と名古屋市の町総代制度が知られているが、明治期の東京市と大阪市の状況は具体的に明らかにされていない。

こうした研究状況をふまえ、第四章では、日枝神社の氏子集団の動向を追跡することで、明治期東京市の下町（京橋区周辺）における個別町の機能状況を確認するとともに、連合町に該当する多機能的な組織の形成過程を明らかにする。

第五章では、前章と同様の手法で大阪天満宮の氏子集団の動向を追跡することにより、明治期大阪市（北区）における個別町の機能状況を確認するとともに、負担学区発足以前からの多機能的な連合町組織の形成過程を明らかにする。

第六章では、昭和戦中期の内務省訓令による町内会政策が、地方都市を含む在来諸都市の連合町組織のあり方に対してどのような影響を与えたかを、戦後社会へのつながりを念頭に置いて考える。行政当局が、効率的な地方行政を町内会に担わせようとする立場からこの組織をどのように捉え、地域住民がいかに対応したのかを検討することで、町内会連合会が戦後社会に定着していく条件を明らかにする。

【第三部】ここでは職縁集団の動向を扱う。近世の仲間については、おもに経済史の観点から宮本又次氏以来研究が積み重ねられてきた。すなわち、大都市における当時の仲間が問屋や中買といった業態ごとに組織されていたこと、近世中期にとりわけ問屋の独占機能が幕藩権力から公認されて影響力を増したこと、株仲間解散を経た諸問屋再興期には株数制限が撤廃されてその力が減退したことなどが指摘されている。[19] しかし仲間は、株制度に基づく特権的な独占体としてのみ機能していたわけではない。そのため一九八〇年代以降の近世都市史研究においては、社会集団としての側面が注目されるようになった。[20] こうした近世史研究の動向をふまえ、本書では明治期以降の職縁集団を社会集団として取り上げて、地縁集団との類似性や差異の検討を行う。

第七章では、独占の解体による問屋＝卸商重視の否定が、職縁集団において実際どのように反映されたのかを考える。対象とするのは大都市の同業組合（以下、準則組合や公認されていない申合組合を含む）であり、具体的には薬業組合を事例として取り上げる。前述のように、明治政府は独占の否定とともに問屋中心の株仲間を解散する一方、殖産興業の文脈から同業組合を、業態の異なる者が所属する「同居型」組織として新たに制度化した。[21] しかし、実際には殖産興業と直接結びつかない業種の商人たちも同業組合を多数設置しており、このことは、近世の仲間との連続性をうかがわせる。本章では、とりわけ独占の特権を失った問屋＝卸商らが、明治前期の制度変化にどのように対応していたのかを中心に検討する。

第八章では、明治後期から設立されはじめた実業組合連合会（実連）、つまり同業組合の総合体の性格について考える。第一次世界大戦前に設立された実連としては、大都市の一角である東京市のものが知られるが、むしろこの時期には地方都市で実連がいくつも設立されていた。なぜそのような状況となったのかを、卸商・小売商の立場の違いに着目して検討する。

第九章では、昭和戦中期に配給統制政策によって全国で設置された商業組合の性格について、戦後社会へのつながりを意識しつつ、営業者の意識にできるだけ重点を置いて考える。具体的な事例としては、第七章と同様薬業組合を扱う。

また本章で重心を置くのは、これまで顧みられていない業態や区域＝空間との関わりである。行政当局が、効率的な配給統制を商業組合に担わせようとする立場から、この点に関してどのような要求を持ち、営業者がいかに対応したのかを検討することで、協同組合型の組織が戦後社会に定着していく条件を明らかにする。また本章では、一見同じように平準化を経ながら、町内会＝地縁集団が「特異な地域集団」となったのに対して、商業組合＝職縁集団がそのようにならなかった要因についても考察する。

第二節　在来都市の概要と商業の意義

1　都市の定義と人口・面積

都市の定義は諸分野の研究においていくつか存在するが、本書ではシンプルに、ある一定の区域内に人口が多い地域と考える。(22) 戦前の地方行政制度では人口規模が市制施行の主要な目安となっていたため、(23) 本書でも市制施行地を重視する。ただし、市制施行地は年々増えていく。その中で在来都市としての性格と一定の人口規模を兼ね備えているのは、早い時期に施行した地域であるため、本書では、明治期に市となった五八都市（四大都市＋五四地方都市）のグループを重視する。もっとも、日本の都市は空襲その他の災害で多くの史料を失っている。この事実を前提とし、本書の主題にとってより重要なのが在来都市という側面であることに照らして、第一章では大正一一年（一九二二）に市制を施行した埼玉県川越町を取り上げている。

明治期以降、各都市の人口がおおむね拡大の一途をたどったことは周知の通りである。だがその具体的なスケールや時期ごとの増加率についてはそれほど知られていないいため、基礎知識としてここで押さえておこう。表序―1

表序 -1　明治期に市制を施行した在来都市の人口（明治 41 ～昭和 45 年）

市 名	明治41年	昭和5年	昭和25年	昭和45年
東京市	2,186,079	4,970,839	4,555,565	8,656,980
大阪市	1,226,647	2,453,573	1,690,072	2,943,516
京都市	442,462	952,404	1,052,624	1,432,734
名古屋市	378,231	907,404	915,725	2,038,393
青森市	47,206	82,080	95,904	257,075
弘前市	37,487	43,337	63,801	159,465
秋田市	36,294	56,545	118,115	239,443
盛岡市	36,012	62,249	111,889	198,662
山形市	42,284	66,145	101,048	204,789
米沢市	33,063	44,731	55,405	92,291
仙台市	97,944	195,862	307,202	531,943
福島市	33,493	45,692	89,284	229,002
若松市	39,265	43,731	59,150	106,660
水戸市	38,435	60,844	63,486	175,438
宇都宮市	47,114	81,388	100,468	299,610
前橋市	45,183	84,925	94,123	233,118
高崎市	39,961	59,928	91,002	193,992
甲府市	49,882	79,447	109,022	187,639
長野市	39,242	73,912	98,075	284,725
松本市	35,011	72,141	85,755	161,861
静岡市	53,614	174,698	220,284	421,527
浜松市	32,381	109,478	133,739	437,575
豊橋市	43,980	138,713	135,131	260,414
岐阜市	41,488	117,386	178,111	398,389
新潟市	61,616	125,108	210,830	386,538
長岡市	35,376	57,866	61,356	161,594
高田市	28,021	30,934	37,287	74,462
富山市	57,437	79,546	144,229	270,782
高岡市	33,603	54,642	138,988	159,736
金沢市	110,994	168,309	241,226	361,007
福井市	50,396	66,568	82,380	198,255
津市	41,229	63,697	71,578	124,884
四日市市	30,704	51,810	118,682	228,215
宇治山田市	37,539	51,080	67,663	104,148
奈良市	32,732	52,784	78,369	206,408
和歌山市	77,303	160,464	180,159	368,927
大津市	42,869	59,371	84,113	168,856
堺市	61,103	120,348	198,794	594,369
姫路市	41,028	83,979	200,668	409,073
岡山市	93,421	148,667	150,084	381,074
広島市	142,763	270,417	246,134	551,167
尾道市	30,367	29,084	61,086	103,196
鳥取市	32,682	42,137	58,340	115,468
松江市	36,209	48,772	64,503	116,945
下関市	58,254	120,066	180,587	265,526
高松市	42,578	79,906	109,120	273,948
丸亀市	27,019	28,837	36,933	61,511
徳島市	65,561	90,634	109,120	231,229
松山市	44,166	82,477	150,976	330,985
高知市	38,279	100,128	152,738	241,545
福岡市	82,106	250,244	348,052	842,854
小倉市	31,615	88,049	182,096	350,425
久留米市	35,928	83,009	93,690	189,854
佐賀市	36,051	46,183	65,367	145,911
長崎市	176,480	204,626	208,644	424,252
大分市	29,517	57,294	88,346	258,530
熊本市	61,233	171,875	252,547	435,626
鹿児島市	63,640	166,370	175,837	412,864
大都市平均	1,058,355	2,321,055	2,053,497	3,767,906
地方都市平均	50,725	93,121	128,917	270,811
総平均	120,217	246,771	261,647	511,990

出典：明治 41 年は内閣統計局編『日本帝国統計年鑑』（東京統計協会）、
昭和 5 年以降は東京市政調査会編『日本都市年鑑』各年版の値である。
注：昭和 25・45 年の東京市は 23 特別区の値、昭和 45 年の小倉市は北九州市小倉区の値である。

表序 -2　明治期に市制を施行した在来都市の面積（明治 43 ～昭和 45 年）（単位：平方キロメートル）

市 名	明治43年	昭和5年	昭和25年	昭和45年
東京市	(72.38)	439.09	572.81	571.59
大阪市	55.67	185.13	185.12	203.04
京都市	31.28	60.43	535.16	610.61
名古屋市	(38.04)	149.59	158.79	325.69
青森市	(6.47)	10.43	17.12	693.30
弘前市	(5.24)	7.99	12.75	273.41
秋田市	7.32	11.33	132.09	458.88
盛岡市	4.47	<49.73>	219.80	398.72
山形市	20.32	18.26	35.80	381.58
米沢市	(16.94)	17.74	18.48	548.89
仙台市	(17.25)	70.12	169.16	236.88
福島市	8.82	6.02	70.21	745.86
若松市	5.75	4.65	5.75	286.26
水戸市	(3.27)	4.51	12.79	145.96
宇都宮市	17.99	15.89	16.72	313.55
前橋市	11.88	11.97	11.88	147.39
高崎市	4.87	27.66	35.58	110.49
甲府市	7.97	6.81	49.30	171.12
長野市	9.05	29.74	31.06	444.10
松本市	12.17	17.74	18.80	226.20
静岡市	6.14	38.00	160.67	1145.96
浜松市	8.66	14.54	47.28	250.32
豊橋市	19.69	19.69	115.89	253.38
岐阜市	10.05	17.78	80.29	196.20
新潟市	12.22	19.94	72.14	208.41
長岡市	9.22	11.77	15.90	259.92
高田市	(10.47)	7.09	7.91	145.24
富山市	(3.56)	*13.28	103.67	209.06
高岡市	(3.31)	14.88	77.42	151.05
金沢市	10.4	18.58	117.69	459.21
福井市	4.43	<4.43>	32.87	279.14

市 名	明治43年	昭和5年	昭和25年	昭和45年
津市	(12.17)	9.62	48.60	81.47
四日市市	9.65	15.59	60.15	192.39
宇治山田市	(53.28)	(53.28)	91.69	177.80
奈良市	23.44	29.92	39.52	211.91
和歌山市	(5.39)	16.14	73.73	205.30
大津市	14.2	<14.2>	62.37	304.18
堺市	(3.85)	14.91	51.50	132.08
姫路市	3.03	9.79	110.43	267.79
岡山市	(9.39)	*23.51	51.30	249.35
広島市	(27.26)	69.88	69.88	86.68
尾道市	(3.54)	3.29	22.46	109.61
鳥取市	(13.55)	*34.51	45.12	237.25
松江市	(4.31)	(4.31)	42.61	174.57
下関市	(5.24)	15.83	154.14	218.39
高松市	(3.08)	10.01	53.02	194.32
丸亀市	(3.39)	8.82	11.07	63.59
徳島市	11.57	19.52	47.53	187.75
松山市	5.02	18.28	83.60	287.98
高知市	2.81	30.63	119.55	135.35
福岡市	5.09	57.46	128.82	242.18
小倉市	(2.16)	32.70	214.44	211.26
久留米市	2.66	<24.23>	29.16	123.93
佐賀市	(4.31)	13.31	9.09	103.68
長崎市	16	39.54	90.54	207.45
大分市	(17.56)	(17.56)	58.73	350.27
熊本市	6.01	39.18	80.94	145.24
鹿児島市	14.03	16.73	76.07	279.86
大都市平均	49.34	208.56	362.97	427.73
地方都市平均	10.00	20.99	66.95	265.22
総平均	12.71	33.92	87.36	276.43

出典：明治 43 年の値は各市ホームページに基づく。ただし（　）は各県の統計書によって補ったものである。昭和 5 年以降の値は東京市政調査会編『日本都市年鑑』各年版に基づく。ただし＊は同書昭和 6 年版、<　>は各市のホームページによって補ったものである。

注：県統計書で単位が方里となっているものは平方キロメートル＝方里× 15.4 によって換算した。表中の値は、後年に下がるなど誤差を含むものが少なくないと思われるが、ここでは出典の値をそのまま示した。

表序 -3　明治期に市制を施行した在来都市の工業・商業従業者数（昭和５年）

市 名	工業			商業		
	男	女	計	男	女	計
東京市	285,747	26,638	312,385	286,453	86,472	372,925
大阪市	350,876	61,028	411,904	289,913	75,194	365,107
京都市	108,061	24,378	132,439	91,598	28,288	119,886
名古屋市	125,221	32,222	157,443	83,253	29,284	112,537
青森市	5,070	404	5,474	5,797	2,224	8,021
弘前市	3,762	346	4,108	3,284	1,559	4,843
秋田市	4,218	271	4,489	3,380	1,553	4,933
盛岡市	5,308	993	6,301	4,323	1,907	6,230
山形市	6,680	1,497	8,177	4,515	2,034	6,549
米沢市	4,422	2,628	7,050	3,180	1,151	4,331
仙台市	14,811	3,581	18,392	13,655	5,868	19,523
福島市	3,691	2,551	6,242	4,227	1,506	5,733
若松市	5,368	661	6,029	4,086	1,661	5,747
水戸市	4,894	857	5,751	4,646	2,531	7,177
宇都宮市	6,891	872	7,763	8,457	2,879	11,336
前橋市	9,408	11,570	20,978	8,172	2,567	10,739
高崎市	5,629	2,303	7,932	6,291	1,967	8,258
甲府市	8,474	5,613	14,087	8,902	2,811	11,713
長野市	6,673	1,254	7,927	6,557	2,521	9,078
松本市	7,033	6,564	13,597	6,790	2,196	8,986
静岡市	17,296	2,809	20,105	10,386	4,077	14,463
浜松市	14,463	5,699	20,162	9,657	4,067	13,724
豊橋市	9,693	16,664	26,357	8,984	4,578	13,562
岐阜市	9,502	6,555	16,057	9,661	4,819	14,480
新潟市	12,212	1,846	14,058	8,217	5,997	14,214
長岡市	5,847	1,310	7,157	4,863	2,233	7,096
高田市	2,498	825	3,323	2,448	1,291	3,739
富山市	6,613	1,231	7,844	7,336	2,707	10,043
高岡市	6,896	1,646	8,542	4,995	1,787	6,782
金沢市	16,883	5,465	22,348	13,071	4,743	17,814
福井市	6,805	3,701	10,506	7,742	2,727	10,469

津市	4,884	3,111	7,995	4,920	1,700	6,620
四日市市	6,292	2,161	8,453	3,911	1,635	5,546
宇治山田市	5,604	1,999	7,603	4,426	2,367	6,793
奈良市	4,759	516	5,275	4,734	2,238	6,972
和歌山市	14,816	3,571	18,387	11,440	3,650	15,090
大津市	2,739	363	3,102	3,754	1,463	5,217
堺市	17,675	5,242	22,917	11,594	3,697	15,291
姫路市	5,953	3,396	9,349	6,081	2,634	8,715
岡山市	14,077	5,408	19,485	13,309	5,537	18,846
広島市	27,715	6,116	33,831	21,383	10,570	31,953
尾道市	2,255	663	2,918	3,594	2,763	6,357
鳥取市	3,131	698	3,829	2,867	1,739	4,606
松江市	4,325	410	4,735	4,117	1,861	5,978
下関市	6,796	680	7,476	9,525	3,988	13,513
高松市	8,137	1,848	9,985	6,625	3,410	10,035
丸亀市	2,538	929	3,467	2,332	1,352	3,684
徳島市	9,741	3,262	13,003	8,240	4,149	12,389
松山市	7,547	2,401	9,948	6,378	2,227	8,605
高知市	8,316	2,549	10,865	8,888	3,986	12,874
福岡市	23,772	3,484	27,256	18,835	8,914	27,749
小倉市	10,756	1,012	11,768	6,200	3,047	9,247
久留米市	8,009	3,635	11,644	6,925	3,027	9,952
佐賀市	3,841	1,320	5,161	3,884	2,078	5,962
長崎市	20,603	2,049	22,652	13,655	6,912	20,567
大分市	4,310	3,088	7,398	3,837	1,641	5,478
熊本市	12,815	4,851	17,666	13,592	7,423	21,015
鹿児島市	11,249	4,100	15,349	10,319	5,296	15,615
大都市計	869,905	144,266	1,014,171	751,217	219,238	970,455
地方都市計	463,695	158,578	622,273	398,987	175,265	574,252
総計	1,333,600	302,844	1,636,444	1,150,204	394,503	1,544,707

出典：内閣統計局編『昭和五年国勢調査報告』第4巻［府県編］各巻（1933～1934）。

は、在来都市のうち先の基準にあてはまる五八市の人口の推移を明治四一年（一九〇八）、昭和五年（一九三〇）、昭和二五年（一九五〇）、昭和四五年（一九七〇）とほぼ二〇年ごとに見たものである。ここからは、明治四一年から昭和五年にかけて人口はほぼ二倍（平均値、以下同じ）となっていること（増加率は大都市が地方都市をやや上回る）、空襲の激しい戦中期を経た昭和二五年にかけての純増率はきわめて低いこと、その後昭和四五年にかけては再びほぼ二倍となっていること（増加率は地方都市が大都市をやや上回る）がわかる。

言うまでもなく、右のような人口の推移には、繰り返し行われた町村編入の影響が反映されている。表序―2は、前表と同じ都市における、明治四三年以降の市域面積の推移を二〇年ごとに見たものである。ここからは、明治四一年から昭和五年にかけて面積は大都市で四倍、地方都市で二倍となっていること、昭和二五年にかけては大都市で二倍、地方都市で三倍となっていること、二八年からのいわゆる昭和の大合併を経た四五年にかけては、大都市で名古屋市を除きほとんど動きがなかったのに対して、地方都市ではさらに四倍近くになっていることがわかる。以上のことから、面積は六〇年の間に大都市で九倍、地方都市では二七倍と著しく拡大したが、人口の増加率は大都市で四倍、地方都市で五倍という値であり、町村編入による人口増加の割合は、面積増加の割合に比べれば大きくはなかったと言えよう。

なお、都市の中でも近世以来の町方の伝統を持ち商店の多い地域（旧市域）と、編入町村部のように住宅の多い地域（新市域）では、人口増加率が異なっている。また一般に郊外化（いわゆるドーナツ化現象）の進行によって、旧市域の常住人口がある時点から減少に転じていることは、周知の通りである。

2　明治期以降の商業の意義

西欧諸国と同じように、日本においても近世は商業資本（Commercial Capital）の時代と考えられており、明治期以降は産業資本（Industrial Capital）の時代と言われている。確認しておけば、産業資本とは商品の生産過程から利潤を得るもので、本来農業なども含む概念だが、通常は鉱工業が念頭に置かれている。商業資本から産業資本への重心移動を確認するために、明治中期における国内の会社への払込資本金を見ておくと、明治三二年（一八九九）末において工業部門の金額が一億一〇〇〇万円余、鉱業・精練部門の金額が二七〇〇万円余であるのに対して、銀行を除いた商業・貸金部門の金額は四九〇〇万円余にとどまっている。[24]こうした指標によれば、両部門には当時すでに大きな差がついていたことになるだろう。

職縁集団の検討にあたり、近代で「主流」となる工業系ではなく商業系の組合を取り上げるのは、すでに述べたように、本書が近世との対比を重視していることが大きな理由である。しかし、とりわけ戦前期の商業を扱うことには、同時代的にも一定の意義があると筆者は考えている。資本面の意義について言えば、高村直助氏は明治三三年前後の紡績会社と綿糸問屋との関係について、「基本的には対等」であったが「具体的な取引の場においては、どちらかといえば、綿糸問屋の方が優位に立っていたのではないかと推測される」と述べている。[25]また石井寛治氏は、明治三四年時点の大阪市における商工業者の株式公債所有状況を分析して「当時の大阪市大株主層の投資源泉としては（中略）諸商人のいわば商人的蓄積が依然として決定的に重要な役割を果していた」と指摘している。このように、[26]産業資本確立期と言われる明治中期においても、商業資本はなお重要な地位を占めていた。また労働面の意義について言えば、幸野保典氏が「一九二〇年から一九三〇年の不況期における卸売業・小売業人口の著しい増加は、一面では、都市化にともなう物品販売業の増加を反映していたが、他面では零細な業者が過度に増加して、相対的過剰人口の貯水池となったことを示唆している」と述べているように、[27]昭和初期にかけて商業従業者数はなお著しく増加していた。表序―3は昭和五年（一九三〇）時点における、表序―1・2と同じ各都市の工業・商業の従業者数を示したものである。ここからは、在来都市における両部門の従業者数が、この時点でほぼ同水準であったことがわかる。商業は、戦前における在来都市の経済活動にとって、決して無視しえない部門であったと言えよう。

注

（1）社会集団の語は、社会学において基礎概念のひとつとして定義されている。またその性格については、テンニースによるゲゼルシャフトとゲマインシャフト、マッキーバーによるコミュニティとアソシエーションなどの集団類型論が知られている（たとえば小笠原真『集団の社会学』晃洋書房、二〇〇一年の第Ⅱ部を参照）。地縁集団はおのおのの前者に近く、職縁集団は後者に近いと思われる。だが、そのように分類してもさほど生産的とは思われないため、本論ではこの点について考察を加えることはしない。

（2）日本の都市史研究においては一般に「地縁的結合」「職縁的結合」などという形で使用されている。とくに職縁集団という語は、本書での造語になるかもしれないが、概念としては従来の都市史で共有されており、使用することに問題はないと考える。なお職能団体という語も存在する。しかしこれは第一次世界大戦後の西欧諸国で、議会制度の地域代表制に代わるものとして提唱された職能代表制に関する語（の訳語）であり、この場合の職能とは商業、工業などの広い区分けが想定されている。

（3）近現代都市史全体の研究史を概観できる近年の論考の一つに、成田龍一「日本近代都市史研究における閉塞・相克と新たな兆候」（中野隆生『都市空間の社会史』山川出版社、二〇〇四年）が挙げられる。同書は、一九八〇年代を通じて（近代）都市史研究が研究領域として定着する反面、一九九〇年代後半には閉塞状況に陥ったとしている。そして金沢史男・大石嘉一郎編『近代日本都市史研究』（日本経済評論社、二〇〇三年）に対し、地方都市を取り上げている理由が「研究の不在からのみ導き出されている」こと、「八〇年代にみられた他領域、他分野における都市史研究の成果には関心を示していない」ことを批判している。また小林丈広編『都市下層の社会史』（部落解放・人権研究所、二〇〇三年）に対し、「『都市下層』という概念を、作業仮説として用いるか、実体概念として操作されているかの相異が論者によってみられ、双方が混在している」と批判している。なお新たな動向としては、かつての郊外開発論とは異なる形での外部論・郊外論、そして軍都への関心の高まりなどを挙げている。

一方、原田敬一「地域史のなかの近代都市史研究」（『部落問題研究』一九三号、二〇一〇年）は、まず金沢・大石編の前掲書を「都市類型論」派と位置づけつつ、「現段階に至っても、いまだ個別都市分析は不充分である」と批判する。また佐賀朝「近代巨大都市の社会構造」（佐藤信・吉田伸之編『都市社会史』〔新体系日本史六〕山川出版社、二〇〇一年）、『近代大阪の都市社会構造』（日本経済評論社、二〇〇七年）に対し、「分節的分析」の導入を主張していると指摘しつつ、「近世都市の分析手法が、近代都市分析にどこまで有効なのか」という横山百合子氏の疑問を紹介している（都市史研究会編『年報都市史研究』一六、山川出版社、二〇〇九年所収）。そして新たな動向としては、植民地都市などを扱う「帝国の都市」の視点、軍都などを扱う「戦争と都市」の視点、地域学の勃興、そして「空間論との結びつき」と掲げており、最後の論点の具体的な成果として、土地所有構造を軸とした名武なつ紀『都市の展開と土地所有』（日本経済評論社、二〇〇七年）などいくつかの研究を挙げている。

なお筆者なりに二〇〇一年以降の研究動向を整理すると、二つの傾向があると思われる。一つは地方都市研究の進展である。これは金沢・大石編の前掲書が提唱した方向性であり、また各自治体史編纂事業の進行とも関わっているであろう。具体的には橋本哲哉編『近代日本の地方都市』（日本経済評論社、二〇〇六年）に見られるように、金沢市が伝統的地方都市の典型としてしばしば取り上げられるようになったほか、首都圏形成史研究会における一連の研究活動などが注目される。しかしこれらの地方都市研究では、近世期に言及している場合でも「それがいかに近代化されたか」という視点から両時代の断絶を強調することが多く、連続面を正当に評価することで普遍的な都市史像を得ようとする姿勢は、あまり見受けられない。

もう一つは、佐賀朝氏や小林丈広氏の前掲書に見られる、下層社会に焦点をあわせた研究の進展である。それらは、近世都市史研究の蓄積を積極的に取り込んだ近代都市史像を描こうとする姿勢が明確である。しかし佐賀氏の前掲単著への書評として横山百合子氏が述べたように、近世的な身分制が解体されたうえに産業革命を経た時期からの社会において、下層社会のあり方は資本主義的関係という、すぐれて近代的な原理によって多くが説明されてしまう。また二〇〇七年にあいついで出された、名武なつ紀氏の前掲書や森田貴子『近代土地制度と不動産経営』（塙書房、二〇〇七年）による不動産所有に関する研究成果に対しては、佐賀氏のみならず、横山氏も今後における近代都市史研究の軸として期待を寄せている。しかしこれらの研究は、都市社会史研究に対して新たな視点を提示するというよりも、都市経済学的な観点からさまざまな知見を提供しているところに意義があると考える。

（4）宮本又次『株仲間の研究』（有斐閣、一九三八年）四二三頁。

（5）同前書、三九五頁。

（6）田中重好「町内会の歴史と分析視角」（倉沢進・秋元律郎編『町内会と地域集団』ミネルヴァ書房、一九九〇年）五一頁。

（7）中村八朗「都市町内会論の再検討」（東京市政調査会編『都市問題』第五六巻第五号、一九六五年）。

（8）牛島千尋「町内会・自治会とＮＰＯ」（高橋勇悦監修『21世紀の都市社会学』学文社、二〇〇二年）一二〇〜一二三頁。

（9）近世の営業上の仲間のうち、代表的なものは幕藩権力によって公認された株仲間であるが、他にも非公認の内分仲間などが存在した（注4『株仲間の研究』二一頁）。本書では、それらもできるだけ視野に入れるため、「株仲間」ではなく「仲間」の語を使用する。また、地縁集団と職縁集団の相互関係については今井修平「近世都市における株仲間と町共同体」（『歴史学研究』第五六〇号、一九八六年）によって検討されたが、その結論は「株仲間に代表される諸種の職縁的な共同組織は、町の枠とは無関係の別次元で、営業上の共通利益を維持するために形成された」というものであった。また同論文の検討対象からもわかるように、両集団の相互関係が生じる可能性があるのは、もっぱら同業者町と言えよう。同業者町は近世初頭の城下町で職人町、商人町あわせて多数創出されたと考えられるが、このうち職人町は早期に崩壊することが多く、維持されるのはおおむね問屋町に限られた（松本四郎『城下町』吉川弘文館、二〇一三年、一七八〜一八三頁）。すなわちこうした同業者町＝問屋町は近世中期以降、都市の中でも一部の領域にのみ存在する特異な町であったことに注意すべきであろう。なお同業者町については、ほかに社会学の分野で似田貝香門「日本の都市形成と類型」（福武直監修『社会学講座』第五巻、東京大学出版会、一九七三年）、人文地理学の分野で網島聖「近代における同業者町の存続とその意義」

（人文地理学会編『人文地理』第六四巻第二号、二〇一二年）などの研究があるが、ここでは深く立ち入らない。
(10) 都市と空間との関わりというテーマについても、近世都市史研究ではすでに相当の研究蓄積を得ている（吉田伸之『伝統都市・江戸』東京大学出版会、二〇一二年、補論一）。これに対し近代都市史研究の場合、中野隆生・成田龍一両氏によれば空間論は一九八〇年代に一度は焦点となったものの、近年では関心が払われなくなった（中野隆生・成田龍一「空間への眼差しと都市の近現代」中野隆生編『都市空間と民衆　日本とフランス』山川出版社、二〇〇六年）。
(11) 昭和戦中期の町内会については、もっぱら内務省訓令の文面に従い、全戸加入制の導入を中心として全国で画一的な対応がなされたものという理解が通用している（雨宮昭一『戦時戦後体制論』岩波書店、一九九七年、一七六頁）。同業者団体については、ナショナルレベルの業界団体が昭和戦中期に設立されたことが指摘されている（岡崎哲二ほか編『現代日本の経済システムとその歴史的源流』日本経済新聞社、一九九三年、とりわけ第六章の米倉誠一郎「業界団体の機能」）。なお後者に関わるその後の論争の経過については、江田憲治・伊藤一彦・柳沢遊「学問的論争と歴史認識」（京都大学大学院人間・環境学研究科社会システム研究所編『社会システム研究』第一七号、二〇一四年）を参照されたい。
(12) 近世の町方も、藩という上位組織（幕領は遠国奉行や代官などが管轄）の支配を受けていた。だが藩域と城下町の関係が原則として一対一であったのに対して、府県区域には多数の都市が存在し得る点で異なる。藩は幕末期に大小合わせて約三〇〇にのぼったが、それらを順次合併して明治中期に定着した府県数は、沖縄県を含めて四六となった（北海道を除く）。その区域は藩よりも令制の「国」に近くなり、廃藩置県という語のイメージに反し、両者の管轄領域には結果として大きな違いが生じることとなった。
(13) 鈴木勇一郎『近代日本の大都市形成』（岩田書院、二〇〇四年）のように、郊外の都市化を取り上げた論考にはかなりの蓄積がある。
(14) 秋山国三『公同沿革史』上巻（京都市公同組合聯合会、一九四四年）、朝尾直弘「近世身分制と賤民」（『朝尾直弘著作集』第七巻、岩波書店、二〇〇四年、初出は『部落問題研究』第六八号、一九八一年）、吉田伸之『近世都市社会の身分構造』

（東京大学出版会、一九九八年）第二章、塚本明「近世中期京都の都市構造の転換」（史学研究会編『史林』第七〇巻第五号、一九八七年）。

(15) 注14吉田論文。

(16) 注9「近世都市における株仲間と町共同体」、塚本明「近世後期の都市の住民構造と都市政策」（『日本史研究』第三三一号、一九九〇年）。

(17) 古河市史編さん委員会編『古河市史』民俗編（古河市、一九八三年）一九四頁。

(18) 注14「近世中期京都の都市構造の転換」。同論文では、三都ともおおむね時期が下るほど影響力が大きくなっていったと評価されている。

(19) 注4『株仲間の研究』のほか北島正元編『江戸商業と伊勢店』（吉川弘文館、一九六二年）、林玲子『江戸問屋仲間の研究』（御茶の水書房、一九六七年）など。

(20) 渡辺祥子『近世大坂薬種の取引構造と社会集団』（清文堂出版、二〇〇六年）四頁以下などを参照。ただし研究史の流れとしては、桜井英治氏（『日本中世の経済構造』岩波書店、一九九六年、第五章）や塚田孝氏（『近世身分制と周縁社会』東京大学出版会、一九九七年、第一章）によって、問屋と中買・小売がそれぞれ町人・商人という異なる性格を持つというテーゼが提唱されたことを受けて、仲間よりも各業態、とりわけ問屋の本質究明に関心が集まっている。

(21) 藤田貞一郎『近代日本同業組合史論』（清文堂出版、一九九五年）第一・二章。

(22) これは人文地理学における都市の定義を念頭に置いたものである（高橋伸夫ほか編『新しい都市地理学』東洋書林、一九九七年）。ほかに、都市経済学（黒田達朗ほか編『都市と地域の経済学〔新版〕』有斐閣、一九九六年）、社会学（森岡清志『都市社会の社会学』放送大学教育振興会、二〇一二年）などの各分野で、それぞれ定義づけがなされている。

(23) 「市制ヲ施行セントスルモノハ、三府其他人口凡二万五千以上ノ市街地ニ在リトス」、明治二一年法律第一号付属「市制町村制理由」のリード文末尾。その後大正七年、岐阜県大垣町に市制を施行した時から、内務省は人口要件について三万人以上を標準とするようになった（大塚辰治『市町村事務必携』自治館、一九三六年、三頁）。

(24) 高村直助『会社の誕生』（吉川弘文館、一九九六年）一二六頁。原史料は内閣統計局編『日本帝国統計年鑑』第二〇回（東京統計協会、一九〇一年）。

(25) 高村直助『日本紡績業史序説』上巻（塙書房、一九七一年）三二五頁。

(26) 石井寛治『近代日本金融史序説』（東京大学出版会、一九九九年）五一四頁。

(27) 幸野保典「戦間期の流通と消費」（石井寛治編『近代日本流通史』東京堂出版、二〇〇五年）七九頁。

第一部　地縁集団論1（個別町を中心に）

第一章　明治期地方都市における個別町の再編
―川越を事例として―

はじめに

本章では、明治維新とともに身分制が解体されるにあたり、地方都市の個別町がこの変革にどのような形で対応したのかを検討する。

古典的研究の理解によれば、近世期、個別町の正規の構成員は家持に限られ、店借（借家人）はその運営に関わりを持たなかったとされている。(1)そして明治期になると、個別町の役員は家持に限られたものの、借家人も個別町の構成員として認められるようになったと考えられている。(2)その後、樋爪修氏や塚本明氏らの研究によって、京都では近世後期すでに店借も個別町の負担を担うなど、「身分制の流動化」とも表現しうるような状況が生じていたことが指摘され、(3)また他の地域でも同様の状況が報告されるようになってきた。(4)だがこのような研究の進展によって、明治前期の変革が個別町に与えた影響がどのようなものであったのかは、改めて問われることになったと言えよう。

ここで注目されるのが、藤井正太氏の研究である。氏は明治期以降の京都における個別町を取り上げ、従来の奥田以在氏などによる研究が個別町住民を家持と借家人の二分する方法にとらわれて、表借家人・裏借家人の社会的性格の差異を無視していることを批判した。(5)つまり個別町の住民を家持・借家人の二要素で捉えるのではなく、家持・表借家人・裏借家人の三要素で捉えることで、個別町が平準化していく過程を段階的に整理できる可能性を示唆したのである。もっとも、氏の論旨は家持と表借家人が近似した性格を持つことを指摘しつつ、こうした状況に近世期と明治～大正期初頭とで連続性が見られることを述べたものである。

　しかし明治期以降の個別町に関して、茨城県古河町で紹介された事例は興味深い。すなわち、個別町の一つである大工町では、明治二二年（一八八九）の町村制施行時に規約書が作成されたが、その前書ではまず「顧テ世間従来ノ事蹟ヲ考察スルニ、代々家格ニヨッテ少数ノ人自ラ任シ事ヲ左右シテ他ヲ省サルカ如シ、之レ今日ニ及テハ誤レルノ甚《ママ》キ以タリ」と、身分制との決別をうたう。そして「凡大工町ニ住スル者ハ、町村制ニ曰フ公民住民ノ別ナク大工町住民ト称ス」として家持と借家人の区別を否定しながらも、一方で「此組合ニヨッテ立タル組合ハ表店ヲ以本組トナシ、裏店ハ付属トス」と規定している。[6]つまり家持・借家人の区別が否定されても、表店・裏店の区別がなお重要な基準となっていたことがうかがえる。古河でも、享保一五年（一七三〇）には町入用の差出額が家持一軒一ヶ月二〇文、借家一軒同一〇文と定められるなど、近世から店借はすでに負担に加わっている。[7]そのためここからは、近世の家持―店借という身分制の原理が、その後明治期にかけて表店―裏店という基準へと、重心を移していたことが推測されるであろう。

　本章では、幕末期から明治期にかけて、身分制の解体が図られるなかで個別町がどのような対応を示したのかを、家持と店借（借家人）、表店と裏店という二つの軸を意識しつつ、改めて検討する。フィールドとするのは、現在の埼玉県川越市に属する個別町、そのうちとくに南町[8]（現、幸町）である。同市は明治二二年の町村制施行に際して川越町となり、市制を施行したのは大正一一年（一九二二）である。しかし、大正二年時点の人口は二万四〇〇〇人あまりと、[9]この時点でほぼ市制施行地並みであった。明治期以降における同地の社会については、上野和男氏が『川越市史』の中で水準の高い記述を行っており、[10]本章でもこれを適宜参照する。同地の検討は、直ちに他の都市でも通用するとは言えないであろう。しかし川越は、小規模ながらも典型的な地方在来都市と考えられる。そして規模の大きい都市の多くが戦災その他で史料を失っている中で、個別町の一つである南町には一次史料が伝来しており、これを利用できる価値は高いと考える。なお以下の考察で、家持のような町内の特定層が個別町の運営に果たした役割を検討するにあたっては、二つの指標を設定する。それはⓐ業務執行や議事を行う役員人事に対して（家持などが）どのような役割を果たしたか、

ⓑ財務に対して（家持などが）どのような役割を果たしたか、というものである。これらの指標は、ともに個別町の運営における基本的な要素と考えられるため、本章ではⓐⓑをあわせて「個別町運営の基本的要素」と呼ぶ。

ところで、川越の個別町には、クミアイという内部組織が近世から戦後に至るまで存在する。このような内部組織は他の都市でも見られるものだが、川越の場合には、当番クミアイ（年行司）がその年の会計を任されるほか、祭礼などの町務を年番交代で担うなど、通常よりも大きな役割を担っている。本章では、このクミアイについても、近世から明治期への移行にあたってどのような変容が見られたのか、またその変容がなにゆえに生じたのかを追究する。

第一節　幕末期の個別町

1　個別町の組織

近世期、川越は川越藩の城下町として発展した。町方には一〇の個別町が存在しており、町人身分の町役人として惣町レベルには町年寄が、各個別町には町名主が置かれていた。[11]また城下には寺院門前地も四ヶ所存在した。[12]近世の個別町（町内）は、周知のように、第一義的には領主側から課せられる諸役を負担する単位、つまり公共団体として位置づけられていた。しかし同時に、道普請や火の番（夜警）のような、日常生活に必要な実務を行う生活共同体の単位という側面を、あわせもっていた。[13]

川越の個別町において、家持＝有力者がどのような地位を占めていたのかを確認しよう。個別町の一つである南町の場合、個別町運営の基本的要素のうち、まずⓐ役員と家持との関係について見ると、当地の五人組頭は、後述するようにクミアイの代表者がこれに該当すると考えられる。そして判明している幕末期のクミアイ代表者は、明治初期の史料から、いずれも家持であることが確認できる。[14]代々の名主が家持であったことは言うまでもない。[15]川越の個別町で、家守がどのような位置を占めたかは、各町内の史料からも明らかではない。しかし公式な文書での扱いを見ると、たとえば宝暦一二年（一七六二）の喜多町「宗門五人組人別改帳」[16]の末尾に記されている惣家数の表記において、家持三二軒・家守一〇軒と店借一五軒とが峻別されていることからも、当地の家守は家持に準じる存在であったと思われる。よって、以下本章でいう家持には、基本的に家守らも含むと理解されたい。

次にⓑ財務と家持との関係について見ると、幕末期における南町の町入用帳には、町費負担者が「大家　四十七軒ニ付壱貫七百五十文、店　十軒　一軒ニ付八百七十六文、小店　一軒　同四百三十六文」（慶応三年）といった形で書かれている。このうち「大家」は家持・家守を、「店」は店借を指していると見られる（「小店」は不明だが、同様に店借か）。[17]また町内の土腐（どぶ＝下水掃除）の負担割当方法は小間割となっているが、「店」と記されている家にも原則としてそれぞれの間数が記されているため、これらは町内の表通りに面した間口を持つ表店であったと考えられる。さらに、これらの家々の屋号は神田屋、近江屋といったもので、彼らが商人であったことを推測させる。すなわち当時の南町において、町費の負担者、すなわち個別町運営の構成員はほぼ家持に限られていたが、そこには表店商人である店借の一部も参加している、という状況であった。なお、右の史料の記載からもわかるように、当時の南町の町費負担には均等割、つまり町費を構成員各戸へ均等に賦課する方式が採られることが多かった。

家持と店借とが明確に区別されていたことは、個別町が二重構造をなしていたことを意味する。裏店の店借のような非有力者まで含めた全戸を、個別町の構成員として認識する場面も、たとえば宗旨人別改帳の作成に見られるように確かに存在した。これは言わば「広義の町内」である。一方で、個別町の日常的な業務運営については、全戸のうち家持や一部の表店借が構成員となって行われたのであり、これは「狭義の町内」と言える。維新後間もない明治五年（一八七二）に作成された壬申戸籍によれば、当時南町の全戸は居住（＝家持）四五戸、同居三戸、借宅六六戸の計一一四戸であった。[18]しかし個別町の引継史料で同年に町費負担者として書き上げられている家は六二軒（大家五一軒、店一〇軒、小店一軒）

にとどまっており、[19]家持・借家人という階層に基づく二重の構造は、ここからも明らかである。そして、「狭義の町内」の運営に参加し得たのは元来家持＝有力者であったが、幕末期には一部の表店借商人が運営に参加していた。このことから、幕末には商人としての実力（資力）がある程度反映された形で、個別町には二重構造をゆるがす「身分制の流動化」というべき現象が生じていたと考えられる。

2　個別町の機能

幕末期における個別町の機能を、町入用から確認しておこう。町入用が、公共団体として個別町が負担する諸公役金と、生活共同体としてまかなう諸経費（惣町・町組レベルの分担金を含む）の二種からなることは、よく知られている。[20]南町における慶応二年（一八六六）の町入用内訳は、表1―1の通りである。この時期の支出は、個別町が物品を購入したり労役を請け負わせている相手方の店名で記されることが多いため、具体的な内容はあまり判然としない。だが公役負担については、藩による強制貸付である五十人講を別にすると、[21]「何月割」の形式で書かれている部分に含まれると見られる。たとえば同年の三月割にある「御役元壱ヶ年分諸入用立替」の四四貫五六八文をはじめ、「銚子夫人足降□御引取、新川岸大廻シ前橋人足」、また表には示していないが「日光御法会御□役前橋次立入用」などは、公役に該当するものであろう。当時川越藩は江戸で台場警備を担っており、慶応二年には武州一揆が起きるなど同藩は多事であったが、[22]経常費を記したこの帳面にその影響はさほど現れていない。一方、生活共同体としての経費としては、たびたび現れて一度に二〇貫は支出される「火事場入用」と、「土腐」の割合が大きい。「土腐」の支出額は、この年特に大きくなっているが、毎年かなりの出費がある。これは単なる溝渠浚渫にとどまらず、道普請を含んだ可能性があるだろう。他に親睦的な業務として、惣町鎮守である氷川神社への神楽金の出費が、この年は三両あまり行われている。

これらの支出について、公役とそうでないものを完全に区別することは難しい。しかし公役の負担が家持であることと対応関係があるのに対して、火事場入用や土腐などは、住人が生活したり営業を行ううえでおのずと必要な業務で

表 1-1　南町の町入用内訳（慶応 2 年）

月(・日)	費目 （うち金額の大きい小項目）	金額 （うち左掲小項目の金額）
2月23日	五拾人御講	19貫864文
2月？	火事場諸入用	20貫34文
2月？	土腐諸入用	16貫262文
2月	丙寅2月割 前橋行入用 油庄殿袴代	35貫557文 7貫31文 5貫24文
3月	丙寅3月割 御役元1ヶ年分諸入用立替 銚子夫人足降□引取新川岸大廻シ前橋人足	67貫306文 44貫568文 6貫800文
7月	五十人御講	金2両1歩、1貫822文
7月？	火事場入用、曲馬花	金2両2朱、27貫132文
7月	寅7月割 坂平、近定立かへ	20貫146文 6貫400文
8月	土腐入用	金1両2分2朱、91貫442文
10月	寅10月割 御貸付利足	金3両1分、22貫141文 1両3分1朱、262文
？	中番、火事場諸入用	金3分、63貫539文
12月	寅12月割 御貸付之五十□引分	1両3分1朱、20貫141文 1両3分1朱、164文
12月？	氷川神楽金、旗立、火事場入用〆 氷川神楽金 同追割の分	金3両1分3朱、82匁2歩、18貫117文 2両3分 2分3朱、326文

出典：注 17「（安政 4 年～）町内諸入用之控」。
注：グレーの欄は、公役を含むと見られるものであることを示す。

あったと考えられる。別の言い方をすれば、日常生活にとって必要性の高い費用が少なからず含まれる町入用について、その負担を家持のみに求めることはかえって合理性に乏しく、このような町費の性格は、負担を表店借へと広げることを、受益者の論理から後押しするものであったと言えよう。大岡聡氏は、東京市であった下谷区竹町を取り上げて、同町の明治三六年度（一九〇三）の財政支出内容から「家屋所有者の利害ばかりでなく、幅広い住民の生活に密接にかかわる事業をおこなっている」ために「町政運営をおこなう役員は『町民一般より選挙』で選ばれ、『被選挙人』は借地人ばかりでなく借家人も含まれていた」と述べている。[23] こうした受益者負担の論理は、近世の町入用においてすでに通用してもおかしくないはずである。だが、実際には一部の表店借が町費負担に加わる程度で、十分に展開していない。その理由としては、逆に公役の存在を指摘すべきではないだろうか。つまり、実際には生活共同体としての種々の支出を含んでいても、一方で公役が存在することは、個別町の負担を家持が担うという、身分制の論理が再生産される根拠になったと考えられる。

3　五人組・クミアイの組織と機能

①五人組の組み方と構成員

川越の各個別町は、ある時期から、それぞれいくつかのクミアイという内部組織に分かれている。川越のクミアイは、各個別町の会計などを年番交代で担当していくという、特殊かつ重要な機能を持つ組織である。しかし、その検討を行う前に、個別町のより一般的な内部組織として知られる五人組について確認しておこう。近世には村方のみならず、町方においても個別町内の家々をいくつかずつにまとめた五人組制度が一般に存在した。もっとも各地の自治体史などを見ても、町方の五人組について具体的に述べているものはさほど多くない。[24]そのため、五人組の組み方が町内の表通りにまたがる家々で構成されたものであったのか、それとも通りの片側だけで構成されたのか、原則が何で実態がどうであったのか、という点についても、いまだに学界で共通理解は存在していない。戦前、いち早く五人組の研究に取り組んだ法学研究者の穂積陳重氏は、五人組帳の分析を通じて五人組の組み方が「町は家並・郷は最寄次第」であったと述べている。[25]「家並」とは、通りの片側のことと理解するのが自然であろう。だが、その後のフィールド研究でこうした一般論を念頭に置いたうえで五人組の組み方を具体的に示したものは、私見の限りほとんど存在しない。[26]このため、まず町方における五人組の組み方から検討しておきたい。

『川越市史』の通史編には町方の五人組についての説明がなく、いくつか残されている当地の五人組帳には前書もない。しかし同市史には、川越の個別町の一つである喜多町について、先にも触れた宝暦一二年（一七六二）の「宗門五人組人別改帳」（注16を参照）と、時期がそれほど離れていない寛政二年（一七九〇）の家並図が収録されており、[27]両者を対照すると、当時の同町の五人組が町内東側の南端から家並に沿って、つまり通りの片側で組まれていたことがわかる。また同町には、安政四年（一八五七）の屋敷帳と安政六年の「五人組人別御改帳」もあって、[28]表1―2・3はそれをまとめたもので

表 1-2　喜多町の家持分布（安政 4 年）

	（北）	
庄右衛門（南町）		長二郎
v善兵衛		iv利右衛門
茂兵衛		安兵衛
万吉		勇二郎
吉左衛門		金兵衛
vi宇右衛門		富造
広済寺		佐兵衛
安兵衛（向持）		長右衛門
勝造（木蓮寺村常右衛門分）	（表通り）	半七
庄左衛門		半七
宗助		伊三郎
与兵衛		平七
金兵衛		藤兵衛
九兵衛		勘兵衛
喜右衛門		i伊兵衛＊
vii孫四郎		識法院＊
y平六		
x七郎兵衛		
長兵衛		
源兵衛		
水村（高沢町）		
	（南）	

出典：「（安政四年）居屋鋪御年貢取立帳」、注 16『川越市史』史料編近世Ⅱ、223 ～ 224 頁所収。
注：＊を付した識法院・伊兵衛は、帳面の冒頭 2 名であることを示す。
表通りを長二郎・庄右衛門の間と推定したのは、ivの利右衛門を寛政 2 年の絵図の麻屋利右衛門と、またvの善兵衛を同図の三川屋善兵衛とそれぞれ同家と判断したことによる。

ある。ここでは五人組の切れ目が記されなくなっているが、二つの表でi、iv、v、vi、viiを付した箇所は、それぞれ宝暦期の五人組人別帳で一、四、五、六、七番目の五人組（同町には全部で八組ある）に属していた者の後継と推定される家々である。断片的であるが、ここからも同町の五人組が町の南東隅から北上し、北東隅で通りを横切って北西隅から南下する形で順次構成されていたことがうかがえよう。このように、町方の五人組は、まさに「家並」という通りの片側で組まれることが原則であったと考えられる。

一方、前述のように川越の各個別町は、クミアイと呼ばれる内部組織に分かれている。このクミアイについて、上野和男氏は「その形成は少なくとも明治以前であったと思われる」としつつ「〔川越の個別町は〕京都のような二十戸程度の町に比べて大きく、一つの町全体が互助組織として機能するにはやや大きすぎるきらいがあり、そこでこのようにその中にさらに小規模の近隣組織をつくる必要が生じたと思われ

表 1-3　推定家並順による喜多町の人別分布（安政 6 年）

	（北）	
源四郎（庄右衛門家守）		作右衛門（長次郎持ち屋敷借家）
庄造（源四郎借家）		善兵衛（利右衛門借家）
又兵衛（源四郎借家）		徳兵衛（利右衛門借家）
v 善兵衛		利平次（利右衛門借家）
茂兵衛		伊助（利右衛門借家）
万吉		iv利右衛門
平右衛門（吉右衛門借家）		安兵衛
吉右衛門（午六家守）		半之丞（祐二郎借家）
伝五郎（彦兵衛家守）		祐次郎
久助（安兵衛家守）		長吉（金兵衛家守）
民造（水村与右衛門借家）		午吉（留造借家）
源七（水村与右衛門借家）	（表通り）	留造
勝造		佐兵衛
利兵衛（木蓮寺村常右衛門家守）		惣兵衛（長右衛門借家）
庄右衛門		長右衛門
宗助		彦兵衛（半七家守）
与兵衛		要吉（半七家守）
金兵衛		伊三郎
喜右衛門（金兵衛家守）		伝造（午六家守）
九兵衛		午七
楳雪（喜右衛門借家）		喜兵衛（茂七借家）
庸徳（喜右衛門家守）		茂七（藤兵衛家守）
清吉（喜右衛門借家）		勘兵衛
vii藤兵衛（孫四郎家守）		儀兵衛（午六家守）
七郎兵衛		i 伊兵衛＊
z 伊助		源助（識法院家守）＊
	（南）	

出典:「（安政六年）川越喜多町五人組人別御改帳」、注 16『川越市史』史料編近世Ⅱ、205 ～ 222 頁所収。
注：帳面冒頭の水村与右衛門（＝名主）から宇右衛門（＝町代）までは町役人として、初めに書き出されたものと思われる。＊を付した源助・伊兵衛は、宇右衛門以降の初めの 2 名であることを示す。表通りを作右衛門・源四郎の間と推定したのは、表 1-1 の推定結果に基づいたものである。

表 1-4　推定家並順による喜多町の人別分布（安政 6 年）

（1）南町・横田家文書

番号	年次	売地	売主居住地	連署人のうち五人組·組合
	享保19	南町東側	南町	(南町)五人組3
	宝暦10	南町西側	南町	(南町)五人組6
	安永2	志儀町西側	志儀町	(志儀町)五人組4
	安永4	志儀町北側	志儀町	(志儀町)五人組4
	安永10	志義町北側	志義町	(志義町)五人組4
	天明3	志義町北側	志義町	(志義町)五人組4
	天明5	鴫町北側	鴫町	鴫町五人組4
	天明9	鴫町北側	鴫町	鴫町五人組4
	寛政3	(記載なし)	高沢町	南町組合2
	寛政11	南町西側	南町	南町組合1
	享和2	行伝寺門前	鍛冶町	行伝寺組合4
	文化2	志義町東側	鍛冶町	同(志義町)組合4
183	文化5	南町東側	南町	同町(南町)五人組3
	文化12	南町東側	南町	南町五人組2
	文化13	志義町北側	志義町	志義町組合1
	文化13	行伝寺門前	行伝寺門前	(行伝寺門前)組合2
	文化14	江戸町西側	(記載なし)	江戸町五人組家守4
	文政元	志義町北側	志義町	(志義町)組合4
	文政2	江戸町西側	江戸町	(江戸町)五人組2
	文政4	志義町南側	志義町	(松郷？)組合4
	文政5	志義町南側	志義町	(志義町)組合4
	文政9	(記載なし)	(記載なし)	(南町？)組合1
	天保13	鴫町北側	鴫町	(鴫町)組合惣代1
	嘉永7	南町	行伝寺門前	(南町)組合5
	慶応3	江戸町西側	(南町)	(江戸町)組合2

出典：国文学研究資料館所蔵「横田家文書」。

注：ここで掲げた史料は注 33『史料館所蔵史料目録』3 における史料番号 183（＝左端欄）「(家屋敷譲渡証文)」の綴に含まれる証文のうち、売地が門前を含めて川越の町方であるもの、または五人組・組合が川越の町方の者であるもの。

右端欄のうち算用数字は、記載されている人数を示す。

（2）喜多町・水村家文書

番号	年次	売地	売主居住地	連署人のうち五人組·組合
203	寛政6	喜多町	本町	同町(喜多町)五人組5
207	文化5	喜多町	高沢町	(喜多町)五人組惣代1
215	文政4	北町	喜多町	(北町)五人組惣代1
217	文政11	喜多町	喜多町	(喜多町)組合惣代2
218	文政11	喜多町	喜多町	(喜多町)組合惣代2
221	文政12	(記載なし)	喜多町	同町(喜多町)組合1
222	天保6	北町	北町	(北町)組合2
225	天保8	北町	(比企郡)	同(北町)組合4
228	天保12	喜多町	南町	(喜多町)組合惣代2
230	天保12	喜多町	(猪村)	喜多町組合惣代1
232	天保14	北町	南町	北町地所組合2
235	嘉永2	北町	喜多町	(北町)組合惣代2
236	嘉永3	喜多町	喜多町	(喜多町)組合惣代1
238	安政7	喜多町	喜多町	(喜多町)組合3
240	万延元	喜多町	(野田村分堺町)	(喜多町)与合7
241	万延元	喜多町	喜多町	(喜多町)組合3·向組合1
242	慶応元	喜多町	南町	(喜多町)組合4
244	慶応元	喜多町	喜多町	(喜多町)組合3·向組合1
248	明治元	喜多町	喜多町	(喜多町)組合3

出典：川越市立博物館所蔵「水村家文書」。

注：（1）同様、掲げた史料は注 33『川越市指定文化財古文書目録』3 所収の屋敷売買証文のうち、売地が川越の町方であるもの、または五人組・組合が川越の町方の者であるもの。

左端欄の番号は、上記『目録』における史料番号を示す。

右端欄のうち算用数字は、記載されている人数を示す。

る」と述べている。そしてその組み方については「川越においては〔中略〕クミアイも〔通りの〕両側にまたがり、あたかも『向こう三軒両ドナリ』がクミアイになっているかの如くである」と結論づけている。[29] この説明を読むと、クミアイは自然発生したもののようで、また五人組が前述のように組まれていたとすれば、五人組とクミアイは組み方も違うことになって別物に見える。だが、そう考えてよいのだろうか。ムラの場合には、戦後まで五戸内外で構成された近隣組が残ることが多い。このため民俗学の研究（社会生活分野）において、近世の五人組は、組替えを経ることもあるものの、やがて単にクミアイと呼ばれる集団に移行するという説明が、ほぼ自明のことと見なされている。[30] これに対してマチの場合、都市民俗学に造詣の深い宮田登氏が監修した『古河市史』における記述を見ても、[31] 明治以降のクミアイと近世の五人組との関係について、実証的に結論づけるまでには至っていない。社会学の研究でも状況は同じである。[32] 上野氏による前述のような見解が提示されるのもそれゆえであろう。それでは、町方で五人組からクミアイへの移行を実証的に示すことはできないのだろうか。

表1―4は、川越の二つの商家史料群[33]から土地屋敷売買の証文を取り出し、その連署人のうち「五人組」と「組合」という立場の者を、時系列に沿って並べたものである。ここからは、当初の五人組という表現に対して、寛政期から組合という表現が登場し、文政期にはほぼ後者だけになるという、時期的な変容が見て取れる。そして同一場面において両者が交替していることから、クミアイは五人組の後身であったことが推測できよう。また、ここに挙がっている証文のうち⑵喜多町・万延元年の二四一番史料[34]に注目すると、そこでは売主である七郎兵衛に対して伊助・源八・平六が組合の立場で連署し、他に「向組合」の伊兵衛が連署している。これを先の表1―2・3と照らし合わせてみると、七郎兵衛は表1―2のx、平六は同じくyと推定される。また伊助は表1―3のzと思われる。そして「向組合」とされている伊兵衛とは、表1―2・3で彼らの対面となっているiであろう。このように、町方で単に「組合」と記される組織も、五人組と同様に通りの片側で組まれていたことが、同時代の史料によってほぼ確かめられる。また南町の場合には、町入用帳における町費負担者の記載順が町内を道順に沿う形となっており、これを別の帳面からわかる、代々の年行司（当

番クミアイ）構成員と対照すると、クミアイは通りの両側ではなく、やはり片側で組まれていることがわかる。[35]要するに、川越の五人組は家並みという原則通りに片側で組まれており、近世後期に現れるクミアイの語も、同じ区分のまとまりを指すのである。上野氏が示した「クミアイ＝向こう三軒両ドナリ」という図式は、川越の中でも鍛冶町のように、とりわけ狭域な個別町にのみ適用されるものであったと考えられる。[36]

それではクミアイは五人組と全く同じもので、単に後年現れた表現にすぎないのだろうか。結論から言えば、両者は構成員の階層が異なっている。右で引用した宝暦一二年と安政六年の喜多町の五人組人別改帳は、店借を含めて網羅的に記されている。よって当地の五人組の構成員は、裏店借層まで含まれていたと理解しなければならない。しかし天保期以降の分が残されている南町の町入用帳に現れるクミアイの構成員たちは、前述のようにほぼ家持に限定されている。近世都市では、一般的に初期よりも後期の方が店借層は増加すると考えられている。[37]川越の場合には、店借の絶対数がさほど多くならなかったためか、五人組が幕末期に至るまで店借層を網羅し続けており、その結果、五人組は「広義の町内」に対応する組織となったわけである。これに対して、町入用を負担する家持層（幕末期には一部の表店借を含む）に構成員を制限し続けたクミアイは、五人組を母体としながらも、結果として「狭義の町内」に対応する組織となった。このように、両者は性格的に分化することになったのである。

②クミアイの機能

川越のクミアイは、個別町に対してどのような機能を果たしていたのだろうか。南町の事例に基づいて整理してみよう。[38]個別町運営の基本的要素との関係について、まずⓐ役員とクミアイとの関係を見ると、町入用帳には「八組寄合」という記述がしばしば見られる。幕末期から大正初めにかけての南町は、八つのクミアイから成っており、ここからは各クミアイの代表者たちが、議事を通じて個別町運営上の役員となっていたことがうかがえる。もっとも右の表現からは、厳密に言えば寄合に参加した者たちが、クミアイの公式な代表者である五人組頭であったかどうかは判断できないであろう。

次にⓑ財務とクミアイとの関係について、想定されるケースとしては、町費の徴収をクミアイごとにまとめて行うというような関係がありうるが、当時の南町の史料からそうした事実は確認できない。町費は、おそらく鳶頭が一括して徴収するなどしていたと思われる。[39] ただ川越の場合には、クミアイが個別町の会計事務そのものを順番に引き継ぐという慣習が存在した。[40] これはたしかに同地の特異な慣習であろうが、[41] こうした慣習の存在は、クミアイが個別町の会計自体を担うことも可能な集団であることを示す一例と考えておきたい。いずれにせよ、近世の川越南町におけるクミアイは、個別町の寄合に代表者を出す単位であり、さらに個別町の会計自体を交代で担う存在であった。

一方、個別町が具体的な業務を行うなかで、クミアイが意味を持つ場面は見られるのだろうか。ムラの場合には、道普請や下草刈りなどの力役＝実労働負担を、原則として住民自身が担う。そしてその際にムラ（藩政村）内部をいくつかに分けた、いわゆる村組が共同作業の単位になるという仕組は、国内で伝統的に広く見られるものであった。[42] これに対してマチの場合には、個別町内の力役負担を鳶や人夫といった専業の職人に請け負わせるという方法が、早くから採られていた。このため住民自身が力役（夫役）を行う場面は少なく、クミアイや五人組頭の制度が個々の業務運営において作用する場面を、当時の南町の史料から確認することはできない。

以上のように、幕末期の川越におけるクミアイは、自然発生的な「向こう三軒両隣」の関係とは異なるものであり、藩の指示のもとに町内の表通りの片側で組まれる五人組を母体とするものであった。ただし五人組と異なり、個別町の入用を負担する家持層（幕末には一部の表店借を含む）に構成員を制限し続けることで、「狭義の町内」に対応する組織としての独自性を獲得していた。そして当時のクミアイは、個別町（狭義の町内）運営の役員を送り出す単位となったほか、個別町の会計そのものを年番交代で担うという役割を果たしていた。

第二節　明治期の個別町

1　個別町の組織

明治維新後における川越地域の地方制度の変遷は、次のようなものであった。明治四年（一八七一）の廃藩置県当初は、川越県が置かれた。そして同年中に入間県となったが、六年には熊谷県に編入された。大区小区制が施行された際、川越町ほか数ヶ村は入間県第一大区一小区となっていた。三新法体制時には埼玉県入間郡川越町となり、連合戸長役場体制のもとでは右の旧小区が再びまとめられる形となった。そして明治二二年に市制・町村制が施行された際、右の旧小区町村にほぼ二村を加えた区域が、行政町としての川越町となったのである。(43) この間の個別町の法的地位などについては『川越市史』にも記述がなく、明らかではない。だが、南町保有文書では三新法体制期に、個別町たる南町の代表者を「共有扱人」と称している。(44)

市町村制の施行によって、個別町は最終的に法律上の権能を持つ存在ではなくなった。もっとも、市町村にはこの法律で認められていた行政区制度を採用したところが少なくなかった。(45) 川越町でも町村制施行と同時にこの行政区制度を採用しており、旧町方では基本的に従来の個別町がおのおの各区に対応していた。『川越市史』には、この行政区の設定にあたって川越町が二二年に作成した「区長及代理者仮章程」が収められており、この仮章程では区長（個別町の代表者）や組長（クミアイの代表者）の制度が定められている。(46)

ところで、従来身分制のもとで家持と区別されていた借家人の立場を、維新政府はどう位置づけたのだろうか。この点、先行研究では主に戸籍編成と関連づけて追究している。たとえば横山百合子氏は、明治二年の東京府戸籍編製法で、住民が家持・借家人の別に関わりなく「市民」として把握されていたことを指摘している。(47) しかし国法レベルでは、井戸田博史氏が紹介している、(48) 苗字差許に関連して出された「平民」の規定をめぐる次の行政判断が注目されるのではないだろうか（もっとも氏の行論では、文脈上家持・借家人の区別が焦点になっているとは言い難い）。明治三年九月一九日、太政官布告第六〇八として「自今平民苗氏《ママ》被差許候事」が出されたが、これについて津山藩から、同年閏一〇月二四日付で次の伺が上申された。(49)

今般平民苗字御免被　仰出候付、左ノ件々奉伺候

一、農民ノ内ニテ持高無之モノ、或ハ農商共人ノ長屋等借受住居罷在候位ノ者、又ハ農商ノ内ヘ奉公致シ其使役ヲ受罷在候モノニテモ一同平民ト心得、苗字為名乗可然哉

この伺に対する太政官の回答は「平民ト心得候事」というものであり、ここには不動産を所有しない「農商」も、所有する者と区別なく「平民」として同等に扱うべしという維新政府の意思が、藩側から出された疑義を制する形で簡明に示されていると言えよう。

新政府が右のような見解を示して家持の身分的特権を否定するなか、個別町ではどのような対応がなされたのだろうか。前節でも紹介したように、南町の「狭義の町内」は、慶応三年（一八六七）には計五八戸（四七戸の家持と一一戸の店借）によって構成されていた。しかし町入用帳をたどっていくと、「狭義の町内」の構成戸数は明治一〇年頃に急増しており、明治一五年の時点では計八〇戸となっている。この内訳は家持が四九戸、借家人が三一戸となっており、(50)戸数の急増が、これまで個別町運営に参加していなかった借家人を大幅に取り込む形で行われたこと、言い換えれば、平準化というべき現象が生じたことがうかがえる。またこの時期取り込まれた家々は、土腐＝下水掃除の費用負担に際して賦課基準となる間口の大きさがいずれも記されているため、表店と考えられる。土腐の基準となる個別町内の総間数は、慶応三年に二五九間半であったものが、明治一五年には二八一間六分七厘と増えている。これも、表店借家人が新たに負担に加わったことによるものであろう。ただし前節で述べたように、すでに幕末期には、一部の表店借が商人としての実力（資力）を反映する形で個別町の負担に加わるという、身分制の流動化が生じていた。つまり、国家レベルでの身分制の解体によってもたらされた明治前期における個別町の平準化とは、実力（資力）を持ちながらも個別町運営から外れてい

た表借家商人たちを新たに取り込むという、言わば身分制の論理矛盾を解消する程度に果たされたものであった。

それではこの時期、個別町内での家持の地位はどうなったのだろうか。個別町運営の基本的要素との関係について、まずⓐ役員との関係を見ると、史料から判明する明治期の区長・組長は、いずれも引き続き家持が務めている。[51]次にⓑ財務との関係を見ると、同町では借家人の個別町への取り込みが行われた後も、町費負担の形式にはしばらく均等割が用いられていた。しかし明治二四年以降、等級制[52]という、言わば実力による格付けが徐々に採用されはじめ、やがてこれは累進性を強めながら一般的な町費賦課方法となる。等級設定の基準を示す規程は未確認だが、おそらくは外形標準的なものであろう。ただし実態としては「等級が高い者の多くは家持である」という図式が成り立っている。これは当時の家持が、身分の優位のみならず実力の優位をも備えていた結果であろう。つまり、家持の身分的特権が否定されるにあたり、個別町では新たな格付け方法として等級制という実力を反映した原理を導入したが、その結果、家持らは運営の実権を引き続き握ることとなったのである。一方、表店借家人らは運営に参加する機会を新たに得ながらも、実質的な影響力は限定的なものにとどまることとなった。ただし、松平誠氏が桐生の事例をもとに指摘したように、そもそも各戸の格付けが等級制という形に再編されたことは、家持の権限が理念として後退したと評価すべきであろう。[53]なお、町費負担が均等割から累進的な等級制へと移行したことは、「狭義の町内」が比較的フラットな、ほぼ家持たちに担われていた集団から、家持＝有力者と借家人＝非有力者がともに所属する、「同居型」と言うべき集団に移行しつつあることを意味していたと言うこともできよう。そしてこの側面は、後の時期との関係で重要になってくるのである。

2　個別町の機能

明治期の個別町は、どのような業務を行っていたのだろうか。自治体史の中では『金沢市史』の通史編が、明治期の個別町についてひときわ充実した記述を行っているが、[54]同書でも支出状況などは検討されていない。また個別研究としては、奥村弘氏が『姫路市史』に収録されている国府寺町ほかの個別町史料に着目して検討した事例があるが、[55]その論

表1-5　川越南町の一般会計における主な支出費目および一部の雑収入（明治44～45年）

年月日	金額(円)	支出費目	費目分類
☆45年5月1日	9.120	高沢橋寄附集金(過剰分を含む)	土木·衛生
44年5月22日	50.363	下水溝掃除費	
44年10月31日	3.295	秋季下水掃除費	
44年12月1日	51.750	夜番費	警備
＊45年5月1日	5.985	大畑出兵、田島、清水歓迎費	兵事
☆45年5月1日	2.385	繭糸市場寄附集メ(過上分を含む)	勧業
44年6月4日	12.800	氷川神社一万度、赤飯	社寺·祭礼
44年7月14日	27.727	八坂神社祭典費、神楽料追加	
44年10月14日	40.620	鎮守大祭御巡幸費之割合	
45年4月12日	20.766	雪塚神社大祭費	
〃	2.485	氷川常夜灯修繕費	
〃	0.300	八坂神社神楽料	
〃	1.860	氷川巡幸費追加割、同御神灯料	
＊45年5月1日	2.500	三芳野神社大祭費各町割	
〃	0.480	三社日待不足金	
〃	0.984	雪塚社不足金	
〃	4.000	両大師護摩講費	
44年12月27日	27.040	門松割合	その他
〃	40.140	区長慰労会費	
〃	6.000	鳶百七、一ヶ年給料	
＊45年5月1日	3.550	新年会々費	
〃	0.750	官有地使用料	
〃	1.650	壱ヶ年間年行司費	

出典：注64「（明治38年～）諸入費精算控帳」。
注：☆は、「年行司割」としてまとめられている項目の雑収入に含まれることを示す。
　　＊は、「年行司割」としてまとめられている項目の支出に含まれることを示す。

点は個別町の公的機能の拡大、つまり行政との関係がいかに強まっていくかという側面にあって、生活共同体としての側面については視野に入っていない。これに対して『古河市史』の民俗編と通史編[56]は、旧城下町の町場でありながら豊富に残されている文献史料と聞き書きとをそれぞれ十分に活用し、両書はあいまって、自律的な生活共同体としての個別町社会の様子をきわめて高い水準で記述している。このうち民俗編は、戦前の地方都市における個別町の機能と存在意義について、概括的にこう述べている。「近代に至ると、町村制の施行により古河町が誕生し〔た〕〔中略〕ただし当時は町行政の年間予算も少なくまた官吏も十数人が定員であって、実質上のマチ運営は、近世同様まだ各町内の住民自治に委ねられていたといえる」「今日の自治会は、この町内の系譜をひきその地域的範囲もほぼ重なっているが、活動内容から見ると両者を同一視することはできない。大正末以前の町内の自治能力は、今日の自治会とは比較にならないほど強大なものであった」。

川越の場合、前述したように川越町（町村制に基づく町）のレベルで明治二二年に「区長及代理者仮章程」が定められた（注46を参照）。そこでは区内戸口調査や不就学者調査など（第六条）のほか「其区内ニ於ケル衛生教育土木勧業等ノ発達進歩ヲ計リ、常ニ之ヲ奨励スベシ」（第七条）という規定が区長の任務として挙げられている。これだけを見ると、区（長）は行政の補助機関という印象が強い。だが各町では別に町内規約がつくられており、たとえば宮元町の場合、区長に委託する概目として「冬時夜番監督」「鎮守祭事ニ係ル事項」「共有金管理（区会ヲ要スル共有金ヲ除ク）」のような生活共同体としての諸業務が挙げられている。(57)

南町における業務の実態を、町費支出から見てみよう。表1―5は、南町の一般会計にあたる帳簿から、明治四四年（一九一一）五月二二日分より翌年五月一日分までの一年間、ひとつのクミアイが会計を担当していた期間に出納された支出（および一部の雑収入）の費目内訳を、サンプルとして示したものである。その中身を、当時の役場費における分類方法を参考にして整理すると、土木（橋寄附および下水掃除の一面）・衛生（下水掃除の一面）・警備（夜番）・勧業（繭糸市場への寄付）・兵事（入営者への対応）そして社寺祭礼などに分類できることがわかる。当然ながら、近世に見られた公役は、すでに消滅している。一方、下水掃除や社寺祭礼といった生活共同体としての業務は、近世以来継続されている（消防組に対する支出はこの帳面に現れない）(58)。別に繭糸市場への寄付のような新たな業務も現れるが、重要なことは、それらがいずれも、負担を家持のみに求める合理性を持っていないということである。そして個別町の支出から公役が消滅したことは、町費負担者を家持に限る正当性が最終的に失われたことを意味している。このように、表店借家人が町費負担者となることは、身分制の解体とともに、受益者の論理によっても後押しされたと考えられる。

3　クミアイの組織と機能

明治維新後、個別町内におけるクミアイの位置づけはどうなったのだろうか。まず組織（組み方）については、南町の場合、引継書類において毎年度替わりに「年行司」として署名している当番の氏名などから、クミアイが近世以来の組み方を、明治期以降も基本的に維持していることがわかる。なお「狭義の町内」が表店借家人をまとめて取り込むことは、クミアイが表店借家人を加えて構成員戸数を増加させることと同義であった。このため、南町においては明治

四五年（一九一二）に規模の大きなクミアイが二つに分割されることで、クミアイの数は九つに増えている。(59)

次に機能について、個別町運営の基本的要素との関係を見てみよう。まず、ⓐ役員との関係を見ると、個別町の意思決定機関には、当番クミアイの構成員らが集まる「年行司集会」のほか、各クミアイから人が出たと見られる「八組集会」なるものが、明治期に入っても引き続き行われている。そして四一年からは、「組長集会」という、各組の組長たちが集まったことが明らかな会議も新たに現れる。(60)次にⓑ財務との関係を見ると、町費負担そのものとの関わりはこの時期にも認められない。だが、会計帳簿引継時の署名のあり方に着目すると、幕末期からの変化が認められる。帳簿のうち、町有財産台帳である「共有物証書類回送記簿」（明治一一〜四五年まで）の引継にあたって、一一年当時は共有扱人（当時の個別町の代表者を指す）が署名をし、年行司＝当番クミアイ員たちはこれに「立会人」として連署していた。この形式は町村制施行以後もしばらくは、肩書がそれぞれ「区長」「年番」と改称されただけで実質的に変わらなかった。しかし三三年以降区長は署名しなくなり、年行司のみが署名するようになる。(61)また「市掛日掛出入帳」（注40を参照、三六年以降は注59の「総勘定元帳」に引き継がれて戦後に及ぶ）の引継にあたって、幕末期には年行司らが署名していた。しかし一五年以降は、共有扱人と、判頭＝各クミアイの代表者が署名するようになり、この方式は町村制施行以後も肩書が「区長」「各組長」と改称されるだけで実質的に変わらない。またこの間、区長は三二年にいったん連署から外れ、三八年になって再び連署しはじめており、立場がやや不安定であったことがうかがえる。(62)

他方、具体的な個別町の業務とクミアイとの関係は、相変わらずなかなか見られない。その中である程度関係性をうかがえるのは、祭礼にまつわる場面である。南町には町内鎮守として雪塚稲荷があり、これを祀ることは近世から行われていた。だが史料的には、明治二三年になって「各組御神酒奉納」の記載が初めて現れる。そして三五年以降になると、ほぼ毎年「各組合御神酒料其他奉納」「町内各組合其他奉納金」といった記載が見られるようになる。これは町内の住民たちが、クミアイを単位として御神酒（料）を奉納していたことを示す記事と考えてよいだろう。(63)史料に明記される以前から行われていた可能性はむろんあるが、この時点で明記されるようになった事実は注目されるだろう。さらに大正元年（一九一二）以降、町費からは「雪塚稲荷神社神職一ヶ年俸給」が支出されるようになったが、これも「組合割」として、各クミアイに金員が割り当てられているのである。(64)

以上の事実からは、明治期のクミアイや、とりわけその代表者である組長の立場が、幕末期と比べてむしろ拡充される傾向にあると評価できよう。その理由を、残された帳簿のみから明確に指摘することは困難である。しかし、これまで述べてきたことを念頭に置いて考えれば、明治期における平準化の進行が、個別町運営に参加する構成員戸数の増加を招いていたことが挙げられるのではないだろうか。つまり、影響力がいまだ限られるとは言え、多数の表店借家人が個別町運営に新たに加わることは、個別町の構成員戸数が増加することにほかならない。このため、個別町と各戸との連絡を効率的に行ううえで、家々をいくつかずつにまとめた中間組織の重要性が増したと考えられるのである。

おわりに

本章では、次のことを明らかにした。

近世期、川越の個別町は、店借層までを住民として含む「広義の町内」と、公役を務める本来の町人身分である家持に限られた「狭義の町内」とに分化していた。個別町の運営を行い、その費用を負担したのは、家持による「狭義の町内」であり、また川越においては彼ら家持らによって構成された年番のクミアイ（年行司）であった。ただし幕末期にはこれに一部の表店借が加わっているように、商人としての実力（資力）がある程度反映された形で「身分制の流動化」というべき現象が生じていた。個別町の支出である町入用に生活共同体としての業務が少なくなかったことは、負担を表店借へと広げることを受益者の論理から後押ししたであろう。だが一方で町入用には公役も含まれており、こうした側面は、町費負担者を原則として家持に限るという、身分制の論理が再生産される根拠になっていたと考えられる。

明治期に入ると、国家レベルで身分制の解体が打ち出され、家持の身分的特権は否定されることとなった。川越の個別町においても、それに対応するかのように、明治一〇年（一八七七）前後に町費の負担者が急増していた。すでに個別町の支出から公役が消滅していたことは、もはや負担を家持に限る正当性が失われたことを意味しており、表店借家人の町費負担は、身分制の解体とともに、受益者の論理によっても後押しされたと考えられる。しかし、この時点で取り込まれたのは、表店借家人層に限られていた。この時期に起きた個別町の平準化とは、実力を持ちながらも個別町運営からは外れていた表借家商人たちを新たに取り込むという、身分制の論理矛盾を解消する程度に果たされたものであった。家持の身分的特権が否定されるにあたり、個別町内での新たな格付け方法として導入されたのは、実力を反映した等級制であった。だがその結果、身分的な優位のみならず実力の優位をも備えていた家持たちは、個別町運営の実権を引き続き握ることとなり、表店借家人らの影響力は限定的なものにとどまったのである。

川越では、個別町内の内部組織であるクミアイが重要な役割を担っている。そして幕末期と明治期について、クミアイやその代表者の役割を対比すると、明治期の方が拡充されていた。これは、当時の個別町が限定的ながらも平準化を起こした結果、個別町運営に参加する構成員戸数が増加し、個別町と各戸を効率的に結ぶ中間組織の重要性が増したためであったと考えられる。

注

（1）たとえば山口啓二・佐々木潤之介『体系・日本歴史』四（日本評論社、一九七一年）八七頁を参照。
（2）都市社会学の分野で在来都市の個別町を取り上げた主な研究には松平誠『祭の社会学』（講談社現代新書、一九八〇年）、同『祭と文化』（有斐閣、一九八三年）、倉沢進・秋元律郎編『町内会と地域集団』（ミネルヴァ書房、一九九〇年）所収の諸論文、玉野和志『近代日本の都市化と町内会の成立』（行人社、一九九三年）、鳥越皓之『地域自治会の研究』（ミネルヴァ書房、一九九四年）、岩崎信彦ほか編『増補版　町内会の研究』（御茶の水書房、二〇一三年）所収の諸論文などがある。そして歴史学においては高岡裕之「町総代制度論」（『年報都市史研究』三、山川出版社、一九九五年）の先駆的業績のほか、近年では藤井正太「近代京都の町共同体に関する基礎的考察」（部落問題研究所編『部落問題研究』一九一号、二〇〇九年）、奥田以在「近代京都『町』の研究」（博士論文、二〇一一年）など、おもに京都をフィールドとした研究によって実証的にとらえ返されている。なお、明治期以降の地方都市の個別町について詳しく記述している自治体史には金沢、松本、米子の各市のものがある。

（3）酒井一輔「近世後期関東在方町における町規約と構成員」（『史学雑誌』第一二三編第三号、二〇一四年）、特に注28を参照。

（4）広島、長崎、熊本などの各市自治体史を参照。

（5）注2「近代京都の町共同体に関する基礎的考察」一四頁。

（6）古河市史編さん委員会編『古河市史』民俗編（古河市、一九八三年）一九五頁。

（7）同前、一九四～一九五頁。

（8）南町の史料は川越市立博物館所蔵「旧南町保有文書」。同史料群の目録に川越市教育委員会編『川越市指定文化財古文書目録』一（一九八四年）がある。また同編『旧南町保有文書調査報告書』（一九八一年）には、解説と史料の一部翻刻がある。また氷川神社祭礼に関する部分の史料は同編『川越氷川祭りの山車行事』（二〇〇三年）にも翻刻されている。

（9）埼玉県編『埼玉県統計書』大正二年版、第一編二四頁。

（10）川越市総務部市史編纂室編『川越市史』第四巻近代編（川越市、一九七八年）六一七頁以下。上野和男氏はその後「関東の伝統的地方都市の地域特性」（『国立歴史民俗博物館研究報告』第一〇三集、二〇〇三年）において、川越を再び取り上げている。

（11）川越市総務部市史編纂室編『川越市史』第三巻近世編（川越市、一九八三年）三五〇頁。

（12）注10『川越市史』第四巻、六二三頁。
（13）青木和夫ほか編『日本史大事典』第四巻（平凡社、一九九三年）「町（町の名主）」の項目を参照（吉田伸之氏執筆）。
（14）「（明治七年～）町内諸入用控」（注８「旧南町保有文書」史料番号四）によれば、明治一〇年代の同町では、町費賦課にあたり、家持に地租割を、借家人に戸数割を課す方法が採られていた。この史料から、当時の南町住民について家持・借家人の別を知ることができる。
（15）町年寄、町名主は屋敷地の一部年貢免除を受けており、これは土地所有が前提であると言える（注11『川越市史』第三巻、三五三頁）。
（16）川越市総務部市史編纂室編『川越市史』史料編近世Ⅱ（川越市、一九七七年）、六四四～六七七頁。
（17）「（安政四年～）町内諸入用之控」（注８「旧南町保有文書」史料番号二）。大家と店の区別については注11『川越市史』第三巻、三六〇頁における鍛冶町の事例分析を参照。
（18）注10『川越市史』第四巻、六四五頁。
（19）「（明治二年～）町内諸入用之控」（注８「旧南町保有文書」史料番号三）。
（20）注13『日本史大事典』第四巻「町入用」の項目（吉田伸之氏執筆）などを参照。
（21）川越藩の五十人講は頼母子講の一種であったが、藩の主導で行われており、藩財政の一助とするために加入者を強制的にそろえさせたものであった（川島町編『川島町史』通史編　中、二〇〇八年、二六四頁）。なお、この点については根岸茂夫國學院大學教授よりご教示をいただいた。
（22）注11『川越市史』第三巻、第五章を参照。
（23）大岡聡「東京の都市空間と民衆生活」（中野隆生編『都市空間と民衆　日本とフランス』（山川出版社、二〇〇六年）四五頁。
（24）各自治体史によれば、明治末年までに市制を施行した五四市のうち、五人組が家持のみで組まれるとする地域に秋田市、（会津）若松市（および鳥取市もか）があり、家持による五人組のほかに店借のみによる組（店五人組）が設けられている地域に静岡市、姫路市、長崎市がある。一方、家持のほか店借も合わせて組まれているとする地域に宇都宮市、高崎市、津市、長岡市、新潟市、福島市があり、甲府市、松本市では家持のみのはずだが史料には店借も含まれていると指摘されている。

(25) 穂積陳重氏が『五人組制度論』『五人組法規集』(ともに有斐閣、一九二一年)を著し、その後田村浩『五人組制度の実証的研究』(巌松堂、一九三六年)、西村精一『五人組制度新論』(岩波書店、一九三八年)、野村兼太郎『五人組帳の研究』(有斐閣、一九四三年)などが刊行された。

(26) 町場における五人組の組み合わせについて言及したものに、大和国御所町(現、奈良県御所市)の事例を扱った中井陽一「近世五人組の機能に関する再検討」(関西史学・地理学会編『史泉』第一一一号、二〇一〇年)がある。同論文が示す三つの五人組の組み合わせは、いずれも通りの両側にまたがるもので、本論で主張しているものとは異なっている。これをどう説明するかは難しいが、次の点のみを指摘しておきたい。ⓐ中井氏が論文で挙げている1の組(六軒町)、2の組(北町)の区画は、通りに面する距離が短いこと。ⓑそれゆえ両組では1―①、2―②に、それぞれ他町である北本町の敷地を編入するという特異な形となっていること。ⓒ通りに面する距離が長い3の組(北本町)は3―②を除きほぼ片側となっているが、3―④が飛ぶ形で組み入れられ、また通りをはさむ3―②(北本町)は論文中の図1によればもともと1―②(六軒町)と同じ敷地であるなどの点で特異であること。これらの点を本格的に検討するには、五人組を含む同地町方の全体像を把握する必要があるだろう。

(27) 注11『川越市史』第三巻、一七二頁を参照。

(28) 注16『川越市史』史料編近世Ⅱ、二〇五～二二二頁および二二三～二二五頁。

(29) 注10『川越市史』第四巻、六三四～六三五頁。

(30)「関東地方では、君田〔現、栃木県佐野市〕と同様、組合と呼ばれる組織があり、多くが五軒ずつに家々を組織している。明らかに五人組なのである。〔中略〕このような組織を、村組に対して近隣組という」(福田アジオ・宮田登編『日本民俗

学概論』吉川弘文館、一九八三年、四二頁)。

(31) 注6『古河市史』民俗編、一九二一~一九三頁、二二四~二二六頁の記述を参照。上田市誌編さん委員会編『上田市誌』民俗編一(上田市、二〇〇〇年)四九頁では「古くからあるムラやマチは、〔近隣集団が〕五人組の制度からのものだとしていたり」と記述している。だが、筆者が同書の著者である酒井伭氏にうかがったところでは、上記のうちマチに関する部分については、特に具体的な事例や伝承に基づいたものではないとのことである。

(32) 注2『祭の社会学』八五頁では「〔桐生の〕伍長の制度は、氷川〔川越のこと〕のクミアイ同様、「町村制」にもとづき、旧藩政時代の五人組をもとにして作られたものである」としている。これは結論としては正しいが、実証的に示されたものではない。また注2『近代日本の都市化と町内会の成立』は、近世松阪の町方で「『組頭』とはいわゆる五人組の代表にあたる役職であった」ことを指摘するとともに(九六頁)、明治以降の町規約でも「組頭」の用語があることを述べている(一〇七頁以下)。しかし、両者の系譜関係については検討されていない。

(33) 横田家は川越の町年寄を務めた家(居住地は南町)である。同家の文書は国文学研究資料館所蔵であり、目録に文部省史料館『史料館所蔵史料目録』第三集(一九五四年)がある。水村家は喜多町の名主を務めた家である。同家の文書は川越市立博物館所蔵であり、目録に川越市教育委員会編『川越市指定文化財古文書目録』三(一九八六年)がある。

(34) 万延元年「売渡申家屋舗之事」(前注「水村家文書」史料番号二四一)。

(35) ただし筆者の調査によれば、南町でも町の端にあたる箇所では五人組が表通りの両側にまたがって組まれている。

(36) 近世都市の五人組はなぜ通りの片側で組まれる形式が採られたのだろうか。これは筆者にとって難しい課題だが、注意すべきは、五人組が本質的に領主による支配のための制度であるということではないだろうか。一般に、両側町形式をとる個別町が、幕藩領主の命令によって個別町内の住人や地面に関する書上を行う場合、各戸を町内の四隅の一角から通りに沿って順番に並べていき、終わりまで来るとその向かいの戸に移ってそのまま折り返す形で逆方向に再び各戸を並べ、最後は初めの隅の向かいで終わる、という形式が採られることが多い。具体的には、川越喜多町の場合、近世中~後期の事例であるが、注16『川越市史』史料編近世Ⅱ所収の「町内持高控帳」（宝暦三年、六九一頁以下）、「御書付御請印帳」（天明三年、七〇〇頁以下）、「喜多町惣小前連印帳」（文化九年、一七六頁以下）、「連印帳」（安政四年、一七九頁以下）は、すべてこの形式である。五人組の編成は、こうした線的なスタイルを活用して個別町内を機械的に区切って作り出したものであったために、このような形式になったのではないだろうか。

これに対して、「向こう三軒両隣」と呼ばれるまとまりは、生活共同体としての個別町で、町人自らが必要に応じて形成したものである。その結果、そのために両隣と同じようなツキアイがおのずから生じる向かい側の家々も含むものとなったと推測される。天保一三年「南町町内申合議定書」（注16『川越市史』史料編近世Ⅱ、四四一～四四四頁）には「店越来候者、組合向三軒江為近付扇子一対ツ、可配之」とあり、町内のツキアイの場面では、クミアイとは別に「向三軒」が特に重視されていることがわかる。

(37) 吉田伸之『近世都市社会の身分構造』（東京大学出版会、一九九八年）七一～七二頁。これは三都、すなわち大都市の検討をもとにした構図だが、地方都市においても前橋市、松本市、姫路市、また広島市（の状況を記述した広島県）の各自治体史などで、史料に基づいてこうした変遷が指摘されている。

(38) 五人組の機能としては、村方・町方を通じて、治安維持＝相互監視や貢租負担に関する連帯責任制などが一般的に指摘されている（青木和夫ほか編『日本史大事典』第三巻、平凡社、一九九三年、煎本増夫氏執筆「五人組」の項目を参照）。しかし本章では、町方における個別町運営の基本的要素との関係に焦点をしぼっている。

(39) 注6『古河市史』民俗編、一九九頁は「町内によっては頭（町内抱えの鳶）が日掛け箱（町内費の集金箱）を持ち徴収しに出向いたところもある」としている。

(40) 南町の個別町史料のうち、一般会計簿である安政四年以来の「町内諸入用之控」や、特別会計簿の一種と見られる「（文久三年～）市掛日掛出入帳」（注8「旧南町保有文書」史料番号一）からは、クミアイがこれらの書類を引き継いでいる状況が嘉永期以降確認できる。このため遅くとも幕末期には、個別町の運営全般と会計簿とを、年行司と呼ばれる当番クミアイの構成員が引き継ぐという、あたかも個別町の財務をクミアイが代位するようなシステムができていたことがわかる（もっとも、慶応期に入る前は必ずしも毎年交代していたわけではなかったようだ）。なお、この「市掛日掛出入帳」は当初、寺院敷地の地代や名主の公費などを「市掛」名目の町内賦課金や、個別町が経営する長屋の家賃などで賄う仕組みであった。しかし、明治になると支出はほぼ寺院地代のみとなり、また収入は長屋家賃が中心となった。この長屋経営の明細については、別に「（安政六年～）南横町諸色控」（注8「旧南町保有文書」史料番号一三）がある。

（41）個別町がこうした慣習を持つ事例は確かに少ないが、群馬県旧倉賀野町（現、高崎市）にも同様の事例がある。つまり「現在の班組織が確立する以前は、倉賀野地区には年番という単位があった。町内を地域区分した範域を指すとともに、一年の行事に責任を持つ役職をいう」（高崎市市史編さん委員会編『新編高崎市史』民俗編、二〇〇四年、二九七頁）。

（42）福田アジオほか編『日本民俗大辞典』下巻（吉川弘文館、二〇〇〇年）「村組」の項目は、村組が持つ機能の一つとして、ムラ（藩政村）全体の仕事を分担する単位となり得ることを挙げている。「村落全体の仕事の分担機能は、村落の下部組織として持つ機能であり、道普請、用水路の修理、水番、共有山での下草刈りなどの村仕事を村組単位に分担したり、あるいは交代で出役するなどの仕組みがある」（山本質素氏執筆）。具体的な事例については、各地の民俗調査報告書や自治体史を参照されたい。たとえば、愛媛県生涯学習センター『愛媛のくらし』（一九九九年）三九三～四一二頁など。

（43）注11『川越市史』第三巻、四三～四七、七二頁。

（44）この名称は、明治九年の各区町村金穀公借共有物取扱土木起功規則（同年太政官第一三〇号布告）に基づく町村総代人制度に由来するものと思われる。

（45）行政区をしいていた市の具体的な分布については、注2「町総代制度論」を参照。

（46）注10『川越市史』第四巻、七七～七八、六三〇頁。

（47）横山百合子「明治維新と近世身分制の解体」（歴史学研究会・日本史研究会編『日本史講座』第七巻、東京大学出版会、二〇〇五年）一五〇～一五一頁。

（48）井戸田博史『家族の法と歴史』（世界思想社、一九九三年）五二頁。
（49）「太政類典」第一編第一一巻の一〇、「公文録」明治二年第一三七巻の一八（国立公文書館所蔵）。
（50）注14「（明治七年～）町内諸入用控」。
（51）たとえば宮元町の町内規約（明治二三年一月二七日付で川越町長より認可）では、組長は「宅地若クハ家屋ヲ所有スルモノニ限ル」（第一一条）と定められている（注10『川越市史』第四巻、六三一頁）。南町で土地所有者が判明するデータは、注14で述べたとおり、明治一〇年代のものに限られる。後年にはこのデータに氏名が載っていない組長も現れるが、その人物が新規の土地所有者であるか否かを確認する手段は、今のところ得られていない。
（52）等級制とは、負担割合の大小を等級ごとにランク分けしたうえで、集団の各構成員に適当な等級を割り振るものである。割り振りの基準には、構成員の不動産所有状況や収入見込額などが用いられることが多い。この方法によると、内部格差が存在する集団で一定の累進制が担保されるため、府県税戸数割の賦課方法をはじめ、戦前にはさまざまな場面で活用されていた。
（53）注2『祭の文化』一〇八頁。
（54）金沢市史編さん委員会編『金沢市史』通史編三［近代］（金沢市、二〇〇六年）一七七～一八八頁。
（55）奥村弘「姫路市の展開と町内会」（浅野慎一編『京阪神都市圏の重層的なりたち』昭和堂、二〇〇八年）所収。典拠史料は国府寺町文書と鍵町文書で、いずれも姫路市史編集専門委員会編『姫路市史』第一二巻［史料編近現代1］（姫路市、一九八九年）、同一三巻［史料編近現代2］（一九九四年）に翻刻されたものである。
（56）古河市史編さん委員会編『古河市史』通史編（古河市、一九八八年）六八〇～六八四頁を参照。
（57）注10『川越市史』第四巻、六三一～六三三頁。
（58）消防組は、明治二七年の消防組規則（勅令第一五号）に基づいて各地域で順次設けられた、半官製の団体である。川越町については、全体が一一部から成っていたことしかわからず（埼玉県立文書館所蔵『埼玉県報』明治二七年一二月一四日付)、消防組と個別町との対応関係は未詳である。消防組の費用については、個別町が経費の一部を負担するものの、基本的には市町村が維持費を負担することになっていた。

本章でたびたび参照している茨城県古河町の場合、個別町の支出の五割以上を消防費が占めたというが(注6『古河市史』民俗編、一九九頁)、これは特殊な事例と考えられる。大正期までの古河町の歳出項目の正確なデータは残念ながら確認できない。だが、大正中期までの警備費支出の割合はおそらく他の都市と比べても小さく、それゆえに古河町では、大正中期に「自治体消防」の発足が町政上の大きな課題になるという事態が生じたのである(注56『古河市史』通史編、七三一頁)。すなわち、内閣統計局編『日本帝国統計年鑑』(東京統計協会)各年版によれば、明治・大正期、各市における警備費の支出割合はおおむね一%内外であったが、古河町の場合、古河郷友会編『古河案内』(油治商店、一九一〇年)三二頁における明治三七、四一年度の歳出抄録に警備費が記載されておらず、警備費の支出は非常に少なかったと推測される。これに対し、「町営化」後に支出が急増していることは、茨城県編『茨城県統計書』各年版における郡別町村歳出(猿島郡の項)の警備費の推移や、大正一四年度以降の分が残されている古河町編『猿島郡古河町事蹟簿』(茨城県立歴史館所蔵)で警備費が毎年度数%を占めていることなどから推測できる。

(59) 近世後期以降、南町のクミアイは長く八であった。しかし、「(明治三七年〜)総勘定元帳」(注8「旧南町保有文書」史料番号一一)によれば、明治四五年から九に増えており、その後再び減って八、さらに七となっている。川越市総務部市史編纂室編『川越市史』民俗編(川越市、一九六八年)六六七頁では、南町のクミアイの数を七としているが、これは戦後の状況である。

(60) 注59「総勘定元帳」。初出は、南横町長屋の営繕基本金を、川越貯蓄銀行へ預けることを決めた記事である。なお、川越旧武家地の郭町に伝来した「旧郭町区文書」(川越市立図書館所蔵)の「(明治三六〜大正三年)組長会決議録」(史料番号一〇三)によれば、同町の組長会では毎年度区費会計や積立金会計を承認しているほか、衛生組長や氏子総代などの町内役員選挙を執行していることがわかる。

(61)「共有物証書類回送記簿」(「旧南町保有文書」史料番号一六)。
(62)注40「市掛日掛出入帳」、注59「総勘定元帳」。
(63)「(明治一七年〜)町内諸入用控」(「旧南町保有文書」史料番号五)。
(64)「(明治三八年〜)諸入費精算控帳」(「旧南町保有文書」史料番号六)。

第二章　明治末期〜大正初期の町総代会

はじめに

本章では、地方都市で明治末期に設立されはじめた町総代会が、第一次世界大戦以前の時期において、どのような活動を行っていたかを明らかにする。当時の町総代会の性格が、果たして先行研究の言うようにデモクラティックなものであったのかを再検討することが、そのねらいである。

町総代会とは、ある都市内における町総代、つまり各個別町の代表者たちが加盟した総合体組織である。町総代による臨機の会合を指して町総代会と称することもあるが、本章で主として念頭に置くのは、規約や役員などを設けて恒常的な組織となったものである。自治体史や同時代の新聞記事などによれば、昭和初期までに国内の多くの都市（在来都市に限らない）で町総代会が設立されており、これらは昭和戦中期になって、町内会や市常会が設置されると同時に解散していった。[1]こうした組織が明治末期から地方都市で設立されるようになったことは、維新後の変容を経た個別町がこの頃までに、とりわけ地方都市において再び成熟しつつあったことの証拠と言えよう。町総代会が設けられた直接の契機としては、本章で取り上げる姫路市や下関市のように、市当局が諮問のために会合をあっせんしたという事例が多い。しかし、町総代たちは行政主導の会合をきっかけとしながらも、それを下敷きに恒常的な組織を自主的に設立するのである。会を設立する目的について、綱領では「市民の輿論を以て健全なる本市の発展を期する」（姫路市）、「自治の運用を保持し市行政の円滑進捗を図る」（下関市）とうたっており、町総代は自身たちが「輿論」「自治」を代表し得ると認識していることがわかる。言うまでもなく、市制は市民の利害を代表する存在として、市会議員を選ばせていた

（ただし大正一五年〈一九二六〉の市制改正までは、納税資格に基づく制限選挙である）。そして市制施行の当初は、市議にも地域代表の性格が色濃く反映されていた。だが次第に政派対立などの要素の前に、地域代表としての性格は薄らいでいく。こうした状況のなか、個別町が依然として「強大」な地方在来都市では、純粋な地域代表制に基づく組織が、町総代らによって改めて設立されることになったと考えられる。

問題は、町総代が代表する「輿論」「自治」の中身である。従来の自治体史や個別研究では、大正三年という早い時期に設立された姫路市の町総代会や、明治四二、四三年（一九〇九、一〇年）に注目すべき活動をした静岡市の町総代たちについて、デモクラティックな、つまり本書で言う非有力者層までを含めた形で市民の意思を代表する性格を持つものと説明してきた。しかし、第一章で見たように、明治期の個別町は平準化を起こしつつもその作用は限定的であった。そうだとすれば、町総代らが市当局の政策に反対した事実があるにせよ、個別町の代表者である彼らの活動が、総合的に見て非有力者層まで含めた一般住民の意思を代表する性格を持つものであったかどうかについては、再検討の余地があるだろう。

本章では、すでに自治体史で一度扱われた、姫路市の町総代会と静岡市の町総代たちの活動を再度検証する。さらに従来扱われていないものの、明治四二年と姫路市よりも早く設立されていた下関市の町総代会の活動についても検討する。そしてこれら三つの事例から、明治末期～大正初期における町総代会の性格について、改めて評価を試みる。

第一節　姫路市

1　先行研究における評価

姫路市では、大正三年（一九一四）に町総代会が設立された。比較的早くに設立された同市の会について、高岡裕之氏は次のように述べている。「大正期に入ると、町総代達の組織として町総代会が設けられるようになり、それが市民世論の代弁者として行動するケースが登場する。〔中略〕この〔姫路市の〕各町総代会設立の背景には、当時姫路市が構想していた上水道敷設への反対論があり、創立総会の場では『上水道施設は尚早きを認む』という決議が採択されたのである。以後『姫路市各町総代会』は『与論ノ府』としての自覚を高め、電灯料金値下げ運動の先頭に立つなど活発な活動を展開することになる」(2)。このように、氏は町総代会の設立を「市民世論の代弁者として行動するケースが登場」する画期と捉えている。また同会については、奥村弘氏も次のように述べている。総代会は「一九一四年には市役所からの《ママ》自立化し、市民の世論を反映する機関であるとの会則をもつ、新たな姫路市各町総代会へと展開し、それを母体として水道問題や一九一七年七月の電灯料金問題についての政治的な動きが生まれていく」(3)。

二人の研究者が会の性格をこのように理解しているのは、両氏が依拠している『姫路市史』が次のように記述しているからであろう。

各町総代会は、大正三年にはいると、上水道問題を契機に、従来の市当局の諮問機関或いは行政下請機関といったものとはいささか異なる性格を帯びてきた。七月十四日、二一ヵ町の町総代の発議により新たな町総代会に脱皮すべく提案がなされ、市内百十一ヵ町のうちの七三ヵ町総代の出席のもと、「姫路市総代会会則」が決定された。その第四条には『本会は、本市の諸般に就き、公平に審議し、市民の輿論を以て健全なる本市の発展を期するを以て目的とす』とあった。その上で副会長に当選した香山栄蔵が提起した「上水道敷設は時期尚早きにより、総代会の決議を要す」をめぐって討論が行われた。〔中略〕そして十五日、市会議長宛に次の決議書を提出したのである。

　決議書

本市に上水道を敷設するは時期尚早と認む。依て之に対する調査の必要を認めず、断じて否決あらん事を望む。

右、本会総会に於て決議す。

大正三年七月十四日

姫路市総代会長　関口存啓

姫路市会議長　上村信五郎殿

十五日当日の市会では結局賛成多数で調査費の計上を可決したが、約四〇名の町総代が傍聴した（以上『鷺城新聞』（原文注記））。こうした町会《ママ》総代会の行政当局よりの自立化、自治機関化もデモクラシーの発達のひとこまと言いうるであろう。(4)

『姫路市史』の記述や、それに依拠する先行研究は「市民の輿論を以て健全なる本市の発展を期する」という文言や、設立早々市の方針に対して反対（時期尚早）の決議を行っていることから、これを「デモクラシーの発達のひとこま」と評価している。しかしデモクラティックかどうかは、市の方針に反対しているかどうかではなく、非有力者を含めた市民の主体的な世論を代表しているかどうかで判断すべきではないだろうか。

本節では『姫路市史』も利用している『鷺城新聞』（以下、本節では「同紙」と記す）の記事を読み返し、事態の展開を再検討していく。その前に、同市の上水道問題の概要を確認しておこう。姫路市の上水道計画は水源地の選定が難しいためになかなか進まなかった。しかし明治末期になり、当地の第一〇師団や国鉄姫路駅がそれぞれ水道敷設を計画するに及び、堀音吉市長はこれらを大口需要者として取り込む形で早期に市営水道を敷設する方が経営上有利になると判断して、計画を本格的に進めようとした。(5) 堀市長は大正三年度当初予算に水道調査費五〇〇円を計上して市会の承認を得、ついで大正三年七月の市会に追加調査費として一〇〇〇円を支出するための議案を提出した。ちょうど同時期に設立された町総代会は、この議案に対して時期尚早を理由に否決を決議し、町総代としての見解を訴えたのである。もっとも、彼らの決議に拘束力はなく、同日の市会は追加調査費の計上を認めた。その後八～九月にかけて市当局は水道施設事業自体の予算化と具体的な計画を策定しつつあったが、町総代会は市の計画に対する批判を続けていた。そして同年末の市会には事業計画が議案として上程されると思われたが、市会が政争がらみの紛糾によって機能不全に陥ったことなどから計画は頓挫してしまう。結局、同市の上水道計画が認可を得たのは昭和二年（一九二七）一月のことであった。(6)

2　明治四四年～大正二年の町総代

姫路市の町総代会には、恒常的な組織となる以前の明治四四年（一九一一）から、市長の主宰によって毎年原則一回の会合が催されていた前史がある。そのため、まずはその時期の様子を見ておこう。

市長の主唱で町総代たちの会合がはじめて開かれたのは、四四年四月二四日のことであった。そこでは市長による庶務諸般行政上の協議と、警察署による衛生上その他に関する訓示が行われており、(7)その後九月四日には、行幸に際して清潔法を施行するために臨時の総代会が開かれた。(8)この時期になぜこのような会合が始められたのかは、記事を読んでも明らかではない。しかし第三節で後述するように、下関市では四二年二月に姫路市と同じように市長が市政について諮問するため町総代を招集しており、下関市の場合には議題から地方改良運動との関連が認められる。このため、姫路市の場合も同じ文脈に基づく可能性があるだろう。

翌四五年の会合は、七月一三日に開かれた。そこでは市長から下水道施設資金の設定と、中国六県畜産馬匹共進会姫路市協賛会の設立に対しての提議があり、後者について市長は、町総代たちに「本市として協賛的事業につき寄附金によらざるべからず、充分の配意を願ふ」と呼びかけている。(9)ただし彼らがこの寄付に実際どの程度貢献したかを報じる記事は確認できない。

大正二年（一九一三）の会合は五月一三日に開かれた。そこでは清潔法施行や塵芥箱設置督励といった一般的な事項以外に、当時設立の機運が起きていた姫路軽便鉄道会社について「緊急問題として株式の引受等につき懇談」が行われている。これは、同社の株式購入を、関係する地域ごとにいくらかずつ割り当てようとしたもので、姫路市は四五〇〇株の引き受けが割り当てられていたが「其の実際は、各町に分割せは八千株当市に割当となり居れる模様」ということであった。[10] 同紙によれば計画は一時かなり盛り上がり、各町単位での引受状況を報じる記事が何度か見えるが（鷺城新聞社自体がこの計画の推進派であった）、結局実現はしていない。いずれにせよ、以上のような明治四四年以来の会合の様子を見ると、まず市長側から町総代たちの取り込みが図られており、またその際寄付金募集や株式引受に期待を寄せていることから、彼らを有力者たちの代表者と認識していたと考えられる。

3　大正三年の町総代会

①七月　―町総代会の設立と上水道調査への異議―

大正三年（一九一四）の会合は四月二五日に開かれた。[11] その際には市長からの提議事項が示されたほか、町総代側からの提案も協議されているが、その結果を報じる記事は見当たらない。その後七月五日になって町総代のうちの有志が、恒常的な組織である町総代会の設立を図ったのである。創立総会の開催は当初同月一五日を予定していたが、同日が市会開催日となったため一日繰り上げて一四日の開催となった。そして総会当日には役員選出が行われるとともに、上水道敷設尚早の決議が早速行われたのであった。[12] このタイミングで、総代会が急に設立されることになった理由は不明である。しかし、一五日の市会には上水道調査の追加費用を予算に計上するための議案が提出されることになっており、総会の日程をわざわざ前倒しの形で変更していることから、総代会の設立自体が上水道調査に反対することを契機としていた可能性が高いと言えよう。

ところで、当時の一般市民は上水道についてどう考えていたのだろうか。言うまでもなく、世論の動向を完全に公平な形で知ることは困難であり、当時の新聞による報道ぶりが戦後以上に党派性などのバイアスを持っていたことは周知のとおりである。ただ、『鷺城新聞』の社説類を見ていくと、上水道問題について言及した直近のものでは三年七月一〇日付で「姫路も上水道はあつてほしい」とコメントしており、上水道調査費計上案の上程が決まった一四日付では「市の大問題たる上水道の前提案は十五日の市会に提案せらるる事となつた、市水道案解決の為に喜ぶべき事だ」と述べている。そして町総代会が時期尚早決議を行った一五日の市会の様子については「傍聴席には独り町総代等が陣取って居るばかりで町の人達は影も形も見えぬ」と報じている。(13)

その後、同紙の七月二六日付には青雲生なるペンネームによる、大部な投書が掲載されている。投書者は総代会に対して「惣代会にては俄かに活動し意見を発表し市会に向て第廿七号議案を否決せん事を迫る、之れ全然当を得たる行動と云ふべからず〔中略〕非立憲の甚しき者なり」と批判し「惣代会なる者は初めに於て道を誤れり、尚且之れ果して市民の声なりしや否や疑問なり、されど仮りに之を市民の声なりとせば尊重せざるべからず〔中略〕惣代中には多数の識者ありたるは疑なきも、之れ等の士は之れ等の非常識者の蒙を醒す事はなさで、何事も知らぬ顔ですまし居りしなり」云々と述べている。この投書を読むと、当時市民の間にも反対の意見がないわけではなかったようだが、少なくとも同紙自身は上水道敷設計画を支持しており、町総代会の行動を批判していたことがわかる。

②八月以降　—上水道調査の進行と頓挫—

七月一五日に上水道調査委員が決まり、八月中旬には三五万円からなる予算計画が作成された。八月二一日には第一回委員会が開催されているが、この時期の同紙は「上水道反対の声が鳴を静めたのも新聞のおかげだ、市理事者は猶更感謝してよからう」と述べていた。(14) しかし、九月に入ると再び「市民の声として各町総代の組織せる総代会なる者は其の美名の下に〔中略〕破壊的運動をなし市民を抑圧して調印を要求し市会議員を牽制して飽迄も否認せしめんと昨今熱中しつゝありと聞く」と主張する投書を掲載するようになる。(15) そして一〇月には「市理事者に於ても或る陰影の下に〔水道計画策定の〕自決力を殺くやの観あり」としつつ「且つ一方総代会の意向が下層市民に或る一種の手段を弄して敷設の精神を徹底せしめざるやの傾きあり」と報じている。(16) その後調査委員会の進行とともに、一二月には「来る二十日頃開会の姫路市会〔中略〕当市の大問題たる上水道問題は尚調査の要あるより次回に提議せらるならん」[17]と、同紙は議案上程も近いように報じていた。しかし折しも、対立する二派の市会議員の間で役職たらい回しの黙契が露見したため、二七日には市会議長不信任の緊急動議が可決されるなど市会は紛糾して機能不全に陥り、上水道計画も結局調査未了のまま頓挫してしまう。いずれにせよ、右の報道を参照するかぎり、町総代たちの調査反対の立場が明らかであるのに対して、「下層市民」による反対論が主体的、積極的なものであったとは読み取れない。

今ひとつ確認すべきは、そもそも町総代たちが、この時期なぜ水道布設の反対（尚早論）を唱えていたか、であろう。しかし、結論からいえばこの点は史料的に十分明らかにはならない。町総代が七月に行った時期尚早の決議には、なぜ尚早かを示す理由が記されていない。当時、市長側は「財源につきては直接市民の懐中を悩すが如きことを為さずして新財源に依つて上水道の解決を見んとする〔中略〕不日市各町惣代の会同を乞ひて上水道問題の内容につき詳細説明を為し誤解の点を氷解せしめ」ると述べており[18]、事業費を賄うための負担増加が世論を反対に傾ける要因となりうることを予測していた。こうした理由から市民が反対することは、一般論として十分ありえよう。一方、九月二一日付の同紙には町総代たちの意見が掲載されているが、そこで述べられている主張は「本会否市民の声としては上水道敷設に対しては絶対反対にあらず、否却つて希望する処」としつつ、ⓐ三五万円の少額で完成するとは考えられない、ⓑ大口需要者である陸軍と駅の需用水量、そして市民の需用戸数ともに、市理事者が見込んでいる給水予算は楽観的に過ぎており、予想されているような料金収入をあげることはできない。総じて「市理事者の設計予算は頗る杜撰にして、之に盲信賛意を表するに躊躇せざるを得ざるなり」、というものであった。この主張が妥当なものかどうかは、本論で判断できない。確かに、九月末には水源地に予定していた地域の水利組合からこれに反対する要望書が出されるなど、市の計画に性急なところがあったことは事実だったようである。しかし、これらの問題は八月以降の予算作成や調査が具体化した後に明らかになったものであり、七月の時点で追加調査費の否決を望んだ理由にはならないはずである。調査費支出の段階で町総代たちがなぜ反対していたかの論拠は、紙上に示されておらず、その正当性を判断しにくい。だが同紙を見るかぎり、少なくとも多数市民の賛同を得られるような、明快なものではなかったと言わなければならない。明治四四年以降、同市の町総代たちは市当局から、共進会協賛会や鉄道株式の資金集めの窓口として期待されていた。こうした事業に関心を持つのは、市民の中でも有力者というべき富裕層が中心であろう。そして『鷲城新聞』を見る限り、市の上水道敷設計画に対する町総代会の反対論（尚早論）も、一般市民全体の意思を代表するものであったとは言い難いのである。

第二節　静岡市

1　先行研究における評価

静岡市で恒常的な組織として町総代会が設立されるのは、大正一二年（一九二三）になってからである。しかし同市では、明治末年に市内の町総代たちが電灯市営化問題をめぐって市民運動に関与する、大きな事件が起きている。明治四二年（一九〇九）の静岡市会には、電灯会社を買収することで電灯事業を市営化する議案が、市当局によって提出され、これは市会で一度可決された。しかしこの議決に対しては、市民や町総代が議決撤回や市営反対を求めて活発な運動を行い、最終的に静岡県知事の裁定によって市営化は撤回されることになった。ただし、翌年には市営化の議案が再び市会に提出されて可決され、この時には認可に至って、結局電灯市営化は実現することになるのである。『静岡市史』は、四二年当時における町総代について「各町総代も、反対運動を強化した」と、一般市民の意思に沿うデモクラティックな活動を行ったものとして描いている(19)。

しかし『静岡市史』でも翻刻・引用されている「総代之起源及沿革」という史料は、町総代たちが必ずしも反対論で一致していなかったことを述べている。すなわち明治四二年には「市営反対ノ声起リ、且当時市内ノ新聞社皆反対ニテ毎日ノ記事ニ於テ其気勢ヲ煽リシタメ反対愈々猛烈トナレリ、此時各町総代ノ内ニモ雷同シテ喧騒シタル者少カラサリシモ、一致的総代ノ活動ト云フニハ非ス」[20]。もっとも、この史料を記したのは、町総代であると同時に電灯市営化推進派の一角を占めた中村嘉十であるため、賛成論者によるバイアスを割り引く必要があるだろう。そこで、以下では市営反対の姿勢を明確にしていた『静岡民友新聞』（以下、本節では「同紙」と記す）の記事を読み返していく。

2 明治四二年の町総代

電灯市営化の議案は、明治四二年（一九〇九）三月頃から市会への上程が見込まれるようになった。同紙は四月末から市営化問題について数日にわたる社説を載せているが、そこでは「市営は収入を主とせず公利を重ずべきものなれば、此根本を顛倒せる今回の市営案には賛成する能はず」と述べていた[21]。そして九月に入ると、市営化を予定している火力発電の会社は水力発電を行う会社と比べても買収費が高くなるとして「吾人は此際当局の態度として〔中略〕市営撤回、民設一任の挙に出で〔中略〕んことを切望せざる能はず」と主張しており[22]、同紙の市営反対の姿勢は明確であった。

一〇月四日に市会で市営化議案が可決されると、町総代のうち有志が建議書を市会に提出している。その建議書の内容は次のようなものであった。「議案研究の暇なきを以て賛否の採択を延期すべき旨市会議長に建議する事」「前項の件若し採用されざりし時は直に市民大会を開きて一般市民の輿論に訴ふる事」[23]。そして建議書が採択されないことがわかると、市民大会が開かれるに至った。この大会後には町総代を含めた運動委員が選ばれて、彼らは長島弘裕市長と会見する。この時、町総代の一人で運動委員であった大橋頼模は「市民が斯の如く其決議に対し反対し居るを以て、願はくば市民の意衷を察せられ今一回再議に附せられ度き旨を懇願」したが、これに対して市長は「最早決議をなしたるものなれば奈何とも為し難しと之れを斥け」ている[24]。以上の動きについて『静岡市史』は、町総代が市営反対論を主導したと述べている。しかし町総代たちの建議書を厳密に読むと、市営への反対までは主張しておらず、決議の延期、つまり一度議決されたものの撤回・再議を求めていたと言うべきであろう。

一方、市民大会を主催したメンバーたちは、七日に「本会を市営反対静岡市民会と称す」という決議のもと、町総代の一人である倉橋正直を会長に推挙して、市民会という恒常的な組織を設立する。[25]そしてその後、静岡県知事による和解あっせんが浮上すると、同紙は「名は会見と称するも、事実は再議以上の好果を奏するを得ん」と記しているが、[26]この報道ぶりは、市営が不認可となることを同紙が暗に期待していたことをうかがわせるであろう。

知事のあっせんによる市会側と市民会側による会見の席上、伏見忠七助役からは市営化について「必ずしも収益本位に非ず」などとする指針が示され、あわせて「右は反対理由書に対する答弁にして妥協の精神を含めるものなり」とのコメントが出された。これに対して、倉橋は「さらば市営其者は承認す、其内容は更に主査を定めて協定せん」と述べた。[27]そして二〇日に石川重玄市会議長から倉橋市民会委員長に宛てて「会見の件は、市会に於て決議の項目に変更を及ぼさざる範囲内に於て御協議致候事に致し度」という旨の回答文書が出されると、市民会のなかには「最早国交断絶だ宣戦布告だ電灯ボイコットだと、一寸色めき立ちたる」者もいたが、「市民派の某有力者が『我々は反対に非ず、心配なりと云ひしは能く其間の消息を穿てるもの、如く、今日にては市民会にても市営には賛成なるも、之に関する手段方法に反対するなりと主張し居れり」という状況であった。[28]二六日には市民派の委員が市役所に赴き「会談商議の範囲に付て電灯市営を是認する事だけを確定議とし」ていると述べた。[29]以上の経過から見ても、市民会全体のなかに強硬論者がいたことは間違いないが、同会会長であり町総代である倉橋は一貫して反対までは主張せず、一〇月末には市営の是認を明言するに至っていたのである。

ところで、『静岡市史』でも触れられているように、一一月七日付の同紙は「市政乗取策か」という記事を掲げている（同紙は反政友系である）。[30]これは倉橋や大橋らの属する政友会の策動によって、市民会が変質しつつあることを非難するものであった。こうした非難に対して倉橋は九日に市民会会長の辞意を示し、この時は「一番町岩崎某」（町総代の一人岩崎元尚と思われる）の支持を受けて辞意を撤回したものの、[31]結局ほどなくして会長を退いている。右の記事では倉橋や大橋が非難されているのは、政友会のもとで政派的な策動を行っているため、という形になっている。しかし具体的な政策レベルでも、電灯市営化への容認を示す彼らの姿勢は、市営化に反対しているはずの市民会の趣旨に合っておらず、このことが同紙の反感を買っていたと考えられる。

3　明治四三年の町総代

①四月　―市議選をめぐって―

明治四三年（一九一〇）四月には、『静岡市史』にもあるとおり、大橋が市民会を基盤として市議選に出馬した。こうした動きに対して、同紙は「昨年の電灯問題にて味を占めたる大橋、永井〔弘カ〕一派は今回の選挙を利用し一挙市会を乗取らんと画策したれども〔中略〕市民は過去に於ける同氏等の経歴を知悉せるより、早くも彼等一派の醜魂胆を看破し〔中略〕今の所高利貸の岩崎某〔元尚と思われる〕の外誰一人相手にする者なし」と痛罵しており[32]、また「市民会が金科玉条として標榜したる所謂綱領は早くも破壊せられたり、曩に綱領第一として『電灯問題に絶対に反対を為す事』を明に宣言せらるにも拘らず昨日新報号外として有権者に配布したる市民会告白なるものには『予て申す通り市営問題には絶対的反対でない』と前後矛盾の事を臆面もなく麗々しく記載ありたり」と批判していた[33]。

選挙は四月一一日（三級）から一四日（一級）にかけて行われ、市民会からは三級で大橋を含めて五名、二級で二名が当選した。だがこれは総改選数（増員・補欠を含む）の二三名から見れば少数派であり、残る一六名は一、二級を中心に、いずれも反政友派（当時は実業派を名乗っていた）からの当選であった。同紙はこの結果について「三級選挙に於て市民会派即ち政友派が〔中略〕辛うじて五名を得たる外は二級に於て二名、合計七名に過ぎず」と報じており[34]、この時期の市民会を、完全に政友派によって牛耳られたものと見なしていたことがわかる。

②九月以降　―市営化議案の再上程―

九月に入ると、市会への再上程が予想された電灯市営化問題は、再び紙上に現れるようになる。しかしながら、その時の風向きは前年と様変わりしていた。この頃には、「草深代地外三十五ヶ町人民総代会」によって「市費を以て市内の下水路を改良し、及び時々大浚渫を施行せられたき事」ほか四ヶ条の陳情が提議されていた。そして「六十八ヶ町人民総代会」は、これを可決するとともに電灯の市営化を要望している。[35] さらに九月一六日付の同紙は「静岡市下水改良に関聯せる電灯市営問題は市内百三十ヶ町人民総代の主なる人々によりて唱導せられ居ること既報の如くなる」としつつ、一四日には市内全体での町総代会が開かれて、そこで「下水改良の財源として決行すべき電灯市営に関する査定の内容を報告」したと報じている。ついで九月二七日付の同紙社説は「都市の事業経営は実に世界に於ける趨勢なりと言ふを妨げざるなり〔中略〕静岡市に電灯市営の劃策せられたる〔中略〕寧ろ当然の帰趨と言ふべき歟」と述べ、また「昨年とは大に其趣を異にし〔中略〕市民会すら敢て公然反対を唱ふるなき」状況であるから「市営問題は苦もなく実現せらるゝ」であろうとも述べている。九月二九日に電気事業市営臨時調査委員による協議が行われたことを報じる際、同紙は「電灯市営は既決の事実にして、今日に在りては最早市営可否を論ずる時にあらず」と述べている。[36] その後、一〇月一六日にも臨時調査委員の会合が開かれた。その際には「人民総代会常務委員」になっていた岩崎元尚ら六名が同席して調査予算の内見を許されており、「我等の今日の立場は全然市民会とは無関係にして、其希望する処は電灯市営一あるのみ」であるという、岩崎の言が紹介されている。[37] 同月二〇日には再び町総代会が開かれたが、その席上では臨時調査委員の会合で示された市方針の細部について要望を出すとともに「惣《ママ》代諸子何れも主張の成功を祝し」[38]、また二四日には市参事会へ意見書を提出している。[39] 一方、市民会に対しては「市民会は、今次の電灯市営に対しては未だ会としての意見を発表せず〔中略〕人民総代は全く市民会より離散し、総代会として寧ろ大に市営を希望するに至り〔中略〕市民会は窮余の一策として、政友会の中央領袖を動かし主務省に手を廻はして市営不認可の運動を試みんとするものありと云ふ」と報じていた。[40] 市民会の役員であった倉橋や大橋は、前年末には市営を是認していたのだが、今度は市民会が市営実現の障害になっていると評されている。このように、反政友系の同紙は自らの立場を豹変させつつ、対立する政友系となっていた市民会に対しては、一貫して批判を続けていた。結局、電気事業市営化に関する議案は一〇月二九日の市会に上程されて再可決され、一ヶ月ほどで主務省の認可を得ている。

四三年になって同紙が立場を大きく転換させた理由については、右に引用したいくつかの記事からもうかがえるが、『静岡市史』が『静岡市会五拾年史』(41)の記述に依拠して述べているように、この年八月に起きた水害が最も大きく影響していたようである。すなわち、大規模な洪水が起きたことで市が下水道整備を早急に行うことへの要望が高まり、その財源として電灯市営化による収益が期待されるようになったのである。

四二年、電灯市営化問題をめぐって市民の間で反対論が大勢を占めていた際に、町総代たちの立場は議決の延期・再議を求めるにとどめて、反対までは主張しないというものであった。反対の意思を明確にしていた市民らが市民会を組織すると、町総代であった倉橋や大橋は、確かにその役員に就いている。だが、一〇月末に市側から妥協案が提示されたことに対して両名が市営への賛成を表明すると、以後彼らは『静岡民友新聞』のような反対派から批判を受け続けたのである。当時の反対論は、市営化計画が収益重視、つまり電灯料金などの負担を過重とするものである。有力者＝富裕層の立場にある町総代たちが、これを受け入れることで一般市民の反感を買ってしまうというのは、明快な構図であろう。翌年も、夏前までは電灯市営化に対する同紙や市民の世論は肯定的なものではなく、四月の市議選に出馬した大橋は、市営化賛成論ゆえに同紙から悪評を書き立てられていた。しかしながら八月に水害が発生すると、世論全体が下水道事業費を賄うことを期待して市営化賛成へと大きく転回する。こうしたなかで、町総代たちも市営化を明確に求める意見書を提出するに至ったのである。

第三節　下関市

1　町総代会設立まで

下関市では、明治二九年（一八九六）に町総代に関する規程を設けている。[42]そして三〇年代に入ると、毎年年末に市長と町総代たちによる会合が催されていたことが、現存する『馬関毎日新聞』（以下、本節では「同紙」と記す）からうかがえる。ただ、同市の町総代会が明治四二年という早い時期にどのような契機で設立されたのかは、同紙の記事を追っても明確にはわからない。ともあれ、同会の活動をまとめてみよう。

四二年二月九日、白上俊一市長によって市内の町畔総代が招集された。[43]その席上、市長はまず「事実上各町各畔に於ける自治の行政機関たる総代事務所は市と人民との中間機関として市行政に密接の関係を有するは喋々を待たず」とした上で、総代たちに対しては「其区民の利益幸福を企図せらる丶と共に市行政の機関として市の施設を幇助遂行し、以て全市の発展に貢献せられんことを望む」と述べている。そして「この機会に於て諸君に開示し又諮問すべき事項」があると続けたが、具体的に挙げられたものはⓐ戊申詔書の貫徹に関する件、ⓑ町畔協議費の徴収支出に関する件、ⓒ部落有財産の管理に関する件、ⓓ教育行政に関する件、ⓔ水道給水普及に関する件、ⓕ納税に関する件、ⓖ公園設置に関する件、というものであった[44]（後日詳細な記事が掲載されている）。ここから市長による町総代の招集には、市と（藩政村に相当する）個別町との関係を再構築するという、地方改良運動の理念との関連が想定されよう。なお、諮問の最後にある公園設置問題とは、前年に同市で市内の東部・中部・西部の三ヶ所に公園を設置する案が出されたもので（当時、市域は東・中・西の三部に区分して扱われることがよく見られた）、この案件についてはすでに市参事会員、市会議員、商業会議所議員、そして町畔総代による協議会が開かれていた。[45]二月九日の諮問では、この問題についても再び取り上げられたわけである。その際市長は「其設置費の幾部を市費支弁に求め、他の費額は其区域内有力家の寄附に待つもの、如し〔中略〕部落の力能く之等画策を遂行し、寄附の募集乃至将来の維持管理に遺憾なきを期し得るや、諸君の意見如何」と尋ねており、(46)立地問題のみならず、費用面でも町畔総代に期待が寄せられていたことがわかる。ちなみにこの問題の行方について、同紙は前年末の時点で「由来公園として適否の調査を為すは左まで手数と日時とを要するものにあらざるべし、吾人は市民と共に最も公平に最も便利に最も適当なる地を撰定せんと欲するものなり〔中略〕所謂有志者なる者、幸に秘するの要なくんば吾人をして調査結果を聞くを得せしめよ」と主張して、(47)協議が町畔総代を含む一部の「有志者」の間だけで行われて「市民」が関与できていないことを批判していた。

さて、町総代たちは二月九日の諮問に対して一五日までに答申するとしていたが、一七日付の紙面によれば、一五日には町総代会創立総会が行われている。この総会では「本会は、下関市各町畔総代を以て組織し、自治の運用を保持し市行政の円滑進捗を図るを以て目的とす」（第一条）ほか、全一五条からなる町総代規約が発表された。なお公園設置問題については「答申に就て議したるも、本件は尚ほ熟考を要するものあれば不日幹事会開催〔中略〕更に総代会招集の上に議る事となりて」云々と報じられているものの、以後の町総代会でこの問題が議論されたことは、紙上に確認できない。

2　町総代会設立以降

明治四二年（一九〇九）五月二〇日には、町総代会の主宰する会合が開かれており、そこでは所得税調査委員の選挙人選挙が行われた。下関市の所得税調査委員選挙は、四名の委員を二〇名の選挙人が選ぶものであった。当時同市では、現職四名のうち林平四郎（奥小路町＝市東部に位置）と磯部良介（今浦町＝市西部に位置）が留任し、退任する内田吉三郎（赤間町＝市東部に位置）と関谷福太郎（入江町＝市中部に位置）の後任者を選挙することになっていた。同紙はこの選挙人選挙について「所得税調査委員選挙人の選挙に就ては、前年に於ける総代中より廿名を撰定したるの例に倣はんとせしも、斯かる独占的は穏当にあらずとの議多数を占めたれば、遂に有耶無耶の裡に終りを告げたり」と報じている。(48)あまり見られない方式であるが、同市では、町総代らが予選を行い、所得税調査委員やその選挙人を、事実上決定していたのである。同じ五月三〇日、市中部に位置する観音崎町・西細江町・入江町・岬之町および細江畔の四町一畔の代表者は、岬之町総代事務所で市政問題のほか、所得税調査委員選挙について協議している。記事ではその模様を「解決を見ずして散会したりと云ふ」と報じているが、選挙人選挙では右の町畔の人物が集中的に選ばれており（二〇名のうち少なくとも一二名の居住町名が確認できる）、この結果からすると、市内の町総代たちの間では、後任の委員を二名とも右の地区から出すことで話がついていたと考えられる。六月一三日には右の「中部四ヶ町一畔の団体」が予選を行い、関谷福太郎（入江町、現職）と福田重次郎（観音崎町）を委員の正員に、菊谷茂吉（西細江町）ほか三名を補欠員に挙げた。選挙人による正式な委員の選挙は一五日に行われたが、結果は正員・補欠員ともに、予選の通りであった。こうした状況に対する同紙の評は次の通りである。「下関所得税調査委員は、観音崎・細江・入江・岬の四ヶ町一畔で堅めた、選挙人が悉く其の四ヶ町一畔から出た結果ではあるが、選挙人も徳義を重んずるなら委員は市内の各方面に平均して選挙すべき筈であるが、斯様な遣り口は全くの専横だ」(49)。さらに、九月に入って委員による所得税賦課額の査定が始まると、同紙は「下関に於ける所得税調査委員調査方は頗る不公平なるものありとて頃日非難の声高く、其筋に向て意義の申立を為さんとする者多き由」(50)と報じて、調査が公平に行われていないと主張する論説を、一九日付から二四日付にかけて掲載している。なお四〇年以前については、三六年から現存している同紙を見ても、せいぜい調査委員選挙の棄権者が多いことが報じられているくらいで、町総代との関係は明示されていない。だが先に掲げた記事の論調からすれば、少なくとも前回（記事は「前年」となっているが、所得税調査委員は任期四年で半期半数改選である）の四〇年には、同様の事態が起きていたと推測される。

翌四三年六月八日の町総代会の会合では、盂蘭盆会の期日を旧暦のままとするか新暦に移行させるかが議題となり、新暦の七月とする結論を出した(51)。盆期日の改定は単なる年中行事ではなく、節季、つまり商人にとって重要な延取引の決済期日でもあったために問題となったのである。この件についても、同紙は「表面こそ本市の如き十〔七〕月十五日と決定発表したりとは云へ、元と元と少数なる総代会が形式的に確定せしことゝて、其実市民間に在つては該規定に服従するものとては殆んど稀有の有様にて、孰れも思ひ思ひに執行し」と報じており、[52]町総代会の活動に対してきわめて冷ややかであった。

四四年には、再び所得税調査委員選挙が行われた。しかしこの時には、五月三〇日の町総代会の会合で「来る六月三日執行の下関市所得税調査委員選挙人弐拾名の選挙の件は、宅地価修正委員選挙の如き適材を求めたる例に倣はん事に一決し」たうえで推薦委員を五名挙げ、この推薦委員が二〇名の候補者を提示するという手続がとられている。[53]また六月二一日には、盂蘭盆会期日についても議論が行われ、「盂蘭盆会並に節句の期日に付き協議を遂げたるが、商品の仕入れ並に販売及び時候其他の関係により左の通り決定す」として、具体的には盂蘭盆会を八月に戻すことを決定した。[54]さらに同年八月三一日には、日露戦後の不況が深刻化するなかで「米価騰貴の為め窮民の困難一方ならざるにより」総代たちは救済方法について話し合い、次のように決定した。「各総代は白米又は精麦割引一枡に付売値より五銭値下げの白米商同業組合委員共通券を夫々交付する事、此救助費金は有志者の義損に俟つ事となし、其方法実行委員として浅海〔以下略〕並びに下関日の出、関門日日、馬関毎日の三社を選定したり」。[55]同じ記事には「直ちに義損を為したるもの」の氏名も掲げられているが、そこには右の実行委員となっている者を中心に町総代が多く並んでいる。

大正二年（一九一三）六月一八日にも、一〇日に予定されている所得税調査委員選挙人の選挙にあたり、「右選挙の競争を避くる為めに前年の如く各町畔総代協議会を〔中略〕開会」した。そこでは前回同様に推薦委員五名を挙げて、彼らに候補者二〇名を推薦させるという、四四年と同じ手続がとられている。[56]

以上の経緯から、同市の町総代会の活動も、全体として有力者寄りのものであったと言えよう。象徴的なのは、所得税調査委員の後任者選挙をめぐる動きである（当時は所得税自体が富裕税の一種である）。後任の委員や選挙人が町総代らの予選したとおりの地区から選ばれると、その選任方法とともに、賦課額査定に対して同紙からは大きな批判が向けられた。また翌年には、商取引上の重要な節季である盆期日を新暦に移して前倒しすることを取り決めたが、これも市民からは不評であった。同紙の報道ぶりからは、いずれも町総代たちの有力者＝富裕者としての意識が、一般市民とかけ離れていることへの不満が伝わってくる。その後町総代会は、四四年の所得税調査委員選挙にあたって適材を求めることをアピールし、同年には盆節季も旧暦に戻すなど、一般市民に歩み寄る姿勢を打ち出している。しかし、所得税調査委員の候補者を町総代たちの推薦委員が選ぶ形式を大正二年も踏襲するなど、基本的にその性格は変わっていない。四四年には、確かに「有志義損」に基づく窮民救済活動を展開しているが、こうした臨時的な救済は、地域の富裕者を主体とする施米のような形で、近世から行われてきたものと同様に理解すべきだろう。

おわりに

本章では、次のことを明らかにした。

明治末期から大正初期にかけての町総代（会）の活動は、自治体史や個別研究において、市当局による諮問機関的な性格を持つ一方で、デモクラティックな、言い換えれば非有力者層までを含めた形で市民の意思を代表する性格を早くから持つものと評価されてきた。しかしそれらの研究は、当時の町総代の性格を正確に捉えているとは言い難い。従来取り上げられていない下関市の事例も含め、当時の新聞[57]を読み返してみると、町総代会の活動は、総じて有力者寄りのものとして記述されていることがわかる。

明治末期には上水道、下水道（溝渠）、電灯といった近代的なインフラの整備が、各都市で問題となっていた。そしてこうした案件は、負担のあり方などをめぐって市当局と一般市民の間で争点となりやすいものであった。その中で登場した町総代会とは、第一章で検討したように、あくまでも家持・表店層が運営する個別町を代表する者たちが結集したものであり、それゆえその活動は有力者寄りであったと説明できよう。町総代会がデモクラティックな性格を帯びるのは、町内役員を家持に制限する規定が撤廃されるなど、個別町でさらなる平準化が進行する、第一次世界大戦後の時期を待たなければならないのである。

注

(1) たとえば本章で取り上げた三市のうち、姫路市は『朝日新聞　兵庫版』昭和一五年一二月一七日付、下関市は同紙山口版昭和一五年一二月二五日付、静岡市は『静岡民友新聞』昭和一六年三月二六日付に、それぞれ解散式の様子が報じられている。また戦後は、各都市に町内会の総合体としての連合会が設立されていくが、各地の沿革史を見ても、戦前の町総代会を前身としているところは見当たらない。
(2) 高岡裕之「町総代制度論」(『年報都市史研究』三、山川出版社、一九九五年)一二七頁。
(3) 奥村弘「姫路市の展開と町内会」(浅野慎一編『京阪神都市圏の重層的なりたち』昭和堂、二〇〇八年)四〇七~四〇八頁。
(4) 姫路市史編集専門委員会編『姫路市史』第五巻上［本編近現代1］(姫路市、二〇〇〇年)六〇五~六〇七頁。
(5) 以上、姫路市編『姫路市水道誌』(一九三〇年)三九~四一頁。
(6) 同前、三四八頁。
(7) 『鷺城新聞』明治四四年四月二七日付。
(8) 同前、明治四四年九月五日付。
(9) 同前、明治四五年七月一四日付。
(10) 同前、大正二年五月一四二付。
(11) 同前、大正三年四月二五日付。

(12) 同前、大正三年七月一六日付。
(13) 同前、大正三年七月一七日付。
(14) 同前、大正三年八月二三日付。
(15) 同前、大正三年九月一五日付。
(16) 同前、大正三年一〇月一二日付。
(17) 同前、大正三年一二月八日付。
(18) 同前、大正三年七月一四日付。
(19) 静岡市編『静岡市史』近代（一九六九年）三三四頁。
(20) 静岡市編『静岡市史』近代史料（一九六九年）一〇〇五～一〇〇六頁。
(21)『静岡民友新聞』明治四二年五月六日付。
(22) 同前、明治四二年九月二二日付。
(23) 同前、明治四二年一〇月五日付。
(24) 同前、明治四二年一〇月七日付。
(25) 同前、明治四二年一〇月九日付。
(26) 同前、明治四二年一〇月一四日付。
(27) 同前、明治四二年一〇月一九日付。
(28) 同前、明治四二年一〇月二二日付。
(29) 同前、明治四二年一〇月二七日付。
(30) 静岡県編『静岡県史』通史編五［近現代一］（一九九六年）七〇九～七一〇頁。
(31)『静岡民友新聞』明治四二年一一月一〇日付。

(32)同前、明治四三年四月九日付。
(33)同前、明治四三年四月一〇日付。
(34)同前、明治四三年四月一五日付。政派の記載はないが、選挙結果の客観的なデータとして、静岡市編『静岡市会五拾年史』（一九四一年）三八〜三九、四二頁も参照。
(35)同前、明治四三年九月一四日付。
(36)同前、明治四三年一〇月一日付。
(37)同前、明治四三年一〇月一七日付。
(38)同前、明治四三年一〇月二一日付。
(39)同前、明治四三年一〇月二五日付。
(40)同前、明治四三年一〇月二九日付。
(41)注34『静岡市会五拾年史』三一七頁。
(42)下関市市史編修委員会編『下関市史　市制施行―終戦』（下関市、一九八三年）五二一頁。
(43)山口県域で畔頭《くろがしら》とは「藩政時代、村を数地区をわけておいた地区の長」を指し（山口県教育会編『山口県百科事典』、大和書房、一九八二年、「畔頭」の項、広田暢久氏執筆）、「畔」とは、いわゆる村組にあたる区域のことである。
(44)『馬関毎日新聞』明治四二年二月一〇日付。
(45)同前、明治四一年一一月二五日付。
(46)同前、明治四二年二月一四日付。
(47)同前、明治四一年一二月一一日付。
(48)同前、明治四二年六月一日付。
(49)同前、明治四二年六月一七日付。

(50) 同前、明治四二年九月一七日付。
(51) 同前、明治四三年六月一〇日付。
(52) 同前、明治四三年八月六日付。
(53) 同前、明治四四年六月一日付。
(54) 同前、明治四四年六月二三日付。
(55) 同前、明治四四年九月二日付。
(56) 同前、大正二年六月一九日付。
(57) ここで、本章で取り上げた新聞と政派との関係を整理しておこう。姫路の『鷺城新聞』は、中立であったようだ。同紙は明治四二年に織物消費税反対のキャンペーンを行っており、反政友系に近い印象がある（同地では市会勢力においても反政友系が優勢であった）。だが四四年には、政友系・反政友系の両派が公職のポストを取引したり、電灯・ガス会社でも住み分ける、といった政党化の行き過ぎ自体を批判している（注4『姫路市史』第五巻上、五八八〜五八九、六〇七頁）。また静岡の『静岡民友新聞』は、反政友系として知られる（注30を参照）。一方、下関の『馬関毎日新聞』は政友系であった（戸島昭「大正昭和初期山口県下の新聞紙発行状況」『山口県立文書館研究紀要』第一一号、一九八四年）。これらの新聞は、町総代会が有力者寄りの立場にあることを、総じて批判的に報じている。そのため、当時の町総代会自体も、特定の政派と結びつくものであったとは言えないであろう。

第三章　昭和期における都市地縁集団の再編と単位町内会

はじめに

本章では、昭和戦中期の内務省訓令を受けて全国的に設立された町内会の組織が、戦後社会までを展望した地縁集団の流れの中で、どのような意義を持っていたのかを明らかにする。

昭和一五年（一九四〇）に内務省訓令「部落会町内会等整備要領」が出されると、個別町レベルでは町内会が強制的に設置された。この時の町内会が家持・借家人を問わない全戸加入制を採用していたことは、よく知られている。右の訓令自体は、言うまでもなく戦時体制のもとで、国家が集権的な地方行政を効率的に行うという目的から出されたものであり、それゆえ全戸加入制とは強制加入制にほかならなかった。戦後の町内会は任意加入の団体となっているが、全戸加入制という仕組そのものが戦後も定着しているのは、この仕組が町内の借家人＝非有力者層を含めて一般に支持されたためと考えるべきだろう。そして都市社会学の研究では、町内会（戦後は自治会の名称が増え、また地域住民組織とも総称されるが、本章では町内会の名称で統一する）の役員の担い手について、高度経済成長期を通じ、伝統的な地域の有力者というべき旧中間層から新中間層へと移行するという形で、平準化がいっそう進んだことを示してきた[1]。しかし、町内会役員に新中間層が増えたことは、各都市のうちとりわけ新市域において、住民全体の多くが新中間層からなるタイプの町内会が増えたからに他ならない。かつて中村八朗氏が問題提起したのは、全戸加入制が定着すると同時に、一方では旧中間層の役員による支配が維持されるという「特異な地域集団」としての町内会が、なぜ戦後に至っても見られるのか、ということであった[2]。その問題は残されたままとなっている。この問いについて考えるためには、昭和戦中期の訓令が徹底した全戸加入制の意義について、改めて検討する必要があるだろう。

ところで、戦中期の町内会政策については、従来さまざまな角度から取り上げられてきた。しかし当時の政策が町内会の区域＝空間にどのような影響を及ぼしたかという点は、従来顧みられていない。町内会の設置区域について、先行研究では内務省訓令の文言に従って町や丁目を地域単位として定められたと説明されることが一般的である[3]。戦時体制のもとで地方行政を効率的に行おうとすれば、行政当局にとって最も望ましいのは、適正な戸数規模の町内会が画一的にそろうことであろう。事実、右の訓令と同日付で発せられた内務次官通牒には「部落会及町内会ノ区域ヲ定ムルニ当リテハ、併セテ区域内ノ戸数ヲモ考慮ニ加フルコト」とあり（第一項の三）[4]、町内会の戸数規模に対する考慮が求められていた。しかし、そもそも明治・大正期において、個別町の戸数規模がどの程度であったかについて明らかにした先行研究は見当たらない。なお、第一次世界大戦後からは各都市で町村編入が加速していたため、旧市域と新市域で状況に違いが生じていたことも想像される。各市当局は町内会の設置にあたり、その区域＝空間をめぐってどのような施策をとり、そして地域社会の側はこれにどのように対応していたのだろうか。本章では、従来検討されていないこうした問題に、考察の最大の重点を置く。なお予め述べておけば、この問題は、訓令によって町内会と同じく設置が強制された隣保班のあり方とも関わっている。

以下、これらの課題について検討するために、諸都市の個別町の状況を、明治・大正期から改めて確認していく。調査の対象とする都市は、在来都市である。しかし市制を施行している地域に限定しても年々増えていくため、対象は便宜上、在来都市のうち明治期までに市制を施行した五八都市とする。またそのうち六大都市に含まれる東京市・大阪市・京都市・名古屋市を四大都市として扱い、それ以外の五四都市を地方都市として扱う。

第一節　明治・大正期の個別町

1　個別町の戸数規模

まず、明治・大正期における在来都市の個別町が、一般にどの程度の戸数規模であったのかを確認しよう。注意しなければならないのは、当時の個別町には、明治二二年（一八九九）に発足した各市が大字として公式に認定していた個別町（以下、これを公称個別町と呼ぶ）の区域と、住民たちが生活する上で実際に機能していた共同体（以下、これを町生活共同体と呼ぶ）の区域が、空間的に一致しない場合があったということである。つまり、公式には〇〇町というに過ぎないが、実際には〇〇町一丁目、二丁目のような形で、より狭域な区切りが非公式に存在していた、というような事例である。たとえば名古屋市の場合、碁盤割と称される近世以来の町人地に含まれる長島町や島田町などは、公式には丁目が存在しないことになっていた。しかし『名古屋市要』地理編は、これらの町々についても丁目の区切りが存在すると述べている。(5)また後年の町総代一覧を見ても、これらの町では確かに非公式の丁目を単位として総代が置かれていることがわかる。(6)

以下、こうした点に注意しつつ、明治・大正期における個別町の戸数規模を、大都市と地方都市に分けて具体的に見ていく。なおその際、算定の時期については、史料的な制約から大正九年（一九二〇）頃を取り上げる。そして各市の戸数については大正九年の国勢調査の数値を利用する。(7)また個別町については大正一二年に刊行された『市町村大字読方名彙』(8)に挙げられているものを、公称個別町と見なす。表3―1は、右の文献に基づいて作成した各地方都市における個別町一つあたりの平均戸数を、それぞれ算出したものである。

①大都市

まず四大都市、そのなかでも近世から町人地が集中していた区域をそれぞれ見てみよう。大正九年頃の個別町一つあたりの平均戸数は、東京市（日本橋区・京橋区の二区平均）[9]が一四二・七戸、大阪市（東区・南区の二区平均）[10]が二八三・五戸、京都市（上京区・下京区の二区平均）[11]が六三・二戸、名古屋市（西区）[12]が一八七・七戸という規模になっている。つまり、大阪市がとびぬけて大きく、ついで名古屋市が大きく見える。しかし名古屋市の場合、公称個別町よりも狭域な町生活共同体が存在していたことは、前述の通りである。名古屋市西区内の中心地（碁盤割の地域）について、町生活共同体一つあたりの平均戸数を算出すると、その値は二八・三戸まで下がってしまう。

②地方都市

表3―1によれば、地方在来都市における個別町一つあたりの平均戸数は、一〇九・六戸という値になっている。しかし、これらの都市にも公称個別町と町生活共同体が異なる事例が確認できる。たとえば静岡市では、大正一二年における町総代の一覧がわかる。それによれば、「両替町一丁目東組」・同「西組」、「馬場町上組」・同「下組」といった個別町内の「組」（これらは近世の五人組とは異なるレベルである）を単位として町総代が置かれていたところが確認できる。[13]また岡山市の公称個別町の数は一一四となっているが、同市で昭和六年（一九三一）に設置された「各町単位の戸主会」[14]の数は、昭和一四年時点で四〇〇となっている。[15]これは同市の町々が、近世から小町と称される狭域な町生活共同体の区画をかかえていたことによると考えられる。[16]さらに徳島市の町々にも公称個別町に丁目は存在しなかったが、昭和一五年の内務省訓令以前に整備されていた町内会（常会）の名称には「南二軒屋町三丁目町内会」「八百屋町一・二丁目町内会」などが存在しており、[17]従来の町生活共同体は丁目単位であったと推定される。

ところで、高岡裕之氏は第一次世界大戦後の地方都市において、町総代の制度が市当局によって整備されたことを指摘した。[18]そして同氏は指摘していないが、この時期に整備された町総代に関する規程の特徴の一つとして、彼らが担うべき共同体の戸数規模について、標準値（以下、戸数標準と呼ぶ）が示されるようになったことが挙げられる。たとえば福岡市では明治二四年に「町総代設置準則」が設けられた。当時はその第一条に「町総代は一町に一名若くは数名を置き、又は数町を合して一名を置く」とだけあるように、戸数標準についての規定はなかった。しかし大正一一年に制定さ

表 3-1　各都市における個別町の平均戸数（大正 9 年頃）

市名	戸数	個別町数	一個別町平均戸数	市名	戸数	個別町数	一個別町平均戸数
青森市	9,302	41	226.9	大津市	7,223	97	74.5
弘前市	5,998	88	68.2	津市	10,005	102	98.1
盛岡市	7,979	62	128.7	四日市市	7,683	30	256.1
秋田市	6,604	137	48.2	宇治山田市	8,589	31	277.1
仙台市	21,515	232	92.7	堺市	18,165	203	89.5
山形市	8,569	33	259.7	奈良市	8,609	149	57.8
米沢市	7,493	135	55.5	和歌山市	19,228	389	49.4
福島市	6,638	128	51.9	姫路市	9,403	109	86.3
若松市	7,144	85	84.0	岡山市	21,091	114	185.0
水戸市	8,067	147	54.9	広島市	34,059	114	298.8
宇都宮市	12,878	65	198.1	尾道市	6,034	14	431.0
前橋市	11,480	42	273.3	鳥取市	6,337	78	81.2
高崎市	7,812	54	144.7	松江市	8,594	39	220.4
甲府市	11,881	88	135.0	下関市	15,619	51	306.3
静岡市	14,368	145	99.1	高松市	10,574	75	141.0
浜松市	12,200	48	254.2	丸亀市	5,662	39	145.2
豊橋市	12,644	41	308.4	徳島市	15,710	52	302.1
新潟市	18,543	244	76.0	松山市	11,602	105	110.5
長岡市	8,200	64	128.1	高知市	11,106	76	146.1
高田市	5,346	103	51.9	福岡市	17,700	198	89.4
長野市	7,696	44	174.9	久留米市	8,127	69	117.8
松本市	10,017	87	115.1	小倉市	6,569	56	117.3
富山市	13,453	104	129.4	佐賀市	6,230	38	163.9
高岡市	7,191	67	107.3	長崎市	36,483	236	154.6
岐阜市	13,528	272	49.7	大分市	7,442	63	118.1
金沢市	28,894	529	54.6	熊本市	13,433	171	78.6
福井市	13,143	88	149.4	鹿児島市	19,430	54	359.8

出典：戸数は内閣統計局編『大正九年　国税調査報告』全国の部第 1 巻（1928 年）、
個別町数は注 8『市町村大字読方名彙』による。

れた「町総代設置内規」には第二条で「町総代は一町若くは数町を合して一名とす。但し従来設置のものは此の限りに在らず。／町の事情に依り、分割を要する場合は協議を遂げ、其の事由を具し、市長の承認を得べし。但し其の戸数五十戸を下らざるものとす」と、あまりに狭域な町生活共同体を認めないとする規定が設けられていた。[19] また静岡市では明治一七年から町総代が設置されていたが、大正一三年に市長から「月番総代」と「少数分区総代」の改善を要請され、後者については「一ヶ町を分割する時は、一区内五十個《ママ》以上百戸位迄として総代を置かれ度事」が市の希望として出されている。これに対する町総代らの対応は「一町一区ハ五十戸トスル事モ不文律ヲ以テ実行ヲ期スル事トナリ、着々実現スルニ至レリ」と記されており、どちらかと言えば戸数の下限が意識されていたことがわかる。[20] さらに、類似の動きは和歌山市[21]や久留米市[22]でも確認できるのである。

2　クミアイ制度の有無

第一章で見たように、川越の個別町内部には、近世以来のクミアイという、個別町内の家々をいくつかずつにまとめた組織が明治期以降も存続していた。また限定的ながらも個別町内部の平準化が果たされ、その運営に参加する構成員戸数が増加したことで、中間組織であるクミアイの機能には拡充傾向が見られた。

そのようなクミアイは、明治・大正期の在来都市において、一般にどの程度存在していたのだろうか。四大都市のうち、明治期以降昭和一五年（一九四〇）の内務省訓令までの間にクミアイの存在が確認できるのは、名古屋市のみである。昭和一五年刊行の『名古屋市の町総代』によれば、当時市内各町には、旧市域を含めておおむね組（クミアイ）が存在していた。具体的には、当時の中区三三四のうち二八八、西区三九一のうち三〇九、東区二五三のうち二二〇、南区で九六のうち八二の町々に組（クミアイ）が存在していた。なお組一つあたりの戸数規模を見ると一〇戸以下、二〇戸以下の両者で大半が占められている。[23] 一方、地方都市の状況についてその全容を明らかにすることは、史料的にきわめて困難である。したがってクミアイがどれほどの個別町にあったのかを推算することは、断念しなければならない。史料が残されたり沿革史が作成されたりするなどして、ある程度事情が判明する個別町もあるが、その数は全体から見ればほんの一握りである。ともあれ、史料や文献からクミアイの存在を確認できた個別町を含む都市をランダムに列挙してみると、自治体史にまとまった記述を置いている金沢市（安江町、片町）[24]のほか、岐阜市（上茶屋町）[25]、高岡市（坂下町）[26]、高崎市（鞘町）[27]、松本市（安原町）[28]、米沢市（桐町）[29]などが挙げられる。逆に、明らかに存在しない個別町を含む都市には福岡市（古渓町）[30]や姫路市（国府寺町、鍵町）[31]などがある。きわめて乏しい事例であるが、ここから当時は、クミアイがある個別町とそうでない個別町がともにあったと、ラフに想定しておきたい。なおクミアイが存在する前記の個別町について、一クミアイあたりの平均戸数規模を算出すると、いずれもおおむね一〇戸内外となっている。

どのような個別町にクミアイが存在するのかという傾向を考えることは、さらに困難である。だが、右に挙げた地方都市の事例からは、比較的戸数規模の大きい個別町でクミアイが存続、あるいは再設置されていたように思われる。ただそうすると、大都市では個別町の戸数規模が大きいにもかかわらず、名古屋市を除いてクミアイが存在しないと前項①で述べたことは、右の推測と矛盾することになる。しかし、大都市については家持の割合が特に低いことに注意すべきであると考える。(32) また前項②では、在来都市における「狭域な町生活共同体」の存在について述べた。ここからすれば、クミアイが必要となるような戸数規模の大きい個別町は、少数派であったと推測したくなるかもしれない。しかし、必ずしもそうとは言えない。名古屋市のように、狭域な町生活共同体とクミアイ制度が、両方存在する都市も確認できるからである。

第二節　昭和戦中期の町内会

1　町内会の戸数規模

昭和一五年（一九四〇）九月一一日、内務省は町内会・部落会・隣保班の設置、およびそれぞれの組織における常会の開催を義務づける訓令第一七号「部落会町内会等整備要領」を発した。この時につくられた町内会は、戦中期という特異な状況の下で、配給をはじめとしてきわめて多くの機能を担わされたものであった。

こうした文脈のもとで、地方行政を効率的に行おうとしていた政府は、町内会の区域＝空間についてどうあるべきだと考えていたのだろうか。訓令自体では、町内会の区域は町や丁目によると規定されている。だが、「はじめに」でも触れた同日付の内務次官通牒に「部落会及町内会ノ区域ヲ定ムルニ当リテハ、併セテ区域内ノ戸数ヲモ考慮ニ加フルコト」とあるように（第一項の三）、内務省は戸数規模を調整する必要があることを認めていた。そして、大阪市で町会の育成にあたり「町会生みの親」とも呼ばれた同市職員の大塚辰治が「町会の大きさが不揃ひで〔中略〕あると、町会の大小に因つて勢ひ不当な勢力争ひも生じ〔中略〕町会内部の統制を破る惧もある。町会の大きさが規定されてゐれば、調査に、国策遂行に、経済生活の単位としても万般の便宜があり、至極円満な運営が出来る」と述べているように、[33] 実務担当者に近いレベルでは、「町会の大きさ」と「円満な運営」との関係が、より密接に捉えられていた。右の論説は、この時期の国家主義的な意図から強力に主張されたものと言える。だがすでに大正期に、個別町の戸数規模を調整する必要性が、市当局や町総代たちによって意識されていたことは、前項で述べた通りである。

では内務省訓令が発せられた後、在来都市の町内会は、実際にどのような区域で設置されたのだろうか。以下、諸都市における対応を大都市・地方都市に分けて具体的に見ていく。なお予め確認しておけば、町内会一つあたりの戸数を増やそうとすることは、町内会を合併させてその数を減らすという結果（「合併減少」）を生み、町内会一つあたりの戸数を減らそうとすることは、町内会を分割させてその数を増やすという結果（「分割増加」）を生むことになる。またどちらの方向性が問題となるかは、一つの都市でも旧市域（市制施行前からの市街地）と新市域（市制施行後の編入町村部）で異なっていた。新市域では主に分割増加が求められたのに対し、旧市域では主に合併減少が求められたのである。

①大都市

【東京市】東京市[34]では昭和一三年から町会設置が進められていた。しかし、戸数標準が設けられたのは一八年になってからである。同年の市制「改正」にあわせて四月六日付で制定された「東京市町会規程」（告示第二一一号）自体に、戸数標準を定めた文言はない。[35] 別に四月五日付で発表された「東京市町会隣組体制確立教科要綱」において「地域により四百世帯乃至六百世帯を以て夫々基準とするも、尚当分の間特殊事情によりこれによる能はざる場合に限り五割内外の増減即ち二百世帯乃至九百世帯程度を認むる場合あるべきこと」[36] と定められて、戸数標準が盛り込まれることになったのである。許容範囲に相当な幅があるこの標準には、どれだけ効果があったのか疑わしいかもしれない。だが結果としては、この一八年四月を境として、当時の市域である三五区全体では、町会が一六年八月時点の約二三〇〇から約二七〇〇へと四〇〇ほど増えるに至った[37]（町会一つあたりの平均戸数は六六六から五六七へ減少した）。ただしここで注意すべきは、そのうち明治期からの旧市域である一五区では、町会の数が逆に一〇一一から九四三へと減少している、ということである（町内会一つあたりの平均戸数は四七六から五一〇へ増加した）。つまり戸数標準に基づいた町会を設けることの意味は、新市域と旧市域とで異なっていたのである。前者では戸数規模の大きな町会が、差し引き「分割増加」することを意味したのに対して、後者では戸数規模の小さな町会が、差し引き「合併減少」し、広域化することを意味していた。また三五区と一五区それぞれの町会一つあたりの平均戸数の値からは、旧市域よりも新市域の方が、町内会の戸数規模は一般に大きかったことがわかる。

【大阪市】大阪市では一五年の内務省訓令を受けて、同年一一月二一日付で「大阪市町会規程」（告示第六六一号）が制定された。そこには「町会ノ区域ハ概ネ百戸乃至三百戸ヲ基準トシ、町（丁目）其ノ他適当ナル地域ニ依リ市長之ヲ定ム」とあり、戸数標準が設けられた(38)（第三条）。同市でも、町会の整備は一三年頃からすでに進められていたが(39)、規程設定前後の状況を見ると、市域全体では二八六四から三五二六へと、かなりの分割増加になっている(40)。しかし明治期からの旧市域である四区、とりわけ町村編入の影響が比較的小さかった東区や南区では、ほとんど変化はなかった。同市の規程の意義も、旧市域と新市域とで大きく異なっていたのである。

【京都市】京都市では一五年の内務省訓令を受けて、同年一一月二三日付で「京都市町内会設置標準」（告示第六〇六号）が制定された。そこには「町内会ノ設置区域ハ概ネ五十世帯乃至百世帯ノ区域トス、但シ特別ノ事情アルトキハ他ノ標準ニ依ルコトヲ得」とあり、戸数標準が設けられた(41)（第三条）。ただし同市の場合、整備前の三六三一の公同組合(42)に対して、一六年一月現在で三六〇七町内会(43)となっていることからもわかるように、市域全体で変化はほとんどなかった。

【名古屋市】名古屋市では一五年の内務省訓令を受けて、同年一一月一五日付で「名古屋市町内会等ニ関スル規程」（告示第三〇〇号）が制定された。そこには「町内会ノ区域ハ町ヲ単位トシ、其ノ戸数ハ百戸内外ヲ標準トス、但シ土地ノ状況戸数ノ多少ニ依リ丁目ヲ単位トシ、又ハ町ヲ分割シ、若ハ便宜隣接スル町（国民学校通学区域内ニ限ル）ト合併シテ町内会ヲ組織スルコトヲ得」とあり、戸数標準が設けられた(44)（第三条）。結果は、従来の町総代担当区域と比較すると、市域全体では一九六二から二六三二と、かなりの増加を示していた。これに対して、明治期以来の旧市域、とりわけ近

世から町人地が多かった西区や中区では、あまり変化がなかった。(45)

以上のように、四大都市では、京都市を除いていずれも一五年の内務省訓令（東京市は一八年の市制「改正」）を契機として、都市全体では町内会は差引して分割増加を示していた。前述のように、新市域では従来から広域な町内会が設立されていた。そのため、この時点で市側が戸数標準を設定したことの比重は、先の大塚の言にもあったように、こうした町内会の分割にあったと見るべきであろう。しかし旧市域、すなわち近世以来の町人地であった市の中心部に対しては、むしろ合併減少、つまり町内会の広域化を促すものであった。

②地方都市

内務省訓令が発せられた後、五四の地方在来都市の町内会は、実際にどのような区域で設置されたのだろうか。結論から言えば、各都市は対応の仕方によって、次の三タイプに分けることが可能である。ⓐ戸数標準を設けた都市（以下、戸数標準採用型都市と呼ぶ）、ⓑ単に町・丁目によるとした都市（以下、町丁採用型都市と呼ぶ）、ⓒ行政区を転用した都市（以下、行政区採用型都市と呼ぶ）。このため、以下では各タイプごとに設置の状況を見ていくこととする。

表3―2は、昭和一七年四月現在における各都市の「町・丁目の数と町内会の数」と「町内会一つあたりの平均戸数」の統計データを示したものである。(46)各都市は、右の三タイプに大別したうえで、各タイプの中では一町内会あたりの平均戸数の大きさによって上から下へ並べてある。ただし、この時点のデータには、いくつかのブランクが存在する。このため、五四市における町内会一つあたりの平均戸数を得るうえでは、一八年九月現在における内務省のデータ(47)による一一二・八戸という値を参考にする。またここで述べておくと、同データにおける、六大都市以外の市制施行地すべてにおける町内会一つあたりの平均戸数（以下、これを「全地方都市平均」と呼ぶ）は、一二四・三戸という値になっている。なお、各都市が町村編入を繰り返していたことには、注意しなければならないだろう。先の大都市の事例からもわかるように、旧市域と新市域を比べると、一般に町内会一つあたりの戸数規模は、一般に旧市域よりも新市域の方が大きかった。このため地方都市においても、本来両者は分けて考えることが望ましい。しかし史料の制約があるた

表 3-2　各都市の町内会数・町内会一つあたり平均戸数（昭和 17 年 4 月現在）

ⓐ戸数標準採用型都市			ⓑ町丁採用型都市			ⓒ行政区採用型都市		
市名	町·丁目数／町内会数	一町内会平均戸数	市名	町·丁目数／町内会数	一町内会平均戸数	市名	町·丁目数／町内会数	一町内会平均戸数
			鹿児島市	71/75	518			
						前橋市	44/44	376
			浜松市	99/100	315			
広島市	213/347	231						
			福島市	(128+)/39	230			
						丸亀市	28/31	199
						高崎市	77/77	192
岐阜市	1,098/200	180						
長崎市	225/293	180						
米沢市	143/50	179						
						佐賀市	56/56	178
			甲府市	110/129	176			
青森市	28/116	171						
						長野市	92/92	171
豊橋市	131/172	165						
下関市	(135)/277	155						
久留米市	(69+)/121	<145.2>						
熊本市	191/299	140						
						高田市	(103)/48	131
盛岡市	125/131	131						
大分市	(63+)/111	131						
			弘前市	(95)/80	129			
和歌山市	527/394	128						
高松市	110/265	127.5						
福岡市	812/545	125						
仙台市	224/400	124.5						
						松江市	52/98	118.8
堺市	824/432	116						
			静岡市	361/356	113			
						松本市	136/136	112
						山形市	(33+)/116	112
			姫路市	211/211	107			
尾道市	9/106	107						
宇都宮市	108/168	106						
新潟市	117/295	101.3						
四日市市	(70+)/230	100						
若松市	(85+)/169	<99.7>						
			長岡市	133/142	98			
岡山市	139/386	96						
宇治山田市	(31+)/118	<95.6>						
小倉市	(56+)/361	92						
			鳥取市	109/111	92			
高知市	212/326	82						
金沢市	641/535	79						
			富山市	278/391	75			
徳島市	103/362	75						
大津市	142/199	75						
松山市	178/365	72						
津市	153/208	71.4						
			秋田市	286/287	65			
			高岡市	235/262	61			
			奈良市	251/251	54			
			水戸市	172/259	54			
福井市	142/493	40						

表 3-2　注釈

出典：東京市政調査会編『日本都市年鑑』第 12［昭和 18 年用］（1943 年）111 ～ 114 頁。

注：濃いグレーは、上記史料のデータで「町内会数÷町・丁目数」の値が 2 を超える都市を表す。
薄いグレーは、上記史料のデータで「町内会数÷町・丁目数」の値が 1 を下回る都市を表す。
福島市と若松市のデータは、上記出典の値が入れ違いになっていると判断して入れ替えて掲出している。
町・丁目数で（　）の値は上記出典の値が空欄になっているものである。それらのうち下関市は同市編『下関市統計書』昭和 14 年版、13 ～ 15 頁、四日市市は同市編『四日市市勢要覧』昭和 14 年版、8 ～ 10 頁、弘前市は今田清蔵『弘前市誌』（東北通信社、1941 年）137 頁、それ以外は注 8『市町村大字読方名彙』の値をとった。久留米市・若松市・宇治山田市の一町内会平均戸数は『日本都市年鑑』第 12 特別号［昭和 19 年用］（1945 年）106 ～ 117 頁から補足した。
＋の記号は、出典文献刊行後に各市が昭和 17 年 4 月までに町村編入を行っていることを示す。

め、ここではさしあたり旧市域・新市域を区別せずに見ていく。

ⓐ戸数標準採用型都市

町内会の区域について、内務省訓令にあるとおり町や丁目によると規定するだけでなく、「一〇〇戸内外」のような形で戸数標準を独自に設けた地方在来都市は、三一にのぼっていた。それらの都市では、昭和一八年時点における町内会一つあたりの平均戸数は一一二・五戸となっており、ほぼ全地方都市平均並みであると言える。

戸数標準採用型都市の第一の特徴には、戸数標準を設けることで個別町の合併減少、つまり広域化が進められた都市（表3―2で薄いグレーの都市）が目立つことが挙げられる。これは従来の個別町の戸数規模が小さかった（狭域であった）都市が少なくないことを意味している。このタイプの都市は、堺市以外いずれも城下町である。ただし注意すべきは、これらの都市でも合併減少は市側のねらいほどには進まなかったということである。たとえば金沢市（戸数標準は五〇戸以上）の場合、『北国新聞』一五年一二月五日付で合併の事例がいくつか紹介されている。だが一二月一〇日付では市当局から「あまりに戸数の少い町会には再度合併を勧奨」すると言われており、整備前の五七四町会は現在五四三町会となったものの、戸数規模五〇戸以下の町会がなお一〇〇あるのでさらにその合併を目指すとしている。[48]なお、この時に市が作成した「合併慫慂通牒」は次のように述べている。「合併に当つては関係利害等種々なる事情可有之につき、円満なる遂行をみるやう御高配相成度。特に大町会の寛量謙虚を願ふとともに、小町会の自尊心〔中略〕を傷つけることなく相互に戮力協心の美を発揮せんことを願ふ」。しかしその後については、表3―2にあるとおり一七年四月現在で五三五町会となっており、結局合併はほとんど進まなかったことがわかる（この間、同市で町村編入は行われていない）。

戸数標準採用型都市の第二の特徴には、第一の特徴とは逆に、町内会の分割増加が行われた都市が、表面的にはかなり多いことが挙げられる。町内会が差引して分割増加する理由としては、大都市のように、新市域で行われた分割増加が市全体の値に影響している可能性も確かにあるだろう。だがむしろ、町・丁目数から町内会数が二倍以上となっている都市（表3―2で濃いグレーの都市）を取り上げてみると、町生活共同体そのものの戸数規模が大きかった都市には青森市・下関市・尾道市・新潟市・四日市市・宇治山田市といった非城下町が多い。このことは、第一の特徴を持つ都市に城下町が多かったことと対照的であり、その意味で注目される。なお、このうち新潟市は、表3―1からわかるように個別町がもともと二三〇～二四〇ほど存在した[49]。このため、『日本都市年鑑』による個別町数のカウント方法に問題があると見られ、旧市域の実態にはあまり変化がなかったようである。第二の特徴を持つ都市には、旧城下町も確かに存在する。しかしそのうち岡山市と徳島市は、前節でも紹介したように公称個別町よりも狭域な町生活共同体が存在しており、町内会の設立にあたっては、この小規模な町生活共同体の区域が選択されたと見られる[50]。また徳島市では、一五年一二月一六日に市内の全記別総代会長を招集したが（「記別」については第六章注25を参照）、その時の模様は次のように報じられている。「市当局は努めて原案支持の方針らしいが、空気は相当不服従の気配が動いて居るので、ついに原案を否認、改組前の儘で押通す町内会も出来る模様で、斯ふした結果を招来した重なる理由は、町内会の歴史が古いのと高度に発達してゐた為だと云ふ」[51]。

このほか、合併が問題化した個別の事例を挙げておこう。盛岡市では全体として町内会の合併・分割が比較的迅速に行われたものの、旧市域では「肴町だけは一丁目と二、三丁目は一部有力家の頑迷なる旧体制的観念のために合併ならず、町会員一同、市係当局を悩ましてゐる」という状況であった[52]。また豊橋市では、八町校区で合併を拒む次のような事態が生じていた。「鍛冶、談合、下の各町が縺れてゐる。鍛冶は一三三戸、談合は一〇八戸あり、共〔に〕単独結成も不可能ではないが、七十八戸しかない下町が独立したいと駄々をこねてゐて前記二町の内どちらへも合体して来ないので、二町は迷惑を感じながらも〔町会〕未結成の汚名をさらさねばならないでゐる」[53]。

このように、第一・第二の特徴は一見矛盾するようであるが、旧城下町の場合には、結局どちらも町生活共同体が狭域なところが多かった。そして、それが公称個別町と一致していた都市では合併減少＝広域化が問題となったのであり（ただし市当局のねらい通りには進まない）、公称個別町と異なっていた都市では町生活共同体の方が選択されたことで分割増加したように見える、ということであった。市当局が、戦時体制強化の論理によって狭域な町会の合併減少を迫っても、とりわけ旧市域の町々は、従来の区域＝空間の広域化に消極的であった。その理由は、『北国新聞』の表現を借りれば、「小町会」が「大町会」に吸収されることを懸念したためであった。だがそれは言葉を換えれば、独立して維持できるだけの力量と経験を持っていたからこそ、「小町会」は市の合併方針に抵抗した、ということにもなるであろう。

ⓑ町丁採用型都市

内務省訓令の文言にそのまま従って、町内会の設置区域を単に町・丁目によるとした都市は、一四であった。それらの都市で一八年時点における町内会一つあたりの平均戸数を算出すると一〇六・一戸であり、これは全地方都市平均を下回る値である。町丁採用型都市にも、町内会が合併減少している都市として福島市・弘前市・静岡市がある。このうち弘前市では、中心部でも若干の合併が行われた[54]。これに対し、福島市の極端な値の変化は、主に旧在方の地域において、町内会が行政区単位で設置されたことによるものである[55]。また静岡市の場合、『日本都市年鑑』がカウントしているのは前述した非公式な町生活共同体の数であり、公称個別町を基準にすると分割増加となっている。

ⓒ行政区採用型都市

従来から市制に定められた行政区を設け、町内会設置にあたってこれを転用した都市は、九と少なかった。それらの都市で一八年時点における町内会一つあたりの平均戸数を算出すると一三八・〇戸となる。これは全地方都市平均と比べてもかなり大きい。これらの都市は、全体として町生活共同体そのものが比較的広域であり、したがって松本市を除くと、町数は逆にいずれも一〇〇未満と少ない。これらの都市のうち松江市[56]や山形市[57]では、個別町を分割増加させた行政区が長く活用されており、これがほぼそのまま町内会数の区域となった。一方、高田市はもともと九八に分かれていた個別町の町域を昭和五年に四八へ合併減少＝広域化させた新町域が行政区に採用されており、(58)これが町内会の区域に転用されたのである。

以上の検討から、地方在来都市全体の特徴をまとめてみよう。前述のように、五四市の昭和一八年時点における町内会一つあたりの平均戸数を求めると、その値は一一二・八戸となって、全地方都市平均をやや下回る値であった。その原因を都市のタイプ別に分けて考えると、まず戸数標準設置型都市では、個別町の合併減少を市が戸数標準を掲げて促しても、住民はこれに消極的であった。次に町丁採用型都市では、もともと全体として個別町の戸数規模が小さい町や丁目が多かった。またどちらの類型にせよ、この機会に公称個別町よりもむしろ狭域な町生活共同体が町内会の区域として公的な認定を得る事例があり、こうした理由によって広域化は限定的なものにとどまっていた。これに対して行政区採用型都市には、個別町の戸数規模が比較的大きいところが多かった。だが、そうした都市は少数派だったのである。

大都市のみならず、地方都市の各市も、旧市域の町内会に対しては戸数規模の拡大、すなわち町内会の広域化を目指していた。しかし実際にはさほど効果があがらず、町内会の広域化は進まなかった。その理由は、狭域な個別町がしばしば独立を強く主張したことにある。明治期以来の個別町の区域は、生活共同体として十分な力量と経歴を持つものであったために、国家主義の強まるこの時期においても、住民たちはこれをあえて広げることに抵抗したのである。

2　クミアイから隣保班へ

内務省訓令が、町内会の内部に、「一〇戸内外」を標準規模とした隣保班を中間組織として設けさせたことは、周知のとおりである。各都市で実際に設置された隣保班の規模は、前掲の昭和一八年（一九四三）九月現在の統計によれば実際に平均一〇～一五戸であったことが確認できる。この時点で隣保班が設けられたのは強制によるものであった。だが、戦後任意団体となった町内会においても、班は引き続き大半の地域で設けられている。よって、昭和戦中期の町内会においても住民側にこれを受容する条件が存在していた可能性が高いと言えよう。

隣保班を設置する目的について、一五年当時の内務省は「向三軒両隣が相結び相親しむことに依つて〔中略〕延ては部落会町内会の活動が強化せられ国家興隆の基が培はれる」と国家主義的な理念を述べているだけで、抽象的である。[59]一方、東京市の現場レベルで町内会設置に関わった人物の記述を見ると、たとえば同市嘱託の平林広人は「何分にも数百戸乃至は三四千戸が一つの町会を組織してゐるので、朝晩に顔をあはせ〔中略〕る為めには大き過ぎます」と述べている。[60]また同市内で隣組長や町会役員を務めていた塩田順三という人物の著書も、ほぼこの説明を踏襲しており、町会が「あまりに大き過ぎる」と述べている。[61]このように東京市では、新市域で顕著に見られた町内会の戸数規模の過大さが当事者に意識されており、前項で見た戸数標準とともに、隣保班という中間組織の設置もこの問題に有効と考えられていたことがわかる。

筆者は前項で、大都市の旧市域や地方都市においては、狭域な町内会が多かったことを縷々述べてきた。しかしそれは大都市の新市域や新興都市と比較した際の、相対的な特徴である。地方の五四市における町内会平均戸数の一一二・八戸という規模は、一〇戸内外で構成される隣保班が意味を持つのには十分な大きさであったと言えよう。そしてより重要なことは、町内会の広域化の動きが限定的な結果に終わっても、全戸加入制による平準化の徹底という変革が、町内会の戸数規模を従来よりも拡大させる効果を持っていたことである。その具体的な事例は、福岡市古渓町の事例を検討した宇野功一氏の研究において、すでに示されている。すなわち氏は、昭和一五年一〇月の博多祇園社御神幸に対する町内寄付金記録から、寄付を行っている者が二三人おり「これがこのときの表店世帯主の全員であろう」とする。なお同年九月の内務省訓令が出されるまで、古渓町にクミアイは存在しなかった（納税組合は上組・下組に分かれていた）。しかし同年一一月の町内常会の記録になると「計四六人の姓または屋号がきちんと挙げられている。これが当時の町内の全世帯である」と述べている。[62]つまり、従来町内の負担を賄っていた表店の二三戸に対して、この時期から「準世帯（裏店世帯と借間世帯）」が加わることで、個別町運営への参加者は二倍になったわけである。このように平準化の徹底という変革は、隣保班という中間組織を住民側に有効なものとして受容させる条件になったと考えられる。

ところでこの隣保班は、名古屋市を除く在来大都市や、[63]明治期以降クミアイが存在しなかった地方在来都市の町々で[64]は、防空政策による家庭防空群を母体としつつ、内務省訓令に基づいてこの時点で新たに設けられたと考えられる。[65]これに対して、従来からクミアイが存在した都市では、クミアイが活かされたと説明されているが（注65を参照）、都市部については、もっぱら村落部を念頭に隣保班の設立にはクミアイと隣保班とにどのような関係があったのだろうか。この点、もっぱら村落部を念頭に隣保班の設立にはクミアイが活かされたと説明されているが（注65を参照）、都市部について実証的に示されることはなかった。本章でも網羅的に検討することはできないが、筆者の知る事例をサンプル的に二件紹介しておく。本章で扱っている都市群からは外れるが、第一章で取り上げた埼玉県川越市の南町の場合、一部のクミアイが合併したが、従来のクミアイをほぼそのまま転用した。[66]また大正一〇年に市制を施行した群馬県桐生市の本町一～六丁目ではクミアイの戸数が三〇を超えていたが、同市では従来のクミアイを維持して町務委員担当区域とし、その下部に一〇戸前後からなる隣保班を設置した。[67]このように都市部でも、従来からクミアイが存在した個別町では、従来の組織を活かしながら一〇戸内外という戸数標準をも取り入れたのである。

3　全戸加入制＝同居型町内会の設立

第一次世界大戦後には、たとえば京都市内の町内規約で役員の資格を家持＝有力者に限定するという条項がなくなった事例に見られるように、[68]大都市・地方都市を通じて個別町の平準化が進行した。この時期の動きは、田中重好氏が指摘するように、デモクラシー状況の一環として理解してよいだろう。[69]一方、昭和戦中期の町内会は、国家主義的な地方行政を効率的に遂行するという、デモクラシーとは正反対の目的から強制的に設立されたものである。だが、かかる機能を負わされて設立された町内会は、結果として平準化の徹底と言うべき全戸加入制を義務づけるものであった。前項で紹介した宇野功一氏が「国策を短期間に町内の全住民に浸透させ戦争遂行に積極的に協力させるため、町内全戸を平等に組織化したのである」（傍点は引用者）と述べている通りである。[70]また、戦中期の配給統制政策には「乏しいという点での平等な社会」を出現させる側面も存在した。[71]しかしながら、統制経済のもとでも構成員各戸の資力格差は、厳然として存在したままであった。その結果、とりわけ旧中間層の多い在来都市旧市域においては、全戸加入制が導入されることは同時に、有力者・非有力者がともに所属するという、町内会の「同居型」化が徹底されることにほかならなかったのである。当時の町内会費についての統計は乏しいが、大都市で見ると大阪市・京都市・名古屋市・神戸市・横浜市のうち均等割で徴収しているところは、大阪市の二九・六％を例外としてほかはほぼ皆無である。[72]これは、多くの町で住民間の内部格差を無視し得なかったことの簡単な傍証であろう。そして戦後、連合国軍最高司令官総司令部が当時の町内会長について「多くの場合、長にはボスがなつた」と報告していることはよく知られており、[73]秋元律郎氏が『五大都市町内会に関する調査』のデータをもとに「大都市における町内会指導層は、定着性の強い旧中間層から選ばれていたということができそう」だと述べていることも、[74]ごく順当な推論と言えよう。

ただし、当時の平準化の徹底は、社会的弱者＝非有力者層にメリットをもたらすことも、理論としてはありえた。天崎紹雄は著書『隣組の文化』で次のように述べている。「今日の戦時体制の要請より生まれた隣保組織にあつては、あらゆる問題に対して連帯責任が無ければならない。一人の貧困者を出す時には、隣保全員の共同責任として之が更生に努力すべきである」[75]。これは、後年龍谷大学教授となる英文学者が随筆の形で述べた理想論にすぎない。しかし、平準化という現象そのものは救貧という分野に適合的であるという論理が、ここには示されていると言えよう。

第三節　昭和戦後期の町内会

1　町内会の世帯数規模

敗戦後の町内会をめぐる政策と実態についても、よく知られている。昭和二〇年（一九四五）一〇月、連合国軍最高司令官総司令部に設置されていた民政局は、日本の地方制度の調査を行った。そして同局は、町内会や隣組などの地縁集団に対して「その表向の目的は、親隣関係、慈善、善意、地方民主化の増進にあるが、そのじつは、日本中のすべての世帯を厳格な監視と統制の下におくように組織化することにあつた」と、強く警戒した[76]。同局は、とりわけ町内会長や隣組長の公選を求めており、「隣組の存置がいわれる以上は隣組長も公選制にすべきで、それができないならば隣組および町内会・部落会などは廃止すべきであるという見解」を示した。隣組長の公選制を実現するような態勢を直ちにとることは事実上不可能であり、日本政府は二二年五月三日に、いわゆるポツダム政令第一五号を発して「町内会・部落会又ハソノ連合会等」を法的に廃止することになった。

しかし、町内会が実際には性格を大幅に変えつつ再編成されていったことも、周知の通りである。二七年四月二八日のサンフランシスコ講和条約発効によって前記のポツダム政令が失効したことは、町内会などが法的に再び容認される画期となった。もっとも、二七年一月に総理府国立世論調査所が全国三〇〇〇のサンプル地域で行った、地縁集団に関する調査によれば、都市部と言い換えられる「純商工地域」でも、町内会がポツダム政令の公布後「三カ月以内に再建」されたところは、すでに三三・四％にのぼっている[77]。このため、研究史的に「町内会が禁止期間においても中断することなく生き続けてきたということはもはや疑う余地のない事実」であると考えられている[78]。ただし戦後の町内会は任意加入の団体（権利能力なき社団）であり、それゆえ、会をどのような区域で設けるか、中間組織（下部組織）として班などを置くかどうか、そして借家人を含む全世帯に参加の資格を与えるかどうかは、制度上任意である。

戦後、在来都市における町内会の世帯数規模は、どうなったのだろうか（以下、戦後については「戸」ではなく「世帯」の表現を用いる）。本書は考察の終期を、基本的に高度経済成長が一段落しつつある昭和四五年頃に置いている。だが、全国の町内会について、世帯数規模を地域類型や自治体世帯数規模との相関関係を含めて取り上げた詳細なデータとしては、平成一八年度（二〇〇六）に辻中豊氏らが行ったものまで待たなければならない。そのため、ここでも同氏らの調査結果を参照したい。同氏らは全国の町内会についてサンプル調査を行い、八九〇の市区町村から回答を得たデータをもとに分析している。そして同研究によれば、平成一八年現在で「都市・旧型」に分類される地域について見ると、町内会の世帯数規模は二〇〇~四九九世帯のゾーンが全体の三五・二%、五〇〇世帯以上のゾーンを含めると六〇・二%を占めるという。同書はこうした状況を「大規模都市の大規模自治会」と言い表している。[79] また都市人口の規模別に町内会一つあたりの世帯数を算出すると、五~一〇万人都市で平均一八六世帯、一〇~二〇万人都市で平均二四二世帯、二〇~五〇万人都市で平均二三一世帯となっている。[80] これらのデータによる限り、戦後（現代）における在来都市の町内会の規模は、二〇〇世帯程度というイメージが導かれるであろう。この数値は、戦後六〇年という時間を経たものであるが、昭和戦中期における五四都市の町内会平均戸数の一一二・八戸という値（あるいは全地方都市平均戸数の一一四・三戸）とかなり異なるものである。その理由の一つとして、核家族化の進行による世帯数のハイペースな増加が挙げられることは確かであろう。しかしながら、たとえば金沢市における、昭和六三~平成九年というひとつの期間のデータ[81]を見ても、町内会の世帯数規模が旧市域よりも新市域で大きい傾向を持つことは明らかである。つまり、右の二〇〇世帯程度という市全体の数値は、核家族化の進行による増加よりも、むしろ新市域で初めから広域な住宅地と町内会が設立されてきたことに影響されたものと考えられるのである。

では在来都市、そのうちとりわけ旧市域の町内会の世帯数規模を包括的に調べると、どうなっているのだろうか。筆者は平成二四年八月に、前節までで対象としてきた在来都市（後身にあたる都市を含む）[82]について、辻中氏の調査に合わせるために、可能な限り平成一八年現在に近い時期における、市（区）域における町内会数などについてアンケート調査を行った。以下では大都市・地方都市について、この調査の結果を、辻中氏らの研究と照らし合わせながら見ていく。

その前に、戦後（現代）の町内会の位置づけを考えるうえで留保すべき事柄を確認しておこう。まず町内会の加入率について。戦後の町内会は任意団体であるから、その加入世帯数は、住民基本台帳などに基づく当該地区の住民世帯数よりも、程度の差はあれ少ないのが通例である。しかし本節のねらいは、町内会が地縁集団としてかかえる世帯数の規模が昭和戦中期と戦後とでどの程度相関関係を持つのか、ということである。このため、「あるエリアの住民世帯総数を当該地区に存在する町内会数で割った値（言い換えれば、町内会が加入率一〇〇パーセントの状態の町内会世帯数）」を「仮定世帯数」と呼んで検討に使用する。

次に、戦後の都市居住のあり方を規定する一般的な要因について。戦後の各都市では、職住分離の進行に伴う郊外化（いわゆるドーナツ化現象）の進行によって、旧市域に該当する中心部の居住世帯数は減少している。一方、郊外では町村の編入が繰り返されてきた。これらの結果、町内会に関するさまざまなデータの値は、新市域の動向に大きく偏向したものとなっている。しかし、辻中氏らは町内会世帯数規模について、旧市域・新市域を区別せずに算出している。そのため右の調査に対応させるためには、在来都市についても、同様に市域全体の値をもって比較すべきであろう。

①大都市

まず大都市の旧市域における各町内会について、仮定世帯数の平均値を求めてみよう。

【東京都】平成一八年一月一日現在、特別区二三区には町会・自治会が四三九七存在し、うち中央区には一七二が存在していた。同日付の全世帯数はそれぞれ四一万六九六一四、五万五七九九となっているため[83]、仮定世帯数の平均はそれぞれ九四八・二、三二四・四となる。

【大阪市】筆者のアンケート調査によれば、平成一八年現在、大阪市の振興町会の数は全市で四〇七五、うち中央区では二六〇であった（以下、筆者のアンケート調査に基づく記述には文末に（＊）を付す）。全市の世帯数は一二二万九四八五、うち中央区は三万七九五四となっており、仮定世帯数の平均はそれぞれ三〇一・七、一四六・〇となる。なお、現在の中央区に含まれる旧東区は、昭和三〇年代から近年まで国勢調査に基づく世帯数が減り続けており、いわゆるドーナツ化の影響がきわめて大きい地区である[84]。

【京都市】京都市役所では、市内町内会の現在数を把握していないとのことであった（＊）。ただし『読売新聞』平成二一年六月七日付の記事によれば、その数は約六〇〇〇となっており、同年の全市世帯数は六六万五三四八となっているから、仮定世帯数の平均は一一〇内外と考えられる。また同市のうち中京区は平成一七年時点で、個別町が五一一、世帯数は五万一五八〇となっている。同市の旧市域では、おおむね公称個別町が町内会の構成単位となっていることから、仮定世帯数の平均はおおむね一〇〇・九と考えられる。

【名古屋市】平成一八年時点における同市全体の「区域数」は五二三二一、うち中区は三〇八であった(＊)。世帯数はそれぞれ九五万九四一一、四万一一九二である。よって、仮定世帯数の平均は、それぞれ一八三・四、一三四・一となる。

以上のように各市とも、市全体としては平均仮定世帯数が戦中期に比べて著しく拡大しているのに対し、旧市域の仮定世帯数は相対的に少ない。むろん、その要因にはドーナツ化による旧市域の空洞化が挙げられるであろう。しかし旧市域においては、住居表示の実施によって公称個別町のエリアは一般に広がっていることを考慮する必要がある。こうした視点から、各都市旧市域における公称個別町名と町内会名との関係を見てみると、公称個別町名自体が戦中期からほぼ変わっていない京都市のほか、住居表示が進められている東京都(中央区・千代田区)、大阪市(特に北区)、名古屋市(中区)といった大都市においても、町内会については旧町名に基づく狭域なものが少なからず維持されていることがわかる。[85] つまり旧市域においては、住居表示の実施によって公称個別町一つあたりのエリアは広がっているが、町内会については戦前以来の狭域な区域＝空間が、戦後も少なからず維持されているのである。そしてこの事実が、旧市域と新市域における平均仮定世帯数の差を固定する要因になっている、と言うことができるであろう。

②地方都市

次に地方在来都市の状況を検討しよう。表3―3は、平成一八年時点を中心とした、各都市における町内会の平均仮定世帯数の一覧である。戦中期と対比するために、各都市は表3―2と同じ順番で並べた。なお平成一八年四月一日時点で政令指定都市となっている都市については、旧市域にあたる区について調査した。これらの都市のほとんどが人口一〇万人以上の都市である。前述のように、それらの都市全体では、町内会の平均世帯数が平均で二〇〇世帯を超えていた。その点をふまえて表3―3を見ると、次のことが指摘できる。

(ア)筆者の調査した伝統的地方都市における町内会の平均仮定世帯数は、一〇～二〇万人都市・二〇～五〇万人都市でそ

表 3-3　各都市における町内会の平均仮定世帯数（平成 18 年頃）

市名	人口	町内会数	平均仮定世帯数	市名	人口	町内会数	平均仮定世帯数
鹿児島市	604,367	827	314.1	堺市堺区	148,004	317	217.2
前橋市	318,584	252	489.8	静岡市葵区(23)	262,769	444	243.0
浜松市	804,032	738	387.6	松本市	227,627	480	184.4
広島市中区	127,763	182	359.2	山形市(19)	256,012	549	158.4
福島市	290,869	838	131.4	姫路市	482,304	939	210.2
丸亀市	110,085	841	48.7	尾道市(17)	92,833	236	157.4
高崎市	245,100	449	334.7	宇都宮市(19)	457,673	776	169.7
岐阜市	399,931	2,584	61.1	新潟市(19)	804,714	2,060	146.4
長崎市	442,699	3,039	65.8	四日市市(16)	303,845	680	166.8
米沢市	93,178	344	95.9	若松市(21)	122,248	507	94.5
佐賀市	206,967	347	186.4	長岡市	236,344	1,002	102.8
甲府市(24)	194,244	521	168.0	岡山市(19)	674,746	1,582	171.8
青森市(24)	311,508	374	363.0	伊勢市	97,777	172	299.2
長野市	378,512	460	318.6	北九州市小倉北区	183,286	576	151.8
豊橋市	372,479	445	319.2	鳥取市	201,740	533	100.9
下関市	290,693	830	154.0	高知市(24)	333,484	1,237	120.1
久留米市	306,434	667	173.8	金沢市	454,607	1,338	134.8
熊本市	660,502	727	372.1	富山市(19)	421,239	1,431	107.5
上越市	208,082	824	85.3	徳島市	267,833	1,067	106.5
盛岡市	287,192	375	322.4	大津市(19)	301,672	692	182.2
大分市	462,317	670	282.1	松山市(24)	514,937	1,009	227.1
弘前市	173,221	528	141.0	津市(19)	165,182	993	114.2
和歌山市	375,591	1,122	129.9	秋田市	333,109	1,008	130.0
高松市	337,902	2,654	65.6	高岡市(24)	167,685	615	104.2
福岡市中央区	167,100	396	222.8	奈良市	370,102	1,080	134.5
仙台市青葉区	281,218	511	249.6	水戸市	262,603	1,208	88.7
松江市(24)	196,603	891	94.9	福井市(24)	252,220	1,557	62.3

出典：人口は、平成 17 年の国勢調査データほかによる。
　　　町内会数は、各都市へのアンケート調査ほかに基づく。

注：この表では、本文の記述にあわせて各都市の人口を表示している。世帯数（平成 17 年の国勢調査データほかによる）は表の「町内会数」×「平均仮定世帯数」によって得られるため省略した。

　市名の数字はデータ算出時点で、(24) は平成 24 年を表す。無記のものは平成 18 年のデータである。

　濃いグレーは、平均仮定世帯数が 200 を超える都市を表す。

　薄いグレーは、平均仮定世帯数が 150 を超える都市を表す。

れぞれ一〇四・七世帯、一三一・八世帯である。これは、右の二〇〇世帯超という値よりもかなり低い。

(イ)町内会の平均仮定世帯数の規模には都市ごとにばらつきがあるが、そこには表3―2で示した戦中期（以前）の状況と、一定の対応関係が見て取れる。具体的には、規模の大きい都市に鹿児島市、浜松市、広島市、前橋市などがあり、規模の小さい都市に秋田市、高岡市、奈良市、水戸市などがある。筆者は各市の中心部にあたる地区に限った調査も行ったが、鹿児島市ほか三市はやはり規模が大きく、水戸市ほか三市はやはり規模が小さかった（*）。

中には、昭和戦中期に比べて一見かなり規模が変化している都市もある。しかし、規模が小さくなっている都市のうち長崎市・上越市では、旧市域の地区に限ると平均仮定世帯数が一五九・〇、二二九・八となっており、市全体の値よりも大きいことがわかる（丸亀市の経緯は不明である）。また岐阜市や米沢市は、表3―2からわかるとおり、昭和戦中期に戸数標準が設定されて町内会数が町丁数から大幅に減った都市であり、戦後はこれが外れて戦中期以前の状態に復帰したと見られる。一方、規模が大きくなっている都市のうち姫路市・松山市では、旧市域の地区に限ると平均仮定世帯数が七九・三、一〇三・六と、市全体の値よりもかなり小さいことがわかる(86)（*）。

これらの検討結果を辻中氏らの研究と照らし合わせると、在来地方都市、とりわけ旧市域における町内会では、新興都市を合わせた全国平均に比べて、より狭域な町内会が、戦後も維持される傾向があることがわかる。言い換えれば、戦中期から町内会区域＝空間の広域化はなかなか進んでいないのである。戦後には住居表示制度も開始されたが、右の都市ではその影響もさほど見られない(87)。

2　隣保班から班へ

昭和四三年（一九六八）に総理府が行った町内会の実態調査では、班の組織についても尋ねられていた。そして「(町内会が)班とか組とかにわかれておりますか」という設問に対して、市部では「わかれている」と回答したところが九六％と圧倒的であった。またその規模は、同じく市部で「一〇世帯以上三〇世帯未満」のゾーンが六九％と最多、次

が「一〇世帯未満」の一四％などとなっている。(88)

白井宏明氏による事典項目解説（注65を参照）を見ても、戦中期の町内会の隣保班と戦後の町内会の班が連続しているということについて、村落部ではほぼ認められていると言えよう。一方、都市部でこの点を実証的に示した研究は確認できない。だが、前節で触れた川越(89)や桐生(90)の場合、戦中期からの継続を史料から確認することが可能である。前項で見たように、町内会自体の区域＝空間の広域化は進んでいない。しかし、昭和戦中期における全戸加入制の導入は、裏店借家人層までを取り込む形で町内会構成戸数の増加をもたらしたのであり、それゆえ隣保班という中間組織も、戦後引き続き地域住民に受容され、定着したと言えよう。

3　同居型町内会の性格と機能

戦後社会における町内会の機能については、多くの研究で扱われている。行政庁や社会学者によるさまざまな調査の結果にさほどの差はなく、市と住民との間の連絡以外では、街灯交換、清掃・美化、募金（共同、日赤など）への協力、そして祭礼や運動会などの親睦活動が挙げられている。このような町内会の業務内容は、町内会費の負担を裏店借家人層にまで広げることを、受益者の論理によって後押しするものであったと考えられる。もっとも戦前の個別町は、地方都市における「行政の貧しさ」(91)を代位しなければならないがゆえに「強大」であった。それに対して戦後は、アメリカ流の理念に基づいた地方自治法のもとで行政サービスが飛躍的に充実することとなり、かつ道路の舗装に見られるように技術的にも専門的となっている。このため戦後の町内会の機能は、行政サービスがなおカバーしきれないところを補助的に担うものになったと言えよう。

あまり指摘されていないが、こうした戦後町内会の機能のなかでは、社会福祉関係が、新たに台頭した分野として注目されるのではないだろうか。社会的弱者への臨時的な支援は、すでに近世から地域の有力者を中心とした施米のような形で行われてきた。また昭和戦中期に全戸加入制が導入された町内会も、理想的にはこうした機能に適合する組織でありえたことは、前述した通りである。だが実際に恒常的な業務となったのは、戦後になってからである。戦後開始された業務としてまず挙げられるのは、募金への協力である。昭和四三年、五五年（一九六八、八〇）の調査によれば、これは町内会で扱われることが多い業務として、いずれもトップクラスとなっている。また高松市の二町内会をフィールドとした個別調査でも、この分野への支出の多さが指摘されている。[92]もっとも、これらの募金はただちに町内に還元されるものではない。そうしたこともあり、町内会による募金徴収は訴訟問題になることもある。[93]

次に挙げられるのは、募金業務とも重なるが、社会福祉協議会（社協）との関係である。辻中氏によれば、調査対象の町内会のうち、社協と連携しているところは七八・〇％にのぼっている。[94]注意したいのは、全戸加入制の定着によって非有力者＝社会的弱者までを網羅する平準的な組織となった町内会にとって、社協の行う諸活動がきわめて適合的だということである。町内会が戦後この分野での業務を活発化させているという現象は、主な受益者となる社会的弱者層が、全戸加入制によって町内会に取り込まれていなければ生じなかったであろう。ただし、市町村社協の下部組織にあたる地区社協の区域として、各町内会（福祉部）があてられる事例は少ない。あてられているのはおもに学区、すなわち小・中学校の通学区などである。この事実からは、社会福祉の分野にとって町内会は重要な活動単位であるものの、同時に、より広域なエリアを基盤とする組織が必要とされている、という状況がうかがえよう。この点は、第六章で再び検討することとなるであろう。

ところで、これらの業務を支える町費を、戦後の住民たちはどのような仕組みのもとで負担しているのだろうか。この点について、昭和五八年に刊行された『古河市史』民俗編は次のように述べている「〔戦後は〕町費（自治会費）も均等割で徴収するようにしたところが多い。ただし、駅西の一丁目・二丁目・鍛冶町といった旧商店街地区では、依然伝統的な徴収方法〔等級制〕を採っている」。[95]新中間層が多く、住民間の資力も比較的フラットな新興住宅地とは異なり、旧中間層の多い在来の町場では、資力の格差を反映した等級制が五〇年代に入っても用いられていたのである。ここから、三〇年代の都市社会学者が戦後町内会について指摘していた特異性、つまり平準的な性格と旧中間層支配との併存という状況は、昭和戦中期に導入された全戸加入制の二面性によってもたらされたことがうかがえよう。つまり、全戸加入制には借家人＝非有力者層までを取り込むという意味で、平準化＝民主化の徹底という一面が確かに存在した。しかし、それは内部格差が温存された状態のまま、町内会を有力者と非有力者がともに所属する「同居型」化の徹底という一面も持つことを意味していたのである。そして町内会の区域＝空間が狭域なまま戦後まで維持されたことは、住民が互いの格差に敏感となり、それゆえ格差が固定的なものになりやすい環境をつくっていたと考えられる。

おわりに

本章では、次のことを明らかにした。

昭和一五年（一九四〇）の内務省訓令は、全戸加入制に基づく町内会の設立を義務づけたものとして知られる。そしてその区域＝空間については、訓令の条文から、単に町・丁目によって設けられたと従来説明されてきた。しかし同訓令は、国家主義的な地方行政を効率的に行うことを目的としたものであり、こうした観点から、町内会には同時に区域＝戸数を適正化することも求められていたのである。そして事実、多くの在来都市では町内会に戸数標準が設けられていた。もっとも、在来都市には公称個別町よりもさらに狭い区域を町生活共同体としているところがあり、そうしたあまりに狭域な個別町の存在は、大正後期からすでに各市で問題となっていた。

昭和一五年の内務省訓令に伴って設けられた戸数標準は、在来都市の旧市域において、あまりに狭域な個別町を合併減少させて町内会を設立すること、言い換えれば町内会の広域化が大きな焦点となっていた。しかしこの施策に対し、狭域な個別町や町生活共同体を支えてきた住民たちは、地縁集団の力量と経歴を背景として、しばしば独立を強く主張した。その結果、この時期の市当局の指導をもってしても単位町内会の広域化はねらい通りに進まず、昭和一八年現在における地方在来都市の町内会一つあたりの戸数は、一一二・八戸という値にとどまることとなった。

そして平成一八年（二〇〇六）現在、都市部全体の町内会一つあたりの世帯数規模は、平均で二〇〇世帯を超えている。しかしこれは核家族化の進行以上に、新市域で広域な町内会が多数設立されたことに影響された値である。地方在来都市に限ると、平均仮定世帯数は一〇〇世帯台前半に下がる。この値は旧市域・新市域を合わせたものであり、都市部全体・在来都市における平均仮定世帯数の差は、地方在来都市で戦前からの狭い町内会の区域＝空間が戦後まで維持されていることに求めるべきである。

ところで、昭和一五年の内務省訓令が命じた隣保班の設置は、大都市新市域に多く見られた、戸数規模の大きな町内会にとって、運営の効率化を図るうえで有効な中間組織として評価されていた。一方、旧市域の町内会は、前述の通り相対的には狭域であった。しかし全戸加入制の導入は、裏店借家人層の参加による町内会構成員戸数の増加を意味しており、その意味から、やはり中間組織の重要性が高まる契機となっていた。そして町内会の機能が一変した戦後も、組織面で全戸の加入が可能な体制が維持されていることを前提として、班の仕組は住民たちによって採用され、定着することとなったと考えられる。

全戸加入制の導入は、町内会の機能にも影響を与えたと見られる。戦後の町内会は、恒常的な社会福祉業務を活発化させている。このことは、戦中期以降の町内会が非有力者＝社会的弱者までを網羅した平準的な組織として地域住民たちに受容されたことを、象徴的に示していると言えよう。もっとも、町内会の負担のあり方を見ると、在来都市旧市域では、等級制が長く採用される傾向があった。これらの事実からは、昭和三〇年代の都市社会学研究者が町内会を「特異な地域集団」と呼んだ、平準的な性格と旧中間層支配の併存という事態が、昭和戦中期に設立された町内会の二面性によってもたらされたことがわかる。つまり、戦中期には総力戦体制の文脈から全戸加入制の導入による平準化が徹底された。だがそれは、各戸間に資力格差が存在するという条件のもとでは、有力者＝家持（＝旧中間層）と非有力者＝

借家人がともに所属する町内会の「同居型」化が徹底されることを、同時に意味していた。そして町内会の区域＝空間が狭域なまま維持されたことは、この内部格差が固定的なものになりやすい環境をつくっていたと考えられる。

注

（1）岩崎信彦「地域生活と町内会」（岩崎信彦ほか編『町内会の研究』御茶の水書房、一九八九年）四三〇頁。
（2）中村八朗「都市町内会論の再検討」（東京市政調査会編『都市問題』第五六巻第五号、一九六五年）七五〜七六頁。
（3）雨宮昭一「総力戦体制と国民再組織」（『戦時戦後体制論』岩波書店、一九九七年）一七六頁など。
（4）この通牒は国民精神総動員本部編『部落会・町内会とその常会の話』（一九四〇年）六九頁以下などに所収である。
（5）名古屋市編『名古屋市史』第八巻［地理編］（一九一六年）。
（6）昭和一二年当時の西区の町総代の状況は、名古屋市西区編『名古屋市西区要覧』（一九三七年）巻末表によってわかる。
（7）臨時国勢調査局編『国勢調査速報　世帯及人口』（帝国地方行政学会、一九二一年）。
（8）小川琢治『市町村大字読方名彙』（成象堂、一九二三年）。
（9）東京市編『東京市市勢調査原表』第一巻（一九〇九年）。
（10）大阪市編『第八回大阪市統計書』（一九一〇年）。
（11）京都市編『京都市臨時人口調査要計表』第一編（一九一二年）。
（12）名古屋市編『第一〇回　名古屋市統計書』（一九〇七年）。
（13）深津丘華『静岡物語』（深津謙吉、一九二三年）二二一〜二二五頁。
（14）岡山市編『岡山市史』第六（一九三六年）四一一八頁。
（15）岡山市編『岡山市統計年報』（一九四一年）七〇頁。

(16)大沢惟貞輯録「吉備温故秘録」元之巻(吉備群書集成刊行会編『吉備群書集成』第七輯、一九三一年)。
(17)『朝日新聞　徳島版』昭和一五年九月二六日付、同年一〇月三日付。
(18)高岡裕之「町総代制度論」(『年報都市史研究』三、山川出版社、一九九五年)。
(19)福岡市編『福岡市史』第一巻[明治編](一九五九年)一八〇頁、同第二巻[大正編](一九六三年)二四七~二四八頁。
(20)静岡市編『静岡市史』近代史料(一九六九年)一〇一四頁。
(21)和歌山市史編纂委員会『和歌山市史』第三巻[近現代](和歌山市、一九九〇年)三四三頁。
(22)久留米市編『続久留米市誌』上(一九五五年)八九頁。
(23)名古屋市編『名古屋市の町総代』(一九四〇年)一四頁。
(24)金沢市史編さん委員会編『金沢市史』(金沢市、二〇〇六年)一七七頁以下。なお松村敏「明治後期金沢の市行政・地域社会・住民組織」(橋本哲哉『近代日本の地方都市』日本経済評論社、二〇〇六年)も参照。
(25)明治二五年上茶屋町「町内規則取極連印帳」(岐阜市編『岐阜市史』史料編近代一、一九七七年、一二一四頁以下)。
(26)明治四二年「坂下町申合規約」(高岡市立図書館所蔵「坂下町文書」)。
(27)明治三八年「鞘町規約」(高崎市鞘町史刊行委員会編『高崎市鞘町史』二、鞘町町内会、二〇〇〇年、四八~四九頁)。
(28)昭和一二年「桐町会規約」(中村清治『桐町史』桐町会、一九七七年、一五六頁以下)。
(29)松本市安原町「事務日誌」(松本市編『松本市文書館史料』第三集、二〇〇四年所収)。
(30)宇野功一「近代博多における個別町の社会構造と祇園山笠経営」(『国立歴史民俗博物館研究報告』第一二五集、二〇〇六年)。
(31)姫路市史編集専門委員会編『姫路市史』第一二巻[史料編　近現代一](姫路市、一九八九年)、同第一三巻上[史料編　近現代二](同、一九九四年)所収の各町文書を参照。
(32)先に挙げた四大都市の、各区における家持=土地所有者の割合を、大正一〇年初時点における地租納税人員/総戸数の値によって算出すると、個別町一つあたりの家持戸数の平均はそれぞれ、東京市（日本橋区・京橋区の二区平均）が七・〇戸、大阪市（東区・南区の二区平均）が二七・六戸、京都市（上京区・下京区の二区平均）が一四・四戸、名古屋市（西区）が三〇・九戸となり、きわめて少ないことがわかる。なお地租納税人員が記載されている史料は、該当年の『東京市統計年表』『大阪市統計書』『京都市統計書』『名古屋市統計書』である。

(33)大塚辰治「大政翼賛運動の下部組織」（自治館編『自治機関』第四九〇号、一九四〇年）一七頁。

(34)同市では、関東大震災後の大正一五年一〇月から町界町名地番整理事業が開始された（東京市監査局都市計画課編『東京都市計画報告（昭和八年）』東京市、一九三四年、八一頁）。このため、昭和期の日本橋区や京橋区では、旧町を合併減少＝広域化させた新しい町域で町会が設置されていた。

(35)この規程は東京市政調査会編『五大都市町内会に関する調査』（一九四四年）五四頁以下に所収である。

(36)東京市編『市政週報』二〇六号（昭和一八年四月）一〇頁。

(37)昭和一六年の値は東京市編『東京市政概要　昭和一六年版』（一九四二年）九四頁。一八年の値は「例規告示」冊七（東京都立公文書館所蔵「東京府庁文書」）中の、告示第二九五・三二一・三三七号より算出。

(38)この規程は大阪市編『町会の会計事務に就いて』［大阪市町会指導叢書　第一輯］（一九四一年）附録一頁以下などに所収である。

(39)大阪市編『町会の歩み』（一九四〇年）を参照。

(40)大阪市編『大阪市勢要覧　昭和一六年版』（一九四三年）八頁。

(41)この標準は、京都市市政史編さん委員会編『京都市政史』第四巻［資料　市政の形成］（京都市、二〇〇三年）五八七～五八九頁に、一部後略だが所収である。

(42)注35『五大都市町内会に関する調査』七頁。

(43)京都市編『京都の歴史』第九巻［世界の京都］（学芸書林、一九七六年）九九頁。

（44）この規程は名古屋市編『町内会整備の経過と其の顛末』（一九四一年）二五頁に所収である。
（45）同前、一〇〜一一頁。
（46）東京市政調査会編『日本都市年鑑』第一二［昭和一八年用］（一九四三年）一一一〜一一四頁。
（47）「町内会部落会等整備状況調」（国立国会図書館憲政資料室所蔵「旧陸海軍関係文書」リール二一一所収）。
（48）『北国新聞』昭和一五年一二月一九日付。
（49）新潟市史編さん近代史部会編『新潟市史』通史編四［近代下］（新潟市、一九九七年）三五二頁によれば、内務省訓令に基づき戸数標準を伴った整備を行う直前の時点で、すでに町内会（常会）が約二三〇出来上がっていた。
（50）このほか福井市では、明治初年に公称個別町の大規模な統合が行われたものの、町内会はその名称から結局近世以来の狭域な町生活共同体に基づいて設立されたことがわかる（「〔明治初年町名整理以前の〕旧町のほとんどが、のちの町内会組織の母体へと転化していく道をたどった」、福井市編『福井市史』通史編三［近現代］、二〇〇四年、五九頁）。小倉市は、町内会発足に先立ち、国民精神総動員運動に基づいてつくられた常会の数が五四二となっており（『朝日新聞　西部（北九州）版』昭和一五年一一月一日付）、これが町生活共同体の数を反映していたと思われる。若松市は、表3―2の町内会数が整備前の町生活共同体の数値を示していると見られ、同市史によれば町内会発足後は九八に合併減少している（会津若松史出版委員会編『会津若松史』第七巻、会津若松市、一九六七年、一一六〜一一九頁）。高松市では、大正九年以降個別町レベルで自治組合を設置しており、昭和一五年当時は旧市域で一七三が存在していた。このうち「八十一自治組合は地域的に大小の差〔が〕甚だしいのでこれは全部統合改組する」予定であったが（高松市編『高松市史』一九三三年、六三五頁、『香川新報』昭和一五年一一月七日付）、結局は分割増加となった。松山市では、内務省訓令が出された時点で「南宮古町南組」「東一万町本通り」といった名称の狭域な常会が存在しており（公称町名はそれぞれ「南宮古町」「東一万町」）、町内会もこれらの区域で設立された（『朝日新聞　愛媛版』昭和一五年九月一五日付、一六年一月一八〜二九日付）。
（51）『徳島毎日新聞』昭和一五年一二月一七日付。

(52)『岩手日報』昭和一五年一一月二七日付。
(53)『豊橋同盟新聞』昭和一六年三月一〇日付。
(54)たとえば弘前市内には現在も公称町名として在府町・相良町があるが、町内会は在相町会という一つの組織になっている。この経緯について、在相町誌編集委員会編『在府町相良町町誌』(在相町会、一九九三年)はこう述べている。「町会名も、昭和一五年前まで単に在府町会であったかも知れない」「新しい国民組織として町内会、隣組が行政補助機関となる。昭和十五年十月である。こうして、在相町内会と改名される」(一五七頁)。
(55)昭和一五年一〇月現在における各町内会の戸数は、福島市史編纂委員会編『福島市史』第一一巻［近代資料Ⅱ］(福島市教育委員会、一九七三年)五一四頁の史料からわかる。旧在方地域に行政区が設置されていたことについては竹下明治郎編『福島商工人名録』［昭和一三年度版］(福島商工会議所、一九三九年)一五四頁を参照。
(56)松江市誌編さん委員会編『新修松江市誌』(松江市、一九六二年)三七八頁。
(57)山形市市史編集委員会『山形市史』近現代編(山形市、一九八〇年)三三一頁。
(58)高田市編『高田市史』第二巻(一九五八年)二〇六頁。
(59)「雑纂　部落会町内会等の整備に就て」(自治館編『自治機関』第四九〇号、一九四〇年)八三頁。
(60)平林広人『大東京の町会・隣組』(帝教書房、一九四一年)一五五〜一五六頁。
(61)塩田順三『隣組の実際指導』(産霊書房、一九四一年)二頁。
(62)注30「近代博多における個別町の社会構造と祇園山笠経営」二六、二九頁。
(63)東京市における経過については平林広人「東京市に於ける隣組常会の趨勢と大都市生活の将来」(中央報徳会『斯民』第三五編第一〇号、一九四〇年)などを参照。
(64)姫路市史編集専門委員会編『姫路市史』第一三巻［史料編近現代二］(姫路市、一九九四年)所収の鍵町文書によれば、隣保班設置自体の経過はわからないものの、たとえば葬儀の手伝いという生活上の共同行為に対し、大正一四年には「町半数」と定められていたのが（四三三頁）、町内会設置後は「町役員及其隣保全体」になっており（五八三頁）、ここからは隣保班が新設されたことによる変化の一端がうかがえよう。

（65）土田宏成『近代日本の「国民防空」体制』（神田外語大学出版局、二〇一〇年）二九八頁。村落部の場合、隣保班はいわゆる近隣組との関連が指摘されている。福田アジオほか編『日本民俗大辞典』下巻（吉川弘文館、二〇〇〇年）「隣組」の項目執筆において白井宏明氏は、大都市では隣保班が新設される場合が多かったが、「地方」では前身が存在しており、戦時期にはそれが再編されたと述べている。村落部で明治期以降も近隣組が存続していたことは、民俗学では周知の事実である。右の説明で氏が言う「地方」に地方都市が含まれるのかどうかは、直ちに判断できない。しかし白井氏の専門分野が農村社会学であることや、説明の中で地方改良運動や経済更生運動に言及していることからすれば、これは村落部を念頭においた見解であると考えるのが自然であろう。

（66）「（大正一一年～）臨時諸入費控帳」（川越市立博物館所蔵「旧南町保有文書」史料番号一一）。目録は川越市教育委員会編『川越市指定文化財古文書目録』一（一九八四年）。

（67）桐生市史編纂委員会編『桐生市史』下巻（桐生市、一九六一年）八七頁。

（68）奥田以在「近代京都『町』における家持自治の転換」（同志社大学人文科学研究所編『社会科学』第七六号、二〇〇六年）。

（69）田中重好「町内会の歴史と分析視角」（倉沢進・秋元律郎編『町内会と地域集団』ミネルヴァ書房、一九九〇年）。

（70）注30「近代博多における個別町の社会構造と祇園山笠経営」、二八頁。

（71）百瀬孝『事典昭和戦前期の日本』（吉川弘文館、一九九〇年）一五五頁。

（72）注35『五大都市町内会に関する調査』一五頁。

（73）連合国軍最高司令官総司令部発行の『日本の政治的再編成』第八章第七節二項の冒頭。ここでは自治大学校編『戦後自治史』第一［隣組及び町内会、部落会等の廃止］（一九六〇年）一三八頁の訳文より引用した。

（74）秋元律郎『戦争と民衆』（学陽書房、一九七四年）七一～七二頁。

(75) 天崎紹雄『隣組の文化』(堀書店、一九四三年)一〇六頁。
(76) 注73『戦後自治史』第一、一三九頁。
(77) 総理府国立世論調査所編『地方自治世論調査―町内会・部落会・隣組について―』(一九五二年)。
(78) 以上、吉原直樹『戦後改革と地域住民組織』(ミネルヴァ書房、一九八九年)五九～六八頁。戦後の町内会についてはほかに高木鉦作氏の研究などを参照。
(79) 辻中豊ほか編『現代日本の自治会・町内会』(木鐸社、二〇〇九年)五八頁。もっとも国内の町内会について、村落部を含めた全国平均で見ると「自治会組織の多くは規模の小さいもの」であり(同書四九頁)、また人口規模が一〇～二〇万人都市、二〇～五〇万人都市であっても、一〇〇世帯未満の自治会の数が四〇～五〇%に及んでいることを示すデータがある(同書五〇頁)。
(80) 町内会規模の平均値については、同書中で明示されていない。しかし、この調査の概要を示した資料「現代日本のコミュニティ」がPDF版でインターネット上に公開されており、その一四頁を参照(二〇一二年九月一六日閲覧)。
(81) 金沢市町会連合会編『金沢市町会連合会結成40周年記念誌』(一九九七年)一八一～三〇五頁。
(82) 具体的には以下のような変更である。東京市(都)日本橋区・京橋区→東京都中央区、大阪市東区・南区→同市中央区、若松市→会津若松市、宇治山田市→伊勢市、小倉市→北九州市小倉(北)区、高田市→上越市。
(83) 東京都編『東京都区市町村年報』第三六号(二〇〇八年)三〇一頁。
(84) 大阪市東区史刊行委員会編『続東区史』第一巻[行政編](一九八〇年)二九八頁。
(85) 東京都中央区、千代田区についてはインターネット上の「中央区町会・自治会ネット」、千代田区ホームページ「我が家の避難所検索」に、それぞれ町会一覧が公開されている(二〇一二年九月一六日閲覧)。大阪市については鯵坂学ほか「都心回帰時代の地域住民組織の動向」(同志社大学社会学会編『評論・社会科学』第九二号、二〇一〇年)三七頁以下などを参照。名古屋市については新修名古屋市史編集委員会編『新修名古屋市史』資料編民俗(名古屋市、二〇〇九年)第二部第二章

第二節を参照。

(86) 米沢市は町内会の総数が直接判明しなかったが、平成二二年九月時点で自主防災会が一一五存在しており、かつその組織率が三三・四%とされていることから推定した。松山市の町内会数はインターネット上に公開されている各地区の社会福祉協議会資料に基づく(二〇一二年九月一六日閲覧)。またここでいう中心地区とはそれぞれ、磨屋・新興善・桜町地区(長崎市)、高田地区(上越市)、船場・城南・城巽地区(姫路市)、番町・八坂・清水・東雲地区(松山市)を指す。

(87) 関東大震災後に東京市で始められていた町界町名地番整理事業は、戦後、空襲からの復興とあわせていくつかの都市で進められており、これは昭和三〇年代後半からの住居表示法の施行へとつながっている。これらの事業が早い時期に行われた静岡市や福岡市などには、新しい町名にあわせて町内会が広域化した事例もある。しかし住居表示の実施が町内会の区域に与えた影響は、全体としては小さかった。杉田憲正「自治会・町内会等のいわゆる住民自治組織の実態調査結果の概要」(下)(地方自治制度研究会編『地方自治』第四〇六号、一九八一年)四〇頁によれば、当時町内会の区域を住居表示によるとしたところは、市部において一三・三%にとどまっている。

(88) 総理府広報室編『住民自治組織に関する世論調査』(内閣総理大臣官房広報室、一九六八年)八頁。

(89) 注66「(大正一一年〜)臨時諸入費控帳」。

(90) 松平誠『祭の文化』(有斐閣、一九八三年)九六頁。

(91) 田中重好「町内会の歴史と分析視角」(倉沢進・秋元律郎編『町内会と地域集団』ミネルヴァ書房、一九九〇年)五一頁。

(92)『市町村における住民自治組織に関する調査研究』(地方行政システム研究所、一九八五年)八九、九一頁。

(93)「赤い羽根共同募金などを自治会費に上乗せして強制的に徴収するとした決議は、思想信条の自由を侵害し、公序良俗に反し無効であるとされた事例」(『判例時報』第一九九二号、二〇〇八年、七二〜七六頁)を参照。

(94) 注79『現代日本の自治会・町内会』一〇六頁。

(95) 古河市史編さん委員会編『古河市史』民俗編(古河市、一九八三年)二〇一頁。

第二部　地縁集団論２（連合町を中心に）

第四章　明治期東京市における町組織形成と氏子集団

はじめに

本章では、明治期東京市における個別町の動向、ならびに連合町組織の形成過程を、下町[1]と呼ばれた京橋区周辺の氏子集団の動向から明らかにする。

大都市については、公同組合制度がしかれた京都市を除き、明治期の個別町の動向はほとんど明らかにされていない。東京市の場合[2]、従来の研究では二次史料として『東京市町内会の調査』がよく利用されており、東京市の町内会に「前身」として衛生組合などがあったことが紹介されている[3]。しかし個々の町の沿革について具体的に記している事例は少なく、当時の市域が地区ごとに町人地や武家地、在方などさまざまな来歴を持つことを考慮すると、同書の分析のみで東京市の状況を正確に理解することは難しいと思われる。一方『神田区史』[4]はやはり後年に編纂された二次史料ではあるが、各町内会が前身について個別に報告しているため明治・大正期の状況もかなり具体的にわかる。同書を初めて本格的に利用した田中重好氏は、町人地の多かった神田区においては近世的な「町内社会」が明治二〇年（一八八七）頃までに解体し、その後日清戦争の時期から大正三年（一九一四）までの間に七割弱の町々で「町内有志団体」、つまり個別町レベルの何らかの地縁組織が成立した、と述べている[5]。だが、氏の研究にも問題点や疑問点を挙げることができる。第一に、市制（特例）[6]施行前の状況については近世社会の解体という形でしか捉えず、個別町の再編が広く行われた時期が日清戦争まで下るとする点である。この間、東京市に個別町としての機能を果たす組織は不在だったのだろうか。第二に、市制施行後の時期には町内有志団体が多く生まれるというものの、その契機としては、衛生組合設置規程[7]

や日清・日露戦争のような「国家や行政に関連した事柄が多い」とする点である。東京市で個別町の再編を促す契機には、地域住民の意思に基づく、言い換えれば生活共同体としての要素を指摘することはできないのだろうか。

本章でもう一つの論点とするのは、連合町組織の形成過程である。明治一三年の地方学事通則に基づく負担学区制度(この制度については第五章注5を参照)が多面的な機能を果たした大阪市や京都市と異なり、東京市で明治期以降に形成された連合町組織については研究史上知られていない。(8) しかし注意深く史料にあたっていくと、日本橋区や京橋区などでは区内に「一之部」「二之部」といった名称の連合町組織(これは元来区会議員の選挙区であり、本章ではこれを部制と呼ぶ。詳しくは次節第二項①を参照)が、明治期からいくつかの場面で機能していたことがわかる。たとえば『東京市町内会に関する調査』は京橋区八之部連合町会を取り上げ、その沿革について「明治二十七年日清戦争当時、壮丁の入営退営、出征軍人の送迎のため部内公民の組織したるものであつて、その後漸次一の社交団体として存続」してきたが、関東大震災後には慶弔のツキアイなどを行う懇話会と「衛生、自警、教育、祭事等の事務」を行う連合町会に分かれたと述べている。(9) また『新修日本橋区史』は、日本橋区七之部において「すでに明治四十年頃に於て七之部公民会なる組織を有して居た」とし、また同区六之部においては大正一四年に連合町会が設立されたが、それより「以前ハ『六之部会』ト称シ、町内全域ニ亘ル公益的事業ヲナシ居タリ」という。(10) 表4─1は、明治期の『東京朝日新聞』『読売新聞』の記事データベースでヒットした部制関係の記事に、右で紹介した情報をあわせたものである。この表からは、日本橋区・京橋区のほか浅草区において、「一之部」などの連合町が、区議選挙のほか市議・府議・衆議院議員の選挙においても地盤として機能していたこと、そして選挙だけでなく鉄道・ガス・魚河岸といった各種社会資本をめぐって生じた住民運動の地盤や、提灯行列のような祝祭行事への参加主体、衛生団体の支部や親睦活動の主体などとして多面的に機能していたことがうかがえる。もっともこれらの情報は断片的で、部制の定着過程を知ることは困難である。東京下町における部制が、どのような経過をたどって多機能的な連合町組織として定着したのかを、体系的に明らかにする方法はないのだろうか。

表 4-1　新聞記事などに現れる東京市の「部制」関連活動（明治期）

【日本橋区】

部名	日付	出来事
1の部	35年4月11日	11日、日本橋一ノ部会ほか5団体は各市場（魚河岸）非移転大演説会を催す予定
	36年9月9日	10日、府会議員候補選定のため区内各団体による交渉会を開催予定。一ノ部会は田村光顕を推薦
6の部	26年10月9日	7日、六の部秋季懇親会を開催。六の部会は「区内第六部の公共事業に就て一致共同の運動を為さんが為め」春秋に会合を催している*
	36年10月14日	14日、六之部好謡会が第32回素謡会を催す予定
	38年6月3日	3日、大海戦祝捷として六の部会では「各町総代二百余名」が宮城、海軍省、東郷大将邸などへ赴く予定
	40年8月11日	10日、六の部総会を開催。府会議員候補として幹事会·評議員会が選んだ鈴木宗兵衛を推すことに確定*
	42年7月15日	13日、日露戦争後中絶していた六之部素謡会が本年再興し、例会を開催
	44年9月14日	8日、「市民団体六の部」は臨時総会を開催。ガス会社の合併反対を決議
7の部	40年頃	七之部公民会を設立（大正3年7月七之部会と改称）**
複数	35年8月6日	衆議院議員選挙運動の模様。区内では魚河岸を根拠とする大石熊吉が大橋新太郎（公民会の選定候補者）の地盤である一·二·三部、仁杉英（同前）の地盤である四·五·六部にそれぞれ勢力を伸ばしている
	45年3月28日	市会議員選挙運動の模様。区内で3級議員候補者は2名の争い。各団体中一の部会、六の部会、公民会など8団体は小網源太郎を推す。対する所沢貞太郎を推すのは七の部会と商工同志会の2団体だが、所沢は鈴木梅四郎などの後援を得て「二の部乃至五の部等小網氏の勢力及ばざる所に向つて肉薄」している

【京橋区】

1の部	37年9月10日	11日、区内の南北槇町以下22ヶ町（「一の部」を構成する町々に相当）は総員2500余名により提灯行列を催す予定
6の部	41年4月13日	向島の桜の様子について。向島華壇には六之部会の園遊会があるため、来会者でやや賑わっている
7の部	37年8月13日	20日、区内の北東23ヶ町からなる七ノ部では総員3600名により提灯行列を催す予定
8の部	27年	壮丁の入営退営、出征軍人送迎を行う、のち社交団体として存続***

【浅草区】

1の部	29年5月27日	26日、総武鉄道延長による市内高架敷設への排斥運動のため協議会を開催*
4の部	24年7月12日	5(15?)日、浅草区衛生会五(ママ)の部では平塚徳次郎·保坂徳三郎·佐治祐次郎·細田治平らが衛生講談会を催す予定*

出典：*は『読売新聞』、**は注9『東京市町内会に関する調査』、***は注10『新修日本橋区史』、無印は『東京朝日新聞』。

注：「日付」は、出典が新聞記事のものは発行日、文献のものは団体が設立された時期を示し、いずれも明治の年月日を示す。
浅草区4の部の記事は、原文で「五の部」となっている。しかし佐治以外の居住地は『日本紳士録』（交詢社）各年版で確認でき、その町名および開催場所である浅草松葉町がすべて四の部に属しているため、原文は「四の部」の誤りと考えられる。

右のような課題について検討するため、本章では東京都千代田区永田町に所在する日枝神社[11]の氏子集団の動向を、同社の社務日誌から追跡する。氏子集団は言うまでもなく個別特殊な目的集団であり、町内会のような一般的な集団ではない。しかし戦前の研究では東京市における町内会の前身の一つとして指摘されており、両者の間には密接な関係が推測される。[12] 連合町と氏子集団との関係は表4—1からはうかがえないが、単位町内会の前身として指摘されている以上、連合町のレベルにおいても何らかの関わりを持っていたことが予測されよう。なお、氏子集団が明治期以降、国家の神社政策とある程度関係していたことは確かである。もっとも、その仕組みは各地域にほぼ任されていたというのが実情であった。[13]

日枝神社は、明治期以降、東京の上町から下町におよぶ広大な氏子区域[14]をかかえている。本章ではそのうち、近世以来町人地の伝統が厚い下町である、京橋区周辺に焦点をしぼる。また時期的には、東京市の個別町が法的な権利能力を失った三新法体制期の明治一二年から明治末年までを取り上げる。

以下時期の順に、第一節では三新法体制期を扱い、第二、三節で市制施行以降を扱う。

第一節　三新法体制期（明治一一～二一年）

1　個別町と氏子町総代

①個別町の位置づけ

まずは、個別町の動向について見ていこう。近世の江戸では名主が個別町ごとに存在せず、五人組月行事が交代で業務を扱っていた。この点は江戸における個別町の相対的な弱さをうかがわせる。とは言え、諸役負担の主体としての性格は他都市同様に備えており、個別町は幕末期まで行政支配の基本的な単位であったと考えてよいだろう。[15] そして明治期に入っても、東京府はしばらく個別町を引き続き支配の単位としていた。ただし、その間の明治二〜五年（一八六九〜七二）にかけて、市中では大規模な町名町域の変更が行われている。[16]

東京府では、明治四年一一月に早くも事実上の大区小区制が実施された。この結果、行政上の最小単位は個別町二〇ほどからなる小区となり、各小区には戸長が置かれることになった。[17] ただし当時は個別町単位と見られる町用掛も存在しており、九年にはこれが小区扱所の書記に変更されたが、同年中には各区町村金穀公借共有物取扱土木起功規則（同年太政官第一三〇号布告）に基づく総代人が個別町ごとに置かれることになった。[18]

一一年七月、それまでの大区小区制にかわって、郡区町村編制法などのいわゆる三新法が公布、施行された（同年太政官第一七〜一九号布告）。同法では、原則として町村単位に戸長が置かれることになっていた。しかし東京府では郡部の町村にのみ戸長が置かれた。旧一〜六大区には新たに一五区が設定されて「区内町村ニハ戸長ヲ置カス」とされたため、[19] 東京府区部の個別町は法的な権利能力を失い、制度上単なる区画となった。なお、一七年には全国的にいわゆる連合戸長役場体制が採られることになったが、東京府区部に変化はなかった。

②氏子町総代と大祭費・大祭前集会

他地域の惣町鎮守と同様に、日枝神社の氏子区域となっている各個別町は、近世から同社の運営をさまざまな形で支えていた。とくに日枝神社は徳川家の鎮守という性格を持っていたこともあり、神田神社とともに同社の祭礼費などは町々の国役となっていた。[20] そして維新を経た三新法体制期の同社社務日誌[21]（日枝神社所蔵。以下単に日誌と表記し、記事の所在は年月日を個別に記す。年号はすべて明治である）によれば、一四年四月までは同社が個別町に対して月集（月ごとの集金）を行うという記事が盛んに見られる。ここからは、下町において個別町の機能が継続されている様子がうかがえると言えよう。前述のように、明治初年には市中の町名町域がまとまって変更されたが、右の記録から見る限り、氏子＝住民たちは新たな町名町域にスムーズに移行して、あらためて地縁的な結合を図ったようである。だが、こうした定期的な集金記事は一四年五月以降日誌から消えてしまう。その理由は断定できないものの、同社は一五年一月に官幣中社に列しているため、財源を政府によって保証されたこととの関係が推測される。

一方、大祭（本祭、山王祭と呼ばれる）の執行にあたっては、その後も同社と「町総代」と呼ばれる者たちとの関わりを示す記事が引き続き現れる。その一つは大祭費の納付をめぐるものであり、「旧六小区御祭典費御旅所営繕費共納付として飯塚、名倉、亀岡始町々総代不残罷越ス」（一六年四月二一日条）、「例之通祭済御礼参リ、町々総代御初穂奉ル、参拝之事」（一八年六月二〇日条）といった記事がある。もう一つは、大祭前に催される集会に関するものである。左に、具体的な記事が初めて現れる一四年のほか、一六年、一八年の記事を掲げよう。なお二〇年にも大祭は行われたが、この時には同様の集会開催をうかがわせる記事が見当たらない。

【一四年】「日本橋区旧六小区町々氏子総代集会ニ付、数寄屋町玉川楼へ千勝、柴田出張ス」（四月七日）、「京橋区旧七小区氏子総代集会被致候ニ付、数寄屋町玉川楼へ祠官始、千勝、柴田出張」（四月八日条）、「京橋区旧八、九小区氏子総代集会ニ付、南鍋町伊勢勘楼え祠官公始、千勝、柴田、熊野等出張」（四月一二日条）、「本日八丁堀氏子総代集会、坂本町いせ太楼え祠官始一同出張」（四月一三日条）。

【一六年】「本日数寄屋町玉川ニおひて惣代集会ニ付、宮司始（中略）出張」（三月一七日条）、「本日数寄屋丁日亭ニ而旧七小区集会、各出張」（三月一八日条）、「本日旧八、九小区竹川町花月楼ニ於テ集会ニ付、宮司始（中略）出張」（三月二三日条）、「本日阪本町錦語楼ニおひて旧十五小区大祭其外集会ニ付、宮司始（中略）出張」（三月二七日条）「本日午前十時揃（カ）ニ而麹町区氏子総代集会、御神酒賜」（四月一七日条）。

【一八年】「本年大祭ニ付為協議、旧七小区氏子総代数寄屋町玉川楼ニテ集会為致候」（四月四日条）、「本年大祭ニ付（中略）十五小区氏子惣代集会之事」（四月九日条）、「主典熊野吉隆、柴田実忠、氏子惣町惣代え来ル十三日茶寮へ集会之旨案内ノ為メ、夫々宅え行迎之事」（四月一〇日条）、「於茶寮、旧八、九小区惣代集会之事」（四月一三日条）。

これらの記事には「（氏子）総代」という役職が出てくる。彼らは数日に分けて集会していることや、「町々氏子総代」

表4-2　大祭前集会の状況（明治14～20年）

年次(明治)	14年		16年		18年		20年	
集会単位	記事日付	会場名	記事日付	会場名	記事日付	会場名	記事日付	会場名
旧6小区	4月7日	伊勢勘	3月17日?	玉川楼?	記事なし		10月24日?	寿亭?
旧7小区	4月8日	玉川楼	3月18日	丁日亭	4月4日	玉川楼	10月18日	万安楼
旧8､9小区	4月12日	玉川楼	3月23日	花月亭	4月13日	茶寮	10月23日	花月亭
旧15小区	4月13日	伊セ太楼	3月27日	錦語楼	4月9日	(不明)	10月25日	草津亭
麹町区	記事なし		4月17日	(不明)	記事なし		記事なし	

注：明治14年4月13日の記事の表記は「旧15小区」ではなく「八丁堀」である。
20年は大祭前集会の記事がない。代わりに、10月の保存金をめぐる集会記事を掲げた。

などの表現から、個別町レベルの氏子総代であったと考えてよいだろう。残念ながら、この時点でどれほどの割合の町に氏子総代がいたのかを明らかにすることはできないが、下町だけでも数日に分けて集会を行う程度に広く存在していたわけである。また、表4―2は右の記述をまとめたものである。ここからは、集会が旧小区の単位（連合を含む）で行われていることがわかる（二〇年は一〇月に保存金の取扱をめぐって旧小区ごとの集会が行われているため、その際の記事を取り上げた）。

③氏子町総代の選出

日枝神社の日誌は、嘉永六年（一八五三）のものを除いて明治初年から現存している。それらを見るかぎり、氏子町総代の選出に関する記事は、一三年に旧小区ごとの選挙が行われたというものが初出である。[22] 該当する記述はあまり具体的なものでないのだが、前述の通り一四年以降には大祭前集会など氏子町総代に関する記述が現れるため、一三年の時点で個別町レベルの総代が一斉に選出されたと考えられる。なお一三年以後は一斉に選挙が行われたという記事がなく、個々の町ごとに更新・選出されたらしい。具体的には次のような記事が見られる。「旧十五小区岡崎町惣代ニシナ〔仁科〕慎之助ヨリ申来ル、御神社氏子総代之義ハ本年弊町都合ニ寄リ左之四名え撰換相成候間、御通知申置候也、岡崎町壱丁目　千村五兵衛、小野田寿保、弐丁目　若井庄兵衛、稲葉弥助、此乃四名御座候也」（一四年三月九日条）、「本八丁堀四丁目総代人　十三点　九番地　川喜多政次郎、八点　八番地　香川伝次郎、弐〃　下谷八五郎、三〃　黒岩万吉、六〃　川口茂三郎、弐〃　松岡嘉兵衛」（一五年一一月九日条）。

翌一四年には、内務省達に基づく氏子総代（社寺総代人）の制度が開始される。[23] 日枝神社は一五年に官幣中社となるため、その後氏子総代を置くことは行政上の義務ではなくなるが、

表 4-3　京橋・日本橋・神田区における小区と部制との対応関係

<table>
<tr><th>大区·小区区分</th><th>区画が移動した町々</th><th>部制区分</th></tr>
<tr><td>第1大区7小区</td><td></td><td>○京橋区1の部</td></tr>
<tr><td rowspan="2">同8小区</td><td></td><td>○京橋区2の部</td></tr>
<tr><td>元数寄屋町4丁、尾張町新地、
三十間堀二、三丁目</td><td rowspan="2">○京橋区3の部</td></tr>
<tr><td>同9小区</td><td></td></tr>
<tr><td>同10小区</td><td></td><td>京橋区4,5,6の部</td></tr>
<tr><td>同5小区</td><td></td><td>日本橋区1の部</td></tr>
<tr><td>同6小区</td><td></td><td>○日本橋区6の部</td></tr>
<tr><td>同15小区</td><td></td><td>○日本橋区7の部、京橋区7の部</td></tr>
<tr><td rowspan="2">同16小区</td><td></td><td>京橋区8の部</td></tr>
<tr><td>箱崎町4丁、北新堀町、
新永代町</td><td rowspan="2">日本橋区3の部</td></tr>
<tr><td rowspan="2">同14小区</td><td>小網町4丁、小網町仲町、
蠣殻町3丁、松島町</td></tr>
<tr><td></td><td rowspan="2">日本橋区2の部</td></tr>
<tr><td>(同12小区)</td><td>小伝馬上町、亀井町</td></tr>
<tr><td>同13小区</td><td></td><td rowspan="2">日本橋区4,5の部</td></tr>
<tr><td rowspan="2">同12小区</td><td>馬喰町4丁</td></tr>
<tr><td></td><td rowspan="2">神田区6の部</td></tr>
<tr><td rowspan="2">同11小区</td><td>東紺屋町</td></tr>
<tr><td></td><td rowspan="2">神田区5の部</td></tr>
<tr><td rowspan="2">同4小区</td><td>西今川町、神田塗師町、
西福田町</td></tr>
<tr><td></td><td>神田区4の部</td></tr>
<tr><td>第4大区1小区</td><td></td><td>神田区2,3の部?</td></tr>
<tr><td>同2小区</td><td></td><td>神田区1の部?</td></tr>
<tr><td rowspan="2">同5小区</td><td>湯島一丁目、湯島天神町
ほか多数</td><td>(本郷区)</td></tr>
<tr><td>神田宮本町、神田台所町、
神田同朋町、松住町</td><td rowspan="2">神田区7の部</td></tr>
<tr><td rowspan="3">同4小区</td><td></td></tr>
<tr><td>下谷長者町一丁目、
上野南大門町</td><td>(下谷区)</td></tr>
<tr><td></td><td rowspan="3">神田区8の部</td></tr>
<tr><td>同3小区</td><td></td></tr>
<tr><td rowspan="2">同2小区</td><td>神田元久右衛門町2丁、
神田八名川町、神田餌鳥町</td></tr>
<tr><td>浅草森田町、浅草福富町
ほか多数</td><td>(浅草区)</td></tr>
</table>

注：○印は日枝神社氏子区域（下町）であることを示す。

実際にはその後も同社の氏子（町）総代は存置されている。一五年以降における同社の氏子（町）総代は、神社自身の裁量によって置かれた、言わば社会的な役職となるのである。

2　連合町組織

①行政上の区画と部制

次に、連合町組織の動向を見ていこう。近世後期の江戸には、幕府の定めた名主番組という一種の町組が存在していた。[24]もっとも、この町組は明治維新とともに解体されている。

三新法施行後、東京府区部では区が最小の行政組織単位となる。ただし東京府は、区町村会規則に基づく区会議員選挙のために、明治一二年（一八七九）に各区内をいくつかの「部」に分けた選挙区を設定した（同年甲達第一一号）。[25]「部制」というべきこの区画がどのような基準で定められたのかは不明である。しかし、実態から言えばそれまでの小区の区画とほとんど重なっており、表4―3に見るように、神田・日本橋・京橋各区で両者のズレが目立つのは外神田くらいである。そして元来区議選挙区であるはずの部制は表4―1からうかがえるような種々の事例のほか、本章第二節以下で見るように、日枝神社との関係においても、機能するようになるのである。

②氏子集団と連合町

日枝神社は、下町だけでも膨大な個別町を氏子区域としていた。このため神職がこれらの町々に出張したりする場合には、いくつかの町々をより広域にまとめた連合町組織を用いることが、自ずと要請されたと考えられる。この時期に、同社は町々をどのように把握していたのだろうか。日誌によれば、日本橋区や京橋区という行政組織の単位よりも小さい「旧〜小区」という形で町々を束ねていたことがわかる。氏子町総代たちの集会が、旧小区（連合を含む）を区域として行われていたことは前項で見たとおりだが、この旧小区はそれ以外に、神職が氏子区域に出張する場合にも用いられていた。たとえば年始の記事として「旧六、七小区え千勝興文、旧八小区え熊野、年賀出ル」（一五年一月一六日条）、「主典熊野吉隆、旧十五小区氏子へ年始トシ回礼」（一八年一月二二日条）といった記事がある。このほか個別の記事として「旧六小区町々え出火見舞、禰宜千勝午後より出張」（一七年三月五日条）、「旧八小区え講社取結、熊野出張」（一七年一一月七日条）といった記事も存在する。

ただしこの時期、連合町というべきこの「旧小区」を代表するような立場の者（総代）については確認できない。記事には「旧～小区氏子総代」といった表現が現れることもあるが、それは「旧～小区内の各個別町の総代」を意味すると考えるのが、前後の文脈から妥当なものばかりである。二〇年になると「大総代」という役職が日誌に現れる。(26) ただ、この役職に関する記事の量が増えるのは後年になってからのため、次節で詳しく扱うことにする。

三新法期、東京府区部の個別町は、公式には法的な権利能力を失った。しかし日枝神社の日誌によれば、同社の氏子区域においては、寄付金の納付主体となったり氏子町総代という代表者が置かれるなどの形で、個別町の機能を引き続き確認することができた。また、氏子町総代の集会や神職の出張といった場面では、旧小区が町々をまとめる連合町組織として機能していたのである。

第二節　市制施行期1（明治二二～三三年）

1　個別町と氏子町総代

①個別町の位置づけ

明治二二年（一八八九）四月、市制町村制（前年の法律第一号として公布）が施行された。同法によって東京府には、それまでの区部をすべて含む形で東京市が新たに設定され、区は市の下部に置かれる行政組織として存続することとなった。市制（特例）のもとでも、この区よりも下位の地縁集団に権利能力は認められず、個別町は制度上、単なる区画のままであった。

②氏子町総代と大祭費・大祭前集会

この時期の日枝神社の日誌からうかがえる個別町の動向を見ていこう。

まず大祭費の納付については、次のような個別の記述が散見する。「京橋元数寄屋町・南伝馬町・尾張町新地・麹町三丁目各若者、出入方大定総代、山弍、山弍若者、加賀町・日本橋区西川岸町・麹町三番町各総代、大祭費持参ス」[27]（三〇年六月一二日条）、「京橋区三拾間堀壱丁目総代小林勘兵衛殿外壱名ヨリ使ヲ以大祭費為持被送候コト」（三一年五月七日条）など。[28]また二四〜二五年には保存金の集金に関する記事がまとまってある。そのうち下町に関する記事には「京橋区桶町へ保存金寄附依頼書差出ス」（二四年一〇月二日条）、「壱円七拾四銭〔中略〕北紺屋町保存金」（二四年一一月二八日条）などがある。前述のように、日枝神社は官幣中社となって経常費の財源は政府によって保証されていた。だが右の記事に見られるように、大祭費や臨時費の集金については、引き続き個別町が納付の主体となっていた。

一方、大祭前の集会も引き続き行われている。二二年は日誌が欠落しているために実証できないものの、以降は同様に集会の記事が確認できる。たとえば二四年の記事は次の通りである。「御大祭ニ付、本日新橋角〔カ〕千歳ニテ総代集会有之ニ付、梁川禰宜、千勝、熊野両主典出張」（五月一〇日条）、「本日大祭ニ付総代中集会之件ニテ、万安え禰宜梁川、千勝出張之事」（五月一一日条）、「御大祭ニ付、本日モ通町ことぶきに於テ総代集会有之」（五月一二日条）、「御大祭ノ件ニ付、南茅場町草津亭ニ於テ日本橋区五〔七〕ノ部、京橋区七ノ部総代集会」（五月一三日条）。総代たちがいくつかの連合町のまとまりに分かれて集会する形式は前の時期と変わらない。しかし、最後の記事で「部」という表現が現れることが注目される。これは前節で触れた、元来区議選挙区である部制の区分けを指しており、連合町の区域がそれまでの「旧〜小区」からこの部制に切り替わりつつある様子を確認することができる。表4―4は、二四年から三二年までの大祭前集会の記事の内容をまとめたものである。記述の不完全な記事も多いが、前時期の内容や集会場所などを

表 4-4　大祭前集会の状況（明治 26 ～ 32 年）

	26年			28年		
	記事日付	集会単位	会場名	記事日付	集会単位	会場名
a	3月9日	麹町四谷番町	万源亭	6月5日	麹町	会場不明
b	3月10日	京橋2,3	千歳楼	6月6日	(不明)	千年楼
c	3月11日	旧7小区	万安楼	6月7日	京橋1	会場不明
d	3月12日	(不明)	寿亭	6月8日	日本橋6	中安
e	3月13日	旧15小区	草津亭	6月9日	八丁堀	草津亭

	30年			32年		
	記事日付	集会単位	会場名	記事日付	集会単位	会場名
a	6月5日	(不明)	万源亭	5月27日	麹町	万源亭
b	6月1日	(不明)	千歳楼	4月23日	(不明)	伊勢勘
c	6月2日	(不明)	万安楼	4月24日	(不明)	万安楼
d	6月3日	(不明)	中安	記事なし		
e	6月4日	(不明)	草津亭	4月25日	(不明)	草津亭

○推定される集会単位の旧小区・部
a：（第 3 大区　→麹町区）
b：旧 8、9 小区　→京橋区 2、3 の部
c：旧 7 小区　→京橋区 1 の部
d：旧 6 小区　→日本橋区 6 の部
e：旧 15 小区　→京橋区 7 の部、日本橋区 7 の部

注：明治 24 年の記事で集会単位がわかるのは、京橋区 7 の部、日本橋 5（7 の誤りと見られる）の部が草津亭に集会した記事のみである（5 月 13 日＝本文参照）。

頼りに推測すると、「総代」がこれ以後「部」を単位として集会するようになったことがわかる。

なお、ここでいう総代とは、前節の流れから個別町レベルの氏子町総代と考えるのが自然であるが、この時期には後の項で述べるように氏子大総代という役職が新たに登場しているため、どちらを指すのか判断する必要が生じる。こうした疑問を比較的わかりやすく解消する記事としては、二八年の大祭延期通知の記事が挙げられる。「千勝主典、京橋壱ノ部、同三ノ部各町、大祭延期報告配附為メ出張、熊野主典、京橋区七ノ部、日本橋区七ノ部各町総代へ大祭延期報告配附ノ為メ出張ス」（二八年四月二日条）、「千勝主典、京橋一ノ部、日本橋区六ノ部各町総代、大祭延期報告ニ出張ノ事」（二八年四月三日条）。ここには「各町総代」という表現が出て来るため、集会しているのは、やはり個別町レベルの氏子町総代たちであったと考えてよいだろう。

③氏子町総代の選出

氏子町総代の選出に関する記事には、二四年の南伝馬町や三〇年の竹川町に詳しいものがある。だが、これらの町は日誌に現れる回数が特に多く、特殊な町であった

と見られる。[29] そこでこれら以外の町の記事を探すと、次のようなものがある。「日本橋区呉服町総代改選相成候、吉村甚兵衛、中野要蔵、右ニ付同町ヨリ出席申越ニ付、季孝出ル」（二七年五月二九日条）、「日本橋亀島町壱丁め服部□□氏ヨリ、同所弐丁め五番地川崎徳之助氏改撰ノ旨報知書来ル、京橋区元島町福田五平氏ヨリ、同所七番地永井力蔵氏当撰ノ旨、通知書来ル」（三〇年六月一三日条）、「京橋区永島町氏子総代左之通今般人撰之条、はかきを以て通知有之、永島町三番地　石橋文次郎、同六番地　吉野和兵衛」（三一年四月二〇日条）など。これらの記事を見ると、個別差は留保しつつも、各個別町でそれぞれ選出が行われていたことはほぼ共通するようである。また右からもわかるように、各町の氏子総代は二〜三名のところが多かったらしい。どれだけの町に氏子総代がいたのかを示す史料は、この時期にも得られていない。しかし右に紹介してきた記事からは、氏子総代を置いていた個別町が引き続き広く存在していたと推測できよう。

2　連合町組織

①行政上の区画

市制（特例）施行後も、日本橋区や京橋区などの区は、市の下部に置かれる最小の行政組織単位であった。区画としては個別町の集まりとなっているこれらの区を、一種の連合町組織と見なすことも一応可能であろう。とは言え、その町数は、たとえば神田区が一二五ヶ町、日本橋区が一四〇ヶ町、京橋区が一五三ヶ町ときわめて多く、[30] 地方都市でいえばむしろ惣町レベルにあたる規模である。「はじめに」で述べたように、東京市には区よりも小さな単位の連合町組織は従来知られていない。当時の都市で連合町組織として機能する可能性が最も高いのは、他の大都市の事例をふまえれば通学区である。だが、東京市の場合通学区は連合町組織として一般にほとんど機能しなかった（注8を参照）。その理由はきわめて興味深いが、現在のところ不明である。

②氏子集団と部制

前節で述べたように、三新法施行後の明治一二年（一八七九）以降も、日枝神社は「旧～小区」という広域な連合町組織によって氏子区域の町々を束ねていた。この旧小区という表現は、最終的には二六年まで続く。そしてその後は、同社の日誌においても「～ノ部」という部制が用いられるのである。部制が表記された最も早い記事は、前にも掲げた「御大祭ノ件ニ付、南茅場町草津亭ニ於テ日本橋五（七）ノ部、京橋区七ノ部総代集会ニ付」云々（二四年五月一三日条）というものだが、二五年までは旧小区の記事の方が多い。二六年は半々となり、二七年以降になると完全に部制が用いられるようになる。具体的な記述をもう少し挙げれば次のようなものである。「本日京橋壱ノ部各惣代へ年賀、千勝季孝回ル」（二七年一月一〇日条）、「南茅場町旅所修繕件ニ付、京橋弐ノ部、三ノ部へ季孝出張」（二九年五月一九日条）、「小使杉下友次郎、京橋区七ノ部各町、日本橋七ノ部各町へ、保存金報告配附為致候事」（三〇年九月二二日条）など。

日枝神社を支える基本的な地域的組織は、氏子町総代の存在や大祭費の納付主体となっているという意味で、引き続き個別町であったと見るべきである。ただ、それらを束ねる上では中間組織と言うべき連合町組織が不可欠の存在として要請されていたと考えられる。そしてその際用いられる連合町の区域には、三新法体制期以降二六年頃まで旧小区というかつての行政単位が用いられており、以後はこれが部制という区議選挙区（実際には旧小区との違いはあまりない）へと切り替わっていったのである。

③氏子大総代と部制

氏子町総代が以前から存在したのに対して、「氏子大総代」という役職が定着するのはこの時期からである。氏子大総代という語は、前述のように二〇年にすでに見られるが、二一年には一回も現れない。翌二二年は日誌が欠落しており、確認できない。二三年は四回ほど、二四年は一〇回ほど現れ、以後コンスタントに登場するようになる。この氏子大総代とはどのような立場の役職であったのだろうか。この点については、日枝神社の内規などが未確認のため、日誌の記述、つまり実態から考えるほかない。以下、その位置づけについてまとめてみよう。なお氏子大総（惣）代は単に氏子総（惣）代と表記されている場合もあるため、この点注意が必要である。

【人数・実像】人数は時期によって多少変動している。だが「本日大総代へ左ノ通々知ス〈中略〉右八名〈上町〉へ廻章〈中略〉十三名〈下町〉へはかき」（二七年四月一二日条）、「例祭参拝案内トシテ羽書ヲ以下町大総代諸君へ通知ス〈中略〉以上十名、同麹町及四ツ谷ハ〈中略〉以上四名、同廻章ニテハ〈中略〉以上四名」（三一年六月一三日条）といった記述から、当時は二〇名ほどであったと考えられる。またその実像については、前述した通知の宛て先などから、二七年以降についておおむね判明する。表4―4はそれをまとめたものである。『日本紳士録』に掲載されている人物が多く、彼らはいわゆる名望家、同時代の表現でいえば「有志」であった。

【選出方法・単位】「大総代当選状、日本橋六ノ部水谷市郎右衛門、及京橋壱ノ部瀬尾新吉へ郵書発ス」（三〇年六月一三日条）や、後年だが「京橋区壱ノ部大総代撰挙ノ件通知書ヲ発送セリ」（四五年五月一日条）といった記述から、下町では部制を単位とした選挙であったと推測される。もっとも、こうした表現が日誌で確認できるのは、実は下町では右の京橋区一の部、日本橋区六の部に限られている（選出方法が選挙であったことは、後年だが上町にも記事がある）[31]。一方、表4―5で示した各人の居住地を見ると、各部に最低一人、おおむねバランスを保って置かれていることがわかる。このため、大総代は事実上、各部の代表としての性格を持っていた可能性が高い（ただし、当初日本橋区数寄屋町にいた水谷は三一年頃京橋区南鍋町に移っており、日本橋六の部には氏子大総代がいなくなっている）。

氏子大総代のおもな職務としては、まず祈年祭や例大祭、新嘗祭など、日枝神社で執行される各種祭典への列席参拝が挙げられる。毎回全員が出席するわけではないが、参拝の案内通知は毎回全員に出されている。また「来四月十五日大祭典執行之件ニ付、下町一円大総代衆集会」（三一年三月二七日条）、「本年大祭協議トシテ〈中略〉大総代招集」（三二年二月五日条）のように、大祭前にも集会が行われている。さらにこの時期には「御障子張替ノ件ニ付、麹町氏子大総代諸氏へ回章ヲ発ス」（二九年一一月八日条）、「鳥居、回廊、御供所等修繕入札ノ為メ、宮司外社員一統、并麹町大総代〈中略〉立会ノ為メ出頭」（三〇年八月一二日条）といった神社の日常的な運営に関わる事柄にも、上町を中心とする氏子大

表 4-5　日枝神社の氏子大総代一覧（明治 27 ～ 33 年）

区·部名	氏名	職業	居住地	典拠記述				
				27·4·12	30·6·12	31·6·13	32·6·12	33·9·22
京橋1	小原久兵衛	西洋織物敷物商	南伝馬町1丁目5	○				
	千葉勝五郎	（所217.8、地174.105）	五郎兵衛町3	○	○	○	○	○
	瀬尾新吉	牛肉店	北紺屋町2			○	○	○
京橋2	永井勝輔	（所3）	銀座1丁目3	○	○			
	松沢八右衛門	薬種小間物問屋	銀座3丁目4	○	○	○	○	○
京橋3	田野定吉	（地17.81）	南金六町8／「出雲町」=27·6·9	○	○	○		
	伊沢兼三郎	質商	出雲町5	○	○	○	○	
	水谷市郎右衛門	（※日本橋6を参照）	南鍋町24=32·6·12、33·1·8				○	○
芝	渡辺友次郎	白米商	芝口1丁目11	○	○	○	○	○
京橋7	内樹八郎兵衛		本八丁堀5丁目=27·6·9	○	○			
	鳥海清左衛門	砂糖問屋	八丁堀仲町8	○	○			
	門倉善蔵	差配人	水谷町4				○	○
	高村喜三郎	差配人	岡崎町1丁目37				○	○
日本橋7	中島芳兵衛		阪本町=27·6·9	○				
	春日利兵衛	（所3.47、地15.044）	南茅場町45	○	○	○	○	○
	中野竜次		（北島町1丁目=32·6·12）		○	○	○	○
日本橋6	飯塚八右衛門		通3丁目=27·6·9	○				
	太田惣吉	質商	新右衛門町4	○	○	○		
	水谷市郎右衛門	旅人宿	数寄屋町17			○		
麹町	針ヶ谷長吉	植木職	三番町54	○				
	小磯金蔵	貸家業	一番町19	○	○	○	○	○
	河内全節	医師	五番町7		○	○	○	○
	相沢三郎兵衛	牛肉店	麹町11丁目22	○	○	○	○	○
	大枝市右衛門	薬種兼売薬商	麹町11丁目22					○
	木村伊兵衛	商(ママ)	麹町13丁目20	○	○	○	○	○
	倉又左衛門	質商	麹町4丁目18	○		○		○
	垣見八郎右衛門	権衡販売兼酒商／府議	麹町6丁目7	○		○		○
	中島称善	売薬商	隼町18	○		○		○
	末吉忠晴	（所34.29、地11.511）／衆議	紀尾井町3	○		○		○
	神谷平蔵	（所4.94）	永田町2丁目30					○
	石塚剛介	雑業／市議	麹町2丁目14					33·12·4
不明	山口光徳							○

注：各人の職業、住所は原則として『日本紳士録』第 3 版（交詢社、1896 年）による。
ただし石塚剛介は同書第 9 版（1903 年）により、内樹八郎兵衛、中島芳兵衛、中野竜次、飯塚八右衛門および水谷市郎右衛門の 32 年以降の情報は日誌の記述による。
『日本紳士録』に職業記載がない場合は納税額を補った。「所」は所得税、「地」は地租、数字は金額（円）を示す。
転居記述欄の「27・4・12」は、明治 27 年 4 月 12 日の記述であることを示す。
典拠記述欄の○は、下記の各記述に現れることを示す。
27・4・12…27 年 4 月 12 日、臨時大祭参拝案内の通知先
30・6・12…30 年 6 月 12 日、例祭案内状の発送先
31・6・13…31 年 6 月 13 日、例祭参拝案内の通知先
32・6・12…32 年 6 月 12 日、例祭参拝案内の通知先
33・9・22…33 年 9 月 22 日、規約調査委員会延期の通知先（大総代）
他に、33・12・4 は 33 年 12 月 4 日「麹町区麹町弐丁目廿四番地　石塚剛介、右上町大惣代ニ当撰相成候」云々。

総代の参加が求められており、彼らが神社運営の実務に深く関わっていた様子がうかがえる。

市制施行後も、日枝神社の氏子区域における個別町は寄付金納付の主体であり、氏子町総代を選出する母体であることに変わりはなかった。そして連合町組織は旧小区から部制へと次第に切り替わり、かつ氏子大総代を事実上各部ごとの代表者として選出しているように、その機能は前時期に比べて拡充されてきたと言えよう。

第三節　市制施行期2（明治三四～四五年）

1　個別町と氏子町総代

日枝神社における氏子町総代や氏子大総代などの仕組は、その後も大きくは変わっていない。ただし同社では明治三三年（一九〇〇）秋に新たな規約が設けられており（現物は未確認）[32]、その際常置委員という役職が新たに設けられた。

本節ではこうした変化をふまえ、三四年以後の状況について、前節の時期には見られなかった事柄を中心に検討する。

まず個別町レベルについて見ておこう。この時期にも、氏子町総代が大祭費を納付するという記事は引き続き散見する。「本材木町弐丁め氏子総代三木与吉代理、祭費奉納ノ為メ来社」（三四年七月一三日条）「京橋区炭町惣代参社、大祭費金弐円相納ム」（三七年七月二一日条）などである。また氏子町総代が部制を区域として大祭前集会に参加する記事も定着している（表4―6を参照）。

ところで、この時期には通知書の発送数から氏子町総代の数を推測できる記事が現れる。たとえば四二年の戊申詔書捧読式にあたって「来ル十四日戊申詔書捧読祭典挙行ノ案内状弐百六十通（氏子総代宛）発送セリ」という記述がある（四二年四月一一日条、記事中の丸カッコは原文のまま）。これは当時の、上町を含めた氏子町総代の総数を挙げたものと見てよ

表 4-6　大祭前集会の状況（明治 34 ～ 44 年）

	34年			36年		
	記事日付	集会単位	会場名	記事日付	集会単位	会場名
a	5月10日	（不明）	万源亭	5月4日	麹町区	万源亭
b	5月11日	京橋区、芝区	伊勢勘	5月11日	（不明）	松本楼
c	5月12日	（不明）	万安楼	5月12日	（不明）	万安楼
d	5月13日	（不明）	中安	5月13日	（不明）	中安
e	5月14日	（不明）	草津亭	5月14日	（不明）	草津亭

	38年			40年		
	記事日付	集会単位	会場名	記事日付	集会単位	会場名
a	5月13日	*①	万源亭	5月16日	上町	万源亭
b	5月21日	*②	松本楼	記事なし		
c	5月14日	*③	万安楼	5月17日	京橋1	万安楼
d	5月23日	*④	菊隅楼	5月21日	地域不明	菊隅楼
e	5月20日	（不明）	草津亭	記事なし		

	42年			44年		
	記事日付	集会単位	会場名	記事日付	集会単位	会場名
a	5月21日	上町	万源亭	5月17日	上町	（不明）
b	5月24日	京橋2,3、芝口	松本楼	5月21日	京橋2,3、芝口	（不明）
c	5月27日	京橋1	万安楼	5月25日	京橋1	（不明）
d	5月30日	日本橋6	菊隅楼	5月22日	日本橋6	（不明）
e	5月29日	京橋7、日本橋7	草津亭	5月26日	京橋7、日本橋7	（不明）

○推定される集会単位の部
a：麹町区
b：京橋区 2、3 の部、芝口 1 丁目
c：京橋区 1 の部
d：日本橋区 6 の部
e：京橋区 7 の部、日本橋区 7 の部

注：明治 38 年は、集会出席者の氏名が記載されている。集会通知送付の全体数については本文を参照。

*①は針ヶ谷長吉、三善小兵衛ほか 16 名、②は早川喜兵衛、渡辺友次郎、伊沢兼三郎ほか 7 名。

*③は喜谷市郎右衛門、「南伝馬町ヨリ弐名」ほか 9 名の出席者が判明する。氏子大総代でもある彼らの所在は表 4-7 を参照。

*④は渡辺治右衛門、林庄八、藤田金之助の出席のみ判明する。『日本紳士録』によれば、彼らはいずれも日本橋区 6 の部の住人である。

いのではないだろうか。また大祭前集会の記事には、下町の「部」ごと（連合を含む）の通知書発送数が現れる。それによれば、京橋区二の部・三の部・芝区が計六四（三八年五月一八日条）、京橋区一の部が計三七あるいは三〇（三八年五月一二日条、四〇年五月一四日条）、京橋区七の部・日本橋区七の部が計四五（三八年五月一八日条）、日本橋区六の部が計五一（三八年五月二一日条）となっている。時期によって変動はあるが、右の数字を単純に合計すると一九〇ほどとなる。もっとも、そこからただちに「どのくらいの町に氏子総代がいたのか」を知ることはできない。前節で述べたように、個別町一つあたりの氏子総代は二〜三名のところが多かったと考えられるためである。そこで試みに氏子総代を一町平均三名とすると、氏子町総代は明治末の時点で六〇強の町にいたことになる。当時、日枝神社の氏子区域のうち下町の個別町数は一〇〇ほどと見られるから[33]、この場合でも下町の約六割の町には氏子総代がいた計算になるわけである。

2　部制と氏子大総代

氏子大総代は、この時期も引き続き二〇名ほどが務めている。下町における氏子大総代の「選挙区」がどうなっていたのかを示す記述はこの時期にも見当たらない。しかし、表4―7の居住地を見ると、やはり部制のバランスは基本的に保たれていると言えよう。なお、前述のように日本橋区六の部は、水谷が転居（?）した後しばらく大総代が不在となっていた。だが、その後遅くとも明治三八年（一九〇五）以降、再び同部在住の大総代として渡辺大治郎の名が確認できる。そしてこの点に関しては三六年の次の記事が注目される。「水谷市郎右衛門氏ヨリ、日本橋区六ノ部大惣代欠員ノ処、今回当撰相成タルノ条通知書到来」（三六年五月一二日条）。渡辺はおそらくこの時に当選したのだろうが、この記述からは、部の「欠員」が意識されていたことがわかるのである。

氏子大総代の被選出資格について定めた規則などは、確認できない。ただし、個別の事例では「京橋区北紺屋町総代瀬尾新吉氏へ手紙出ス」（二七年八月二八日条）、「日本橋区青物町総代渡辺大次郎殿保存金持参ス」（三一年七月六日条）、「日本橋区南茅場町勝見与吉氏へ町総代依頼書ヲ発送セリ」（四三年七月五日条）と、大総代になる者が従来氏子町総代であっ

表 4-7　日枝神社の氏子大総代・常置委員一覧（明治 38 ～ 44 年）

区·部名	氏名	職業	居住地	典拠記述			（常置委員）	
				38·11·13	42·10·28	44·2·3	※①	※②
京橋1	千葉勝五郎	(所217.8、地174.105)	五郎兵衛町3	○				
	瀬尾新吉	牛肉問屋	北紺屋町2	○	○	○	●	●
	③喜谷市郎右衛門	売薬商	大鋸町6	38·4·28				
京橋2	松沢八右衛門	薬種商	銀座3丁目4	○	○	44·5·5	●	●
	早川喜兵衛	酒商	銀座2丁目3	○	○			
京橋3	伊沢兼三郎	質商	出雲町5	38·4·28	○	○		
	水谷市郎右衛門		(南鍋町24)	○	○	○	●	●
	松川長右衛門	料理業	南金六町11	○	○	○		●
芝	庄司平吉	砂利兼運搬業	芝口河岸11		○	○	※③	
京橋7	門倉善蔵	差配人	水谷町4	38·4·28				
	高村喜三郎	差配人	岡崎町1丁目37	38·4·28				
	③仁科慎之助	差配人	長沢町16	○	○	○		
日本橋7	中野竜次	(所46)	北島町1丁目8	○	○	○	●	●
	勝見与吉	袋物商	南茅場町9	○	○	○		
日本橋6	渡辺大治郎	海産物商	青物町16	○		○		
麹町	針ヶ谷長吉	植木商	三番町54		○			
	小磯金蔵	貸家業	一番町19	○			●	
	河内全節	医師	五番町7	○				●
	三善小兵衛	酒醤油商	上二番町4		○	○		
	鶴岡助次郎	洋糸及和紡績糸問屋	麹町10丁目1				●	
	田中(重太郎?)	材木商	麹町11丁目13	○				
	相沢三郎兵衛	飲食店業	麹町11丁目21	○	○	○		
	大枝市右衛門	薬種諸器械商	麹町11丁目22	○	○	○	●	●
	木村伊兵衛	鉄物商	麹町13丁目20	○	○	○		
	倉又左衛門	質商	麹町4丁目18	○	○	○	●	●
	中島称善	売薬商	隼町18			○?		
	末吉安久	(所37)	紀尾井町3		○		※④	●
	神谷平蔵	(所86)	永田町2丁目30	○		○		●
	宇野友治	(所40)	有楽町3丁目1	○	○	○		
	④石田幸次郎	(所3.14)	有楽町3丁目2	○				
	矢沢小兵衛	質商	山元町2丁目3	○	○	45·1·11		
	大野和歌三郎	(所15)	元園町1丁目19		○	○		
不明	朝日(恵美吉?)			○				

注：各人の職業、住所は原則として『日本紳士録』第 12 版（交詢社、1908 年）による。
ただし喜谷市郎右衛門、仁科慎之助は同書第 3 版（1896 年）、石田幸次郎は同書第 4 版（1897 年）による。
『日本紳士録』に職業記載がない場合は納税額を補った。「所」は所得税、「地」は地租、数字は金額（円）を示す。
典拠記述欄の○は、下記の各記述に現れることを示す。
38・11・13…38 年 11 月 13 日、大総代末吉忠晴の霊祭への参列者
42・10・28…42 年 10 月 28 日、大総代会への出席者
44・2・3…44 年 2 月 3 日、大総代会への出席者
他に、38・4・28…38 年 4 月 28 日、巡幸に関する会合への出席者
44・5・5…44 年 5 月 5 日、常置委員会への出席者
45・1・11…45 年 1 月 11 日、昇格祭への参列者
常置委員のうち、麹町区鶴岡助次郎は、明治 34 年から 36 年頃にかけて大総代を務めている。
典拠記述欄の●は、下記の各記述に現れることを示す。
※①：36 年 4 月 3 日、常置委員会への出席者および欠席者
※②：40 年 2 月 6 日、常置委員当選状の発送宛て先（本文参照）
※③：渡辺友次郎（＝ 38 年 5 月 23 日死去）
※④：末吉忠晴（＝ 38 年頃死去）

たことを示す記事が確認できる。そのため、氏子大総代は町総代からの選抜であったと推測される。

3　常置委員

明治三四年（一九〇一）以降、日枝神社には常置委員という役職が新たに登場する。この役職についても、日誌の記事からその性格をまとめてみよう。

【人数・実像】日誌には「常置委員会差支延期通知、常置委員十名へ封書ニテ出ス」（三四年一月一四日条）、「常置委員十名へ郵送」（四〇年三月二七日条）といった記述が見られるため、人数は基本的に一〇名であったと言えよう。またその実像については「常置委員当選状発送ス、氏名左ノ如シ、倉君、瀬尾君、水谷君、中野君、大枝君、河内君、神谷君、松沢君、松川君、末吉君」（四〇年二月六日条）という記事から、彼らはいずれも氏子大総代からの選抜であったことがわかる。

【選出方法・単位】右の四〇年二月六日条の記事に「当選状」の語があることから、選出方法はやはり選挙であろう。彼らの居住地分布を見ると、分散してはいるが、氏子大総代のように各部を網羅はしていない。

常置委員が設置されると、以後この役職が神社の日常的な運営に大きく関わるようになる一方、氏子町総代や氏子大総代に関する記事は減っていく。常置委員は氏子大総代からの選抜であったが、地域代表の性格を持つ氏子大総代とは異なり、実務本位で選ばれた役職だったと思われる。この時期になぜ常置委員が置かれたのかは不明である。しかし次章に見る大阪天満宮においても、この時期には同じような動きがある。おそらくは神社運営の拡充によって、氏子側の代表者にも地域代表的な性格のみならず、実務能力がいっそう求められるようになったと考えられる。

おわりに

本章では、以下のことを明らかにした。

従来、明治期の東京市において個別町レベルの組織がどの程度の広がりをもって機能していたのかは、同時代の史料から明らかではなかった。しかし、日枝神社という惣町レベルの鎮守の氏子集団（京橋区周辺）に着目すると、寄付金の納付主体となったり町総代が設けられるといった個別町の活動が、明治前期から氏子区域全体にわたって行われていたことがわかる。(34) 東京市では、常備消防隊の早期設置に見られるように、行政サービスが相対的に充実していたこともあり、個別町には地方都市のように近世並みの強大さが求められる必要はなかったと考えられる。しかし氏子集団という側面から見ると、東京市においても近世の個別町組織は先行研究が言うほど完全にいったん消滅したのではなく、ある程度の部分は受け継がれていたことがうかがえる。

東京市の場合、連合町組織については存在自体が従来知られていなかった。しかし氏子集団の動向を追うことで、下町におけるその形成過程についてもかなり明らかになったと考える。日枝神社が広大な氏子区域を把握するために採った方法に見られるように、当地では、明治一〇年代から旧小区が氏子集団のための連合町組織として活用されており、二〇年代後半にはこれが部制に切り替わっていった。そして明治後期になると、部制は住民運動の地盤となるなど、多機能化を進めていくのである。東京市のような大都市では、町々をより広域にまとめた中間組織が、不可欠なものとして早くから要請されていたと考えられる。

注

（1）下町とは、小木新造ほか編『江戸東京学事典』（三省堂、一九八八年）九七頁（竹内誠執筆）が「御府内備考」などに基づいて述べるように、町地の多い神田、日本橋、京橋周辺を主に指す語であった。なお日枝神社の下町の氏子区域には、他に芝区となる芝口一丁目があるが、その考察は紙幅の都合で割愛する。一方、日誌では「上町《かみまち》」という語が次第に使われるようになる。「上町」は、右の『事典』などにも収録されていないが、意味としては「麹町区の中の日枝神社氏子区域（厳密には他に四谷区の麹町一一、一二、一三丁目を含む）」を指すと考えてよい。この語は、関係者の間で現在も用いられている（千代田区麹町出張所地区連合町会『東京ど真ん中物語』文藝春秋企画出版部、二〇〇六年、一〇二頁）。

（2）大岡聡「東京の都市空間と民衆生活」（中野隆生編『都市空間と民衆　日本とフランス』（山川出版社、二〇〇六年）は、近世からの町方であった麹町一二丁目の史料である野口家文書の「明治町用記」「町用実記録」を取り上げ、個別町の動向について考察している（東京都新宿区立歴史博物館所蔵野口家文書。同館編『新宿歴史博物館所蔵資料目録』一「野口家資料目録」新宿区教育委員会、一九九七年、三一頁、史料番号500・501）。ただし同家文書の個別町関係史料は、惜しくも右の二史料が作成された明治二七年を境に長く途切れてしまうため、その後の動向を追うことができない。

（3）東京市役所編『東京市町内会の調査』（一九三四年）一頁以下。東京市の町会（町内会）には多くの研究蓄積があり、代表的なものに高木鉦作氏の一連の研究が挙げられる。

（4）神田公論社編『神田区史』（一九二七年）。

（5）田中重好「町内会の歴史と分析視角」（倉沢進・秋元律郎編『町内会と地域集団』ミネルヴァ書房、一九九〇年所収）。

（6）明治三一年まで、東京市には京都市・大阪市とともに市制特例が適用されていた。その間、これらの市に市長は置かれず、府知事が直接区長を監督していた。

（7）東京府における衛生組合の設置は、明治三三年東京府令第一六号「東京府衛生組合設置規程」に基づく。

（8）これまでの近代史研究の中で連合町に近いレベルの地縁組織が扱われたのは、政治史における「予選体制・予選団体」

論に関してであろう。東京市の予選団体については、公民団体を中心に桜井良樹氏が分析を進めている（『帝都東京の近代政治史』日本経済評論社、二〇〇三年、第二章、第三章、補論2など）。しかしその分析単位は区までであり、それ以下のレベルについては取り上げられていない。一方、通学区については葉養正明『小学校通学区域制度の研究』（多賀出版、一九九八年）第二章が、本論で指摘する部制との関係を含めて扱っているが、東京市の通学区が多機能化したことを述べているわけではない。なお、葉養氏は明治一二年以降市制施行時に至るまで、旧小区が学区（通学区ではなく、学校運営を独自に行う負担学区）であったと述べている。しかしこれは、学区が順次三新法による区に移り、旧小区は通学区に過ぎなくなっていったとする東京都立教育研究所編『東京都教育史』通史編一（一九九四年）八八五頁など他書の見解とは異なるものである。また葉養氏のテーマは「通学区が地域における他制度にどのような影響を受けて決定されたのか」という教育学の視点に立ったものであるが、本書はこれと逆に、第二部を通じて「通学区が地域における他制度の決定にどのような影響を及ぼしたか」という問題を、一つの軸としている。

（9）東京市政調査会編『東京市町内会に関する調査』（一九二七年）一二二頁によれば、昭和二年時点で京橋区には一之部、四之部、七之部、八之部にそれぞれ「聯合町会」が成立していた。

（10）東京市日本橋区編『新修日本橋区史』（一九三七年）一八五頁。なお日本橋区二の部町会連合会については、同会編『日本橋区二之部町会史』（一九六六年）がある。

（11）日枝神社の沿革概要については、日枝神社御鎮座五百年奉賛会編『日枝神社史』（一九七九年）が基本文献である。

（12）注9『東京市町内会に関する調査』七頁は次のように述べている。「現存町内会の内其の前身を氏子団体として報告したるもの多数に上る。町内会沿革史上衛生組合と共に看過することの出来ぬ団体である」。ただし、そこで挙げられている下町の実例は二つにとどまる。また東京市京橋区編『京橋区史』下巻（一九四二年）二八四頁も、氏子組織を町会の前身として指摘しているが、実例は挙げられていない。そもそもこれらの研究では、惣町鎮守と町内鎮守とを祀るための氏子集団が区別されていない。本章では、下町の個別町について広く当てはまる議論を行うというねらいから、惣町鎮守に近い、広大な氏子区域を持つ日枝神社を取り上げている。

(13) 日本の国民全体をいずれかの神社の氏子とすること自体は、戦前期を通じた制度として定着していた。しかし戦前期における神社の氏子集団に、体系的な制度というものは結局成立しなかった。氏子の定義すら、昭和期に入っても「現行法令には何ら規定するところなく」という状況であった（内務省神社局総務課長・児玉九一『神社行政』常磐書房、一九三四年、一三一頁）。

(14) 明治以降の日枝神社の具体的な氏子区域については、注11『日枝神社史』一一二、四三〇、一〇三五頁以下を参照。基準となった明治五年の「氏子町名同人員調帳」は、東京都編『東京市史稿』市街篇五三（一九六三年）七六四頁に収録されている。なお上町・下町の用語については注1を参照。

(15) 東京都編『都史紀要』第五［区制沿革］（一九五八年）七頁。

(16) 『日本歴史地名大系』第一三巻［東京都の地名］（平凡社、二〇〇二年）を参照。

(17) 明治初期の東京の地方制度については、牛米努氏による一連の研究などがある。

(18) 当時の町総代人を具体的に示したものに鎗田徳之助編『東京府区町総代人名録』（西田孝平、一八七七年）がある。

(19) 明治一一年東京府達甲五二号（東京都編『東京市史稿』市街篇六一、一九六九年、七八九頁を参照）。

(20) 注15『都史紀要』第五、七頁。

(21) 嘉永六年～明治一〇年までの社務日誌一二冊は、東京都千代田区の指定文化財となっている。

(22) 具体的な記事は以下の通りで、いずれも明治一三年である。「旧六小区え氏子物代人撰札持参、千勝興文出張、旧十五小区え同断ニ付熊野吉隆出張」（三月四日条）、「旧七小区え氏子物代人撰札持参、千勝興文出張、旧九小区え同用ニ柴田《ママ》実忠出張、旧八小区え同用ニ熊野吉隆出張」（三月六日条）、「京橋区え前同用ニ付、熊野、柴田出張」（三月七日条）、「氏子物代撰挙表為取集メ、柴田、熊野下町へ出ル、旧六小区へ同様ニ付倉吉出ス」（三月一七日条）、「熊野君撰挙表取集ニ下町へ、倉吉同様七小区へ」（三月一八日条）、「旧九小区物代撰挙表為取集、柴田君出張」（三月二一日条）、「小使倉吉、

旧六、七小区へ撰挙表取集メニ出ス、旧十五小区惣代撰挙表取集熊野出張」（三月二六日条）「下町え柴田実忠月集並人撰札取集出張」（四月二九日条）。

（23）全国的な制度としての氏子総代は、明治一四年内務省達乙三三号で「社寺総代人」としてはじめて本格的に規定された。しかしその選出については「衆望ノ帰スル者三名以上相撰ミ」とあるに過ぎず、具体的に氏子集団がどのような組織を持つかは「或は府県令等を以て其の方法細則を定め、或は神社個々に於て適宜其の方法を規定」することになった。そして昭和九年当時の府県社、郷社の実例によれば、氏子総代の選出方法には氏子崇敬者が直接氏子総代を選ぶといった二段階形式のものが多数を占めていたが、他に氏子崇敬者が町総代などを投票ないし推薦し、町総代などがさらにその総代を選ぶという三段階形式のケースも存在していた。もっとも、氏子総代に関する以上の説明は府県社以下にあてはまるものであり、官幣社や国幣社にはあてはまらない。当時の法令の立場は「官国幣社は政府に於て直接に管掌することとなつた為に、神社に対する氏子の関与を排除して氏子総代をも選出せしめざること」というものだったためである。日枝神社は明治一五年に官幣中社となったため、その後は法令上氏子総代を必要としなくなった（氏子を持つこと自体は変わらない）。しかし、実態からいえば日枝神社は氏子総代を置いていたのであり、一五年以降におけるその存在は、同社の裁量に基づくものであったと考えられる（以上、注13『神社行政』一四一、一五二頁を参照）。

（24）江戸の名主番組制度については加藤貴「寛政改革と江戸名主」（『国立歴史民俗博物館研究報告』一四、一九八七年）などを参照。

（25）内容全文は、東京都『東京市史稿』市街篇六二（一九七〇年）六五頁を参照。

（26）初出記事は次のものである。「大惣代撰挙之処、末吉、中島、垣見等高点ニ付、惣□改ム」（明治二〇年五月二三日条）。

（27）これらのうち、麹町三丁目と麹町三番町は上町である。また「山弐」とは、やはり上町の、山元町二丁目の町会である「山二会」のことと思われる（麹町区編『麹町区史』一九三五年、七八三頁）。「大定」は不明だが、日枝神社出入りの大工職人であろうか。

(28) 日誌に見える下町の大祭費納付記事はこの程度でしかなく、厳密には「個別町が納付の単位となることがあった」ことが実証できるに留まる。だが、費用の性格から見て、実際には多くの町々から納付が行われた可能性は高いであろう。ところで、この時期には町有物を日枝神社へ寄託する動きが散見する。「〔獅子ほか〕右正ニ御預リ申候〔中略〕京橋区新肴町御中」（明治二四年六月一九日条）、「〔杉丸太ほか〕右正ニ預リ置候〔中略〕銀座三丁め総代御中」（明治二四年六月二六日条）、「日本橋通三町目預之品、籠長持壱ツ、高張提灯竹拾三抱、杭廿四抱、〆三品預置候」（明治二七年三月一六日条）などである。これらは、山王祭で山車巡行が二二年を最後として行われなくなったことと関係すると思われるが、厳密な評価は後考に待ちたい。

(29) 南伝馬町については東京都中央区京橋図書館編『中央区沿革図集』日本橋篇、京橋篇（一九九五〜九六年）の解説を参照。大伝馬町、小伝馬町、南伝馬町の三町（それぞれ丁目あり）は「江戸惣町の筆頭」とされ、神田明神の「地主」である三天王社（一の宮、二の宮、三の宮）の宮元町になっていた。そして明治期以降、天王社（一の宮）の後身と見られる八坂神社の社掌は、日枝神社の神職が兼務していた。また、竹川町については石井研士『銀座の神々』（新曜社、一九九四年）一〇六頁以下を参照。同町の豊岩稲荷の社掌は、日枝神社の神職が兼務していた。

(30) これは内務省地理局編『地方行政区画便覧』（一八八七年）三二一〜三二六頁に所収の、明治一九年時点における各区の町数を数えたものである。その後は二二年東京市の市制（特例）施行にあたっても、各区の区割りに変更はなかった。

(31) 「麹町区大総代一名欠員ニ付後補《ママ》者撰挙之件ニ付〔中略〕十三氏へ書状出ス」（明治三六年九月二日条）。

(32) 規約制定に関すると見られる具体的な記事は以下の通りで、いずれも明治三三年である。「本日午後、草津亭於テ委員集会ニ付、氏子大総代総務委員申合規則書謄写七通携帯」（九月一〇日条）、「午前九時ヨリ規約調査委員会ヲ開カル、時ニ末吉、倉、中島、山口、渡辺、瀬尾、中野ノ七氏来会」（一〇月一三日条）、「午後一時ヨリ大総代、総務員、保管員選挙ニ付、出席者〔以下略〕」（一一月一二日条）、「本日芝・京橋・日本橋・麹町各町氏子大総代へ申合規約書調印取に季孝回勤」（一一月三日条）。

（33）各部を構成する町の数を、注25『東京市史稿』市街篇六二所載の各部町名表により計算した。注29『銀座の神々』七二頁に述べられているように、中には京橋区八官町のように「日枝神社の氏子区域に孤島のように浮かぶことになった」町もあったが、ここでは概数を求めており、それらを特に除外していない。
（34）本章で得た知見はもっぱら神社側の史料に基づくものであり、個別町の側が氏子集団としてどの程度自覚を持っていたのかは、史料上の制約から新たな課題となるだろう。ただ下町ではないものの、日枝神社の氏子区域であった麹町一二丁目については、大岡聡氏が野口家文書に基づいて考察しており、「祭礼を執行することも『町』にとって重要な『共益』だった」と指摘している（注2「東京の都市空間と民衆生活」三九頁）。

第五章　明治期大阪市における町組織形成と氏子集団

はじめに

本章では、明治期大阪市における個別町の動向、ならびに連合町組織の形成過程を、前章同様の手法を用いて、北区における氏子集団の動向から明らかにする。

大阪市の場合、戦前期の個別町の動向は東京市よりもさらに未解明である。[1] まとまった情報としては、西区内の各町内会の沿革を記した『西区史』が最も詳しいと見られる。同書の掲げている町々の事例は、大正期以降に町内会（前身を含む）が成立したとするところが大半である。[2] しかし、個別町の動向を具体的に記した『鰻谷中之町の今昔』によれば、南区の同町では明治一六年（一八八三）の同盟社結成以来町内組織が機能していた。[3] また『明治大正大阪市史』第一巻によれば、東区高麗橋一丁目では明治一四年に「諸町の親和《ママ》を目的として金蘭社なる町内会を結成した」という。[4] 明治期の大阪市で個別町組織がどの程度機能していたのかは、できるかぎり一次史料に基づいて、改めて検討すべきであろう。

そして本章でも、連合町組織の形成過程をもう一つの論点とする。大阪市の場合、町々の連合体が費用を負担して小学校を運営するための学区[5]（通学区と個別するため、以下これを負担学区と呼ぶ）が明治二五年に制度化された。以後この負担学区が小学校運営のみならず、明治二〇年代からいわゆる予選団体などとして機能し、さらに大正初めまでに衛生や兵事などの機能も果たすようになっていたことは、よく知られている。[6] しかし右の理解は、負担学区という特殊な制度の存在を絶対視したものと言えよう。東京市の事例で見たように、明治期の連合町組織は、負担学区の存在を必須としていたわけではない。大阪市についても、負担学区制度が発足する以前から連合町と見なされる組織が広く存在し

ていたのか否かは、これから検討しなければならない。(7)

右の課題について検討するため、本章では前章同様の手法を用いる。つまり、大阪市北区天神橋に所在する大阪天満宮(8)の氏子集団の動向を、同社所蔵史料から追跡する。大阪天満宮（当時の名称は天満神社、のち天満宮）(9)の氏地は、当時の北区の大半から西区の一部にかけてであるが、(10)ここでは北区に焦点をしぼる（表5—1を参照）。また時期的には、前章同様に、三新法体制期の明治一二年から明治末年までを取り上げる。

以下時期の順に、第一節では三新法体制期を扱い、第二、三節で市制（特例）施行以降を扱う。

第一節　三新法体制期（明治一二～二一年）

1　個別町

①行政制度

まずは、個別町の動向について見ていこう。他の城下町と同様、近世の大坂では町年寄などの町役人がそれぞれ置かれ、また諸役負担の主体となるなど、個別町は行政支配の基本的な単位であった。(11)そして明治期に入っても、大阪府はしばらく個別町を引き続き支配の単位としていた。(12)ただし、その間の明治五年（一八七二）に、市中では町名町域の変更がまとまって行われている。(13)

大阪府では八年に大区小区制が実施された。この結果、行政上の最小単位は個別町数個からなる小区となり、以後は各小区に区長が一人と戸長が数名置かれる体制となった。九年には小区の統合が行われ、それまで府下第一～四大区で八〇あった小区は三五にまとめられた。(14)

表 5-1　大阪天満宮の氏地各町と学区の対応関係（北区分）

小区区分（明治8年）	負担学区区分（明治25年）	所属町名	氏地町
第1（相生）	第1（相生）	相生町、綱島町、野田町	
第2（川崎）	第2（滝川）	川崎町、臼屋町、今井町、天満橋筋1丁目、空心町1丁目	○
第4（滝川）		滝川町、河内町1丁目、壺屋町1丁目、龍田町、岩井町1丁目、信保町1丁目、朝日町、金屋町1丁目	
		新川崎町	
第3（追分）	第3（岩井）	天満橋筋2～4丁目、空心町2丁目	○
第5（岩井）		金屋町2丁目、信保町2丁目、岩井町2丁目、壺屋町2丁目、河内町2丁目、松ヶ枝町	
第6（菅南）	第4（菅南）	此花町1丁目、天神橋筋1丁目、市ノ町、天神筋町、地下町、菅原町、鳴尾町、樽屋町	○
第7（堀川南）	第5（堀川）	綿屋町、東堀川町、南森町、旅篭町、大工町、此花町2丁目、天神橋筋2丁目	○
第8（堀川北）		天神橋筋3～4丁目、北森町、綿屋町、紅梅町、末広町	
第9（伊勢）	第6（西天満）	源蔵町、西堀川町、伊勢町、富田町、木幡町	○
第10（若松）		樋上町、老松町1～2丁目、若松町	
第11（衣笠）		老松町3丁目、真砂町、衣笠町	
第12	第7（堂島）	曽根崎新地1～3丁目	○
第13		堂島浜通1丁目、堂島舟大工町、堂島中1丁目、堂島裏1～2丁目、	
第14		堂島浜通2丁目、堂島中2丁目、堂島北町、堂島裏3丁目	
第15		堂島浜通3～4丁目	
第16·17·18	第8（中之島）	中之島1～2丁目／中之島3～4丁目、宗是町、常安町／中ノ島5～7丁目、玉江町1～2丁目	
第19	第9（芦分）	安治川通上1～2丁目、安治川通北1～3丁目	△
第20	第10（安治川）	富島町、安治川通南1～3丁目、古川町	△
<明治30年新市域のうち>	北野	南同心町12丁目ほか18ヶ町	○
		上記以外の33ヶ町	

注：①「小区区分」は、おおむね明治18年頃までの通学区（＝旧通学区）に相当する。カッコ内はこの時期における通学区の通称であり、大阪天満宮史料では「部内」名称として現われる。
②「氏地町」のうち、○はすべて大阪天満宮の氏地であることを示す（新市域は明治30年以降）。△は、両学区の中で氏地町が安治川通上１～２丁目、富島町の３ヶ町であることを示す。

一一年には三新法が施行されたが、大阪府区部[15]では、その後もそれぞれ一〇以上の個別町からなる連合町の単位で戸長が置かれた。一三年に戸長はいったん個別町単位とされたものの、翌一四年には再び戸長は連合町単位で置かれることになる。以後、個別町単位の代表者というものが制度上認められることはなかった。

②個別町の寄付金納付

他地域の惣町鎮守と同様に、天満神社の氏地でも、各個別町は近世から同社の運営をさまざまな形で支えていた。恒常的な寄付や祭礼時の奉納金の状況などを示す史料は意外に残されていない。しかし、近世から明治初期にかけて、天神祭と呼ばれる同社夏祭の執行にあたっては、地車がしばしば出されており、その主体は個別町が中心であった[16]。また臨時的なものとしては、砂持[17]や社殿再建のために行われた寄進[18]が、個別町単位で行われたことを示す記録がある。

維新を経た三新法体制期には、個別町が寄付金納付の主体であることを示す史料が、従来よりも多く確認できる。同社の社務日誌（正式名称は「本殿詰所日誌」、大阪天満宮所蔵。以下単に日誌と表記し、記事の所在は年月日を個別に記して史料番号は省略する。また年号はすべて明治である）には一四～一五年にかけて、営繕に関する寄付金の記事が「昨日天神筋丁ゟ今般営繕費八拾円寄附ニ付」云々（一四年一二月一四日条）、「木幡町寄附金之件ニ付天木氏へ照会、種清、安敬」（一五年三月五日条）とある。また一六～二二年にかけては、夏祭に際して各個別町が毎年寄付金を納めた記録が残されている。前述のように、明治初年には町名町域がまとまって変更された。だが、右の記録から見る限り、氏子＝住民たちは、東京の場合と同様に新たな町名町域にスムーズに移行して、あらためて地縁的な結合を図ったようである。一方で天満神社の場合、この時期には東京の日枝神社の氏子町総代のように、個別町レベルで神社との連絡を果たす役職の者を確認することはできない。

2　連合町組織

①行政上の組織

次に、連合町組織の動向を見ていこう。近世期の大坂には何種類かの町組が存在し、とりわけ後期には火消組合の役割が大きくなったことが知られている。[19]もっとも、東京と同様にこれらの町組も、明治維新とともに解体された。

三新法施行後、大阪府では旧第一～四大区が東南西北の四区となった。そして前項で述べたように、戸長[20]もいったん個別町単位となるものの、明治一四年（一八八一）には連合町が再置された。その数は三七で、具体的な区画はほぼ小区と同一である（北区、西区でそれぞれ一ヶ所ずつ分割）。その後一七年には全国的に連合戸長役場体制がしかれたが、大阪府区部では北区と南区でいくつか区画の分割や変更が行われるにとどまった。そして一九年には連合戸長役場が廃止されて、行政の最小単位は四区となっている。[21]他方、議事機関については、西区の場合、一四年の連合町再置以降各地区で連合町会が設けられ、これは一九年に連合戸長役場が廃止されるまで機能していたという。[22]

②学区（負担学区、通学区）

大阪府（四区）における小学校の学区は、当初小区に基づいたもので、原則として負担学区＝通学区の関係にあり、その数は約八〇であった。しかし一二年の教育令発布を経た一四年には、行政区四区の内部をそれぞれ三～六区画（計一五区画）に分割した負担学区が区画内の小学校（数校がそれぞれ通学区を持つ）を運営するという形になった。その後一七年には、連合戸長役場体制をふまえて、負担学区は四区内部にそれぞれ八～一一区画（計三九区画）とやや細かくなった。つまり一四年以降負担学区と通学区は別になったわけである。しかし一七～二〇年頃にかけては小学校の合併が進むことで、結果的に再び通学区の範囲は負担学区に重なってきた。ところが一九年には連合戸長役場が廃止されたため、以後は二五年まで行政区四区が負担学区となって四区内部の小学校を運営することになり、この間に負担学区（＝行政区四区）と通学区（＝一四年時点の負担学区各区域）とは別になっていた。[23]

③氏子集団と連合町

天満神社の氏地は広大であり、祭礼執行の前後などに神職が出張（日誌上の表現は「回勤」である）するような場合には、東京の日枝神社と同様に、いくつかの町々をより広域にまとめた連合町組織を用いることが自ずと要請されたと考えられる。この時期に同社は、町々をどのように把握していたのだろうか。日誌によれば、時期によって異なるものの、基本的には行政上の連合町や連合戸長役場の区画を活用していた。[24] そして連合戸長役場が廃止された後の二〇年（一九年は該当する記述がない）になると、「部内」という表現が登場する。これは「堀川南北部内」「伊勢、若松、絹笠各部内」といった事例から、通学区を指すものと考えられる。もっとも、実際には一八年以降右の各小学校は合併されて、それぞれ「堀川小学校」「西天満小学校」となっていた。[25] つまり、正確には一四年まで存在した旧学区が、当時天満神社の利用する連合町組織の単位だったことがわかる。旧学区がこの時期まで影響力を持った理由としては、次節でも触れるように、小学校統合後も敷地などの共有財産が残されており、その維持管理が必要であったことが挙げられる。

ところで、日誌によれば一四年一二月一七日に（おそらく内務省の達を受けて）[26]天満神社でも氏子総代という役職の者たちが初めて選出された。また二〇年九月には「天満神社氏子総代事務章程」[27]が定められている。氏子総代の人数について右の「章程」では「氏地町村内ニ於テ適宜之ヲ定メ、其人員ヲ参名以上弐拾名以下トス」（第二条）とある。そして日誌から実際に指摘できるこの時期の氏子総代は、一四年に一九名（予備員を含む）、二〇年に一七名である。彼らがどのような区域を単位として選出されたのかは不明であるが、人数から見て、個別町レベルで選ばれたわけではないだろう。選出方法については、一四年の記事に「氏子物代開札之処」とあるため選挙が行われたと見られる（一四年一二月一七日条）。もっとも、その後は二四年まで改選の記事が見当たらない。

三新法期、大阪府区部の個別町は、公式には法的な権利能力を失った。しかし天満神社の史料によれば、同社の氏地においては、寄付金の納付主体という形で個別町の機能を引き続き確認することができた。また、神職の回勤などの場面では、旧学区が町々をまとめる連合町組織として機能していたのである。

第二節　市制施行期1（明治二二〜三三年）

1．個別町と氏子町総代

明治二二年（一八八九）四月、市制町村制（前年の法律第一号として公布）が施行された。同法によって大阪府には、それまでの四区をすべて含む形で大阪市が新たに設定され、区は市の下部に置かれる行政組織として存続することとなった。市制（特例）のもとでも、この区よりも下位の地縁集団に権利能力は認められておらず、個別町は制度上、単なる区画のままであった。

表5-2　天満宮の一千年祭寄付金申込書における各町差出人の肩書一覧（明治29～31年、北区分）

a.「総(惣)代」とあるもの

金屋町1丁目、信保町1丁目、岩井町1丁目、壺屋町1丁目、河内町1丁目、天満橋筋4丁目、空心町2丁目、壺屋町2丁目、市之町、地下町、天神橋筋4丁目、南森町、旅篭町、東堀川町、西堀川町、老松町1丁目、堂島北町、堂島船大工町、堂島裏2丁目、堂島裏3丁目、堂島中2丁目、富島町、河内町2丁目、信保町2丁目、［川崎町・臼屋町・今井町・天満橋筋1丁目・空心町1丁目］、［曽根崎新地1・2丁目］、［安治川通上1・2丁目］、富田町（惣代氏名はなし）

b.「世話掛(係)」とあるもの

金屋町2丁目、松ヶ枝町、天神筋町、樽屋町、綿屋町、末広町、木幡町、若松町、真砂町、衣笠町、堂島裏1丁目、樋ノ上町（世話係リ惣代）、堂島中1丁目（世話係惣代）、菅原町（署名者ないが「菅原町世話掛」印あり）

c. 署名者がその他の肩書を持つもの

大工町（勘定掛リ）、源蔵町（町中代人）、岩井町2丁目（名代人）、此花町1丁目（四神鉾幹事）、伊勢町（署名者ないが「伊勢町周旋方」印あり）、老松町3丁目（署名者ないが「三丁目中」とあり）、天神橋筋2丁目（有志中）、天満橋筋2丁目（有志総代）、北森町（有志総代）、朝日町（千年会惣代）、竜田町（千年会惣代）

d. 町名+署名者氏名のもの

天満橋筋3丁目（3名署名）、鳴尾町（2名署名）、此花町2丁目（6名署名）、紅梅町（2名署名）、老松町2丁目（4名署名）、曽根崎新地3丁目（3名署名）、堂島浜通2丁目（2名署名）、堂島浜通3丁目（3名署名）、堂島浜通4丁目（4名署名）、滝川町（「和田」印あり）、天神橋筋1丁目（「川辺」印あり）、天神橋筋3丁目（署名者なし）

出典：注29「本社摂社末社行宮御家根換及神楽所神庫新築其他改築並総修復費氏地町村寄付金申込書綴　甲」。
注：町名のうち［　］でくくってあるものは連合で差し出していることを示す。

一方、天満神社の史料からこの時期の個別町の動向をうかがってみよう。まず寄付金納付の場面を見ると、夏祭など祭礼については、残存史料が乏しいものの、二八年の記録に氏地の各個別町から寄付が出ていることが明記されている。[28] また同社の場合、三五年に菅原道真の没後一千年祭が予定されており、三〇～三三年にかけてはそのための寄付金と保存金をともに納付している事例が日誌に記されている。「御千年祭寄附金皆納保存金寄付奉告祭　天神橋筋三丁目」（三一年七月一三日条）、「天神橋筋二丁目寄附皆納及保存金奉納挨拶（中略）へ依頼回勤社掌安敬、松井随行」（三二年一二月七日条）などである。

そして右の一千年祭にあたっては、二九～三一年にかけて各個別町から寄付申込書が送られているが、[29] その綴によれば「総代」「世話掛」といった役職の者を申込書の差出人とする個別町が、氏地のおよそ半数にのぼる。彼らは天満神社との関係における個別町レベルの代表者と見なしてよいだろう。具体的な状況は表5―2のとおりであり、そこからは次のことが指摘できる。

(ア)最も多いのは「総（惣）代」、ついで「世話掛」という表現であり、ほかに独特のものとして「勘定掛リ」（大工町）、「名代人」（岩井町二丁目）などがある。ここからは、当時個別町レベルに画一的な役職はなく、それぞれの町の自律的な判断で代表者が選ばれていたことが推測される。

(イ)肩書きがあっても、それが恒常的なものか臨時的なものかは判断できない。「千年会総代」という肩書きなどは、この時のためにあえて設けられた可能性が高いだろう。

(ウ)肩書きがない場合でも、差出人の名が記されている事例は多い。それもない場合でも印鑑が捺されているなどして、差出人の名前がまったくない事例は数例のみである。

ここからは、個別町レベルで代表者を従前から、あるいはこの事業にあたって臨時に設けたところが多いこと、ただし肩書の名称にばらつきがあることから、当時における各町の活動ぶりそのものにばらつきがあったことが推測されるであろう。

2　連合町組織

①行政上の区画

市制（特例）施行後も、北区などの区は市の下部に置かれる最小の行政組織単位であった。区画としては個別町の集まりとなっているこれらの区を、一種の連合町組織と見なすことも一応可能であろう。とは言え、当時の四区の町数は九二～一七七ときわめて多く[30]、東京市と同様に、地方都市で言えば惣町レベルの規模である。そして明治三〇年（一八九七）に大阪市で大規模な町村編入が行われると、四区はそれぞれ区域がさらに広がることになった。

②学区（負担学区＝通学区）

市制施行後、大阪市における小学校の運営主体は当初、市であった。しかし二五年、大阪府が負担学区の設置を「強行」したため、市内では再び負担学区と通学区が基本的に一致することになった（この時の区画は一七年当時とほぼ変わらなかったが、南区のみ一三から九に統合された）[31]。また三〇年に町村編入が行われると、旧市域の負担学区は変更されず、編入地域で新たに二一の負担学区が新たに設定されるという形で処理された[32]。

負担学区には、それぞれ区会と区会議員が設けられた。松下孝昭氏は区会議員に対して次のように評価している。「大阪市では様々な名誉職体系も学区に一致するよう設定されていった結果、区会議員をかなめとする地域秩序がより安定する仕組みになっていたと言うことができる」[33]。区会議員の職務は当初学事に限られていたが、やがて連合町レベルの一般的な代表者という性格を帯びるようになるのである。

なお、時期は前後するが二三年に大阪市では「(旧四区及)元聯合町区会」が、右の区会とは別に開設されている(同年大阪市条例第二号)[34]。ここでいう「元聯合町」には一七年時点の連合町(二五年以降は負担学区とほぼ一致)のほかに、旧小区の小さなまとまりも想定されていた。旧小区による聯合町区会は、東区の数地区のほか北区の旧川崎・滝川、旧堀川北・堀川南の各地区に置かれている。このような組織が置かれたのは、条例に「共有財産ニ関スル事件ノ為メ」とあるように、小学校が明治一〇年代後半に統合された後も、かつての小学校敷地などが旧小区＝旧通学区単位で共有財産として残され、その維持管理が必要なためであった。これらの区会は財産を適宜処分して解散していくが、その具体的な経緯については、残念ながら今のところ明らかではない。

③氏子集団と部内

前節で述べたように、二〇年頃に天満神社の神職が氏地を回勤する際には[35]、市内を各「部内」という広域な連合町のまとまりに分けており、この当時の部内とは、(氏地内において)一四年まで使用されていた旧学区を指していた。

市制施行後になると、「南北堀川部内」(堀川学区に相当)、「追分、岩井部内」(岩井学区に相当)などと、形式的には旧学区の名称を用いながらも、実質的には小学校統合後の負担学区と同じ範囲が回勤の単位となりつつあった。しかし一方で、「菅南及堀川南部内回勤」(二五年七月二日条)、「追分、川崎、滝川部内回勤」(二八年七月四日条)のように旧学区を指すと考えざるをえない記事も[36]、二八年までなお見られる(表5―4を参照)。言い方を変えれば、天満神社が回勤に使用する「部内」という単位は、この期間を通じて次第に負担学区に切り替わったのである(三〇年に北区で町村

表 5-3　天満神社の氏子総代（明治 24 ～ 33 年）

部名	氏名	居住地	職業
滝川	三浦嘉兵衛	滝川町（1番屋敷）	青物問屋
	和田半兵衛	滝川町（132番屋敷）	寒天商
松ヶ枝	井上平兵衛	（壺屋町2丁目）	
	村井藤一郎	天満橋筋2丁目（126番屋敷）	酒小売･呉服商
	平井由兵衛	岩井町2丁目	醤油卸売商
菅南	飯田徳右衛門	天神橋筋1丁目（17番屋敷）	荒物商
	清水吉右衛門	天神筋町（16番屋敷）	道具商
	丸山卯兵衛	樽屋町（51番屋敷）	酒造業
	菅野長栄	菅原町（3番屋敷）	乾物商
	北田音吉	天神橋筋1丁目（20番屋敷第2号）	糸商
	上田武蔵	菅原町（21番屋敷）	漬物商
堀川	田中義兵衛	（旅籠町）	
	柏尾五郎右衛門	旅篭町（14番屋敷）	油商
	坪井善兵衛	天神橋筋2丁目（121番屋敷）	菓子商
	山中吉兵衛	大工町（84番屋敷）	古物商
	大島良輔	④北森町21	貸金業
	伴井嘉右衛門	旅篭町（95番屋敷）	酒造業
	奥村禎三郎	（天神橋筋3丁目409番屋敷）	
	今井茂助	北森町（1番屋敷）	酒造業
西天満	天木半兵衛	（若松町）	
	天木半三郎	④若松町173	貸金業
	井上伊助	④老松町3丁目95	酒商
	堀井栄太郎	④伊勢町147	貸金業
堂島	渡辺吉左衛門	曽根崎新地2丁目（193番屋敷）	舶来品商
	進藤嘉一郎	堂島船大工町24	造醤油業
	沢田庄左衛門	曽根崎新地3丁目（156番屋敷）	酒造業
芦分	なし		
安治川	勝浦庄兵衛	（富島町299番屋敷）	（油商）

出典：大阪天満宮社務日誌各年、および所蔵史料（注 27「事務章程並氏子総代名簿」、この史料には明治 20 ～ 33 年の改選当選者が記載されている）による。

注：上記の人物はこの期間すべて在任していたわけではなく、順次交代しているが、その状況については紙幅の都合で割愛した。
住所・職業について、無印のものは『日本紳士録』第 2 版（交詢社、1892 年）、④は同書第 4 版（1897 年）、（　）は上記大阪天満宮史料による。

表 5-4　祭礼時における天満神社神職の氏地回勤部内と総代同行状況（明治 22 ～ 33 年）

部名／年次	滝川·川崎	菅南	追分·岩井	（南北）堀川	西天満	堂島	富島·安治川
明治22年		?		○	○	○	
23年		○	△		○		
24年		○			○	○	
25年	○	○		△	○	○	
26年	○	△	△	○	○	○	△
27年		○		○	○	△	
28年	–	–	–	–	–	–	–
29年		○	○		○	○（代）	○
30年	○	○	○	○	○	○（代）	○
31年	○（代）	○	○	○	○	○（代）	○
32年		○	○		○	○	○
33年		○	○	○	○	○（代）	○

出典：大阪天満宮社務日誌各年。
注：○は、部内居住氏子総代の回勤同行があったこと、（代）は部内総代代理者の同行があったことを示す。
22 年の？は日誌に記載がないこと、28 年の－はこの年のみ同行者が記されていないことを示す。
空欄は、部内居住ではない氏子総代が同行していることを示す。
28 年まで現れる△の箇所は、回勤の単位が旧学区単位で（具体的な表記の例は本文中の日誌記事引用を参照）、この表で分別している「部内」にはあてはまらないことを示す。
回勤は、必ずしもその部内だけでなく、氏地外も含めて他の地域も同時に回勤している場合がある。西成郡川崎村（明治 30 年以降、一部が氏地に編入）はこの時期、東部が（南・）北堀川部内、西部が西天満部内と一緒に回勤していることが多い。

編入が行われた結果、旧西成郡川崎村の一部は同社の氏地に加わることになった[37]。このような過渡的現象は、②で述べたような、旧小区のまとまりがなおいくらか残されている状況とも、対応した動きであったと考えられる。

④氏子総代と部内

この時期には、氏子総代に関する記事が多く現れるようになる。彼らの性格について、日誌の記述を中心にまとめてみよう。

【人数・実像】この時期については氏子総代名簿が残されており（注27を参照）、人数が引き続き二〇名前後であることがわかる。またその実像については、『日本紳士録』でほぼ確認することができる。表5―3はそれをまとめたものである。同社の氏子総代も東京の日枝神社同様に、いわゆる名望家、すなわち「有志」であった。

【選出方法・単位】二四年には大阪府令第三五号が出され、氏子総代は三年ごとの改選が指示された。天満神社の場合、名簿や日誌から二四年、二七年、二八年、三三年に選挙が行われていたことがわかる[38]。氏子総代たちが氏地内をどのような選挙区に分けて選挙するかは、右の大阪府令でも特に規定されていなかった。しかし表

5―3から氏子総代の居住地分布を見ると、堂島以北については二五年以降負担学区（「部内」がこれに切り替わりつつあることは前述の通りである）を網羅しているため、負担学区が事実上の選挙区となっていた可能性があるだろう。また表5―4は、神職の回勤に同行した氏子総代についてまとめたものである。菅南、西天満、堂島のほか、二九年以降の追分・岩井、富島・安治川の各部内では、おおむね自らの属する部内の氏子総代が神職に同行しており、このことは氏子総代が部内＝負担学区の代表者としての性格を、次第に帯びつつあったことを示すものと言えよう。氏子総代が自部内の回勤に同行することは当然のことと思われるかもしれないが、この時期には一方で、自部内ではない氏子総代が同行する事例も、かなり見られるのである。

日誌からうかがえる氏子総代の職務は、右のような神職回勤への同行だけではない。夏祭などの祭典への供奉があるほか、社内に設けられた各種の特別委員会も氏子総代によって構成されており、彼らが日常的な神社運営に関わっていた様子がうかがえる。

市制施行後も、天満神社の氏地における個別町は寄付金納付の主体であった。そして三〇年代の史料からは、相当数の個別町で代表者の存在が確認できるようになる。一方、連合町組織についても旧学区から負担学区へと次第に切り替わるとともに、氏子総代が各負担学区＝部内の代表者としての性格を帯びつつあった。この時期には、個別町、連合町ともにその機能が前時期に比べて拡充されてきたと言えよう。

第三節　市制施行期2（明治三四～四五年）

1　個別町と氏子町総代

天満宮における氏子総代などの仕組は、その後も大きくは変わっていない。ただし同社では明治三四年（一九〇一）に氏子総代選挙法が改正され、評議員という役職が新たに設けられている。本節ではこうした変化をふまえ、三四年以降の状況について、前節の時期との違いを意識しつつ検討する。

まず個別町レベルについて見ておこう。祭礼寄付金については、三五年の史料に各個別町からの寄付が、ほかの集団や個人の寄付とともに明記されている。[39] また三九～四二年にかけての記録には、「夏祭寄附天神橋三丁目外参拾六廉」「夏祭寄附金屋町弐丁目外参拾六廉」などの記述がある。[40] 祭礼以外の寄付金では、三五年作成と見られる「寄附名簿」に、三四年一〇月時点の正遷宮用寄付の額と、三五年三月時点の一千年祭用寄付の額とが、個別町ごとにそれぞれまとめられている。[41] さらに三〇～三七年にかけての保存金収支簿にも個別町からの納付が、折々に見える。[42] これらの史料から、個別町は引き続き寄付金納付の主体として機能していたと考えてよいだろう。

ところで、前節で見たとおり、一千年祭の準備の際には代表者を置く個別町が氏地内で約半数見られた。三六年には同社の御鎮座九五〇年祭が行われたが、その際の日誌には次のような記述がある。「御鎮座九百五十年祭本日ヨリ挙行（一日廿五日両日大祭、余ハ小祭トス）（中略）右拝観券ヲ発ス、各丁世話掛各講及団体（一ヶ所五六葉乃至十葉）、寄附者」（三六年四月一日条）。ここには「各丁世話掛」という語が現れている。そしてやや時期を経た三九年には、一つの個別町の事例だが次の記事がある「紅梅丁寄付金之件ニ付、総代柏尾、今井、評議員珠沢、同世話掛へ懇談派出」（三九年七月一三日条）。そして翌四〇年には、保勝会[43]設立のために氏地内の「各町世話掛」が部内ごとに招待されるという記事が現れるが、これは「保勝会ノ件ニ付、堀川部内各町世話掛ヲ連歌所ニ招待ス、山中、柏尾、池本、今井、西村、石橋協議員出席」（四〇

表 5-5　天満宮の氏子総代（明治 34 ～ 43 年頃）

部名	氏名	居住地	職業
滝川	和田半兵衛	滝川町132	乾物寒天問屋
松ヶ枝	村井藤一郎	（天満橋筋2丁目126番屋敷）	（酒商）
菅南	丸山卯兵衛	樽屋町51	清酒製造業
	清水吉右衛門	天神筋町16	道具貸業
	上田武雄	菅原町21	諸漬物卸売商
	中野嘉七	天神橋筋1丁目80	呉服商
	三浦市兵衛	市之町83	（青物商）
堀川	大島良輔	⑦北森町21	貸金業
	伴井嘉右衛門	旅篭町95	清酒醸造業
	山中吉兵衛	（大工町84番屋敷）	美術品商
	今井茂助	北森町1	（酒造商）
	柏尾五郎右衛門	旅篭町14	摂津製油（株）常務
西天満	飯田徳右衛門	源蔵町4	縄筵商
	井上伊助	老松町3丁目95	酒類商
	影山時蔵	木幡町407	金物商
	堀井栄太郎	伊勢町147	（無職業）
	加藤甚助	樋上町19	乾物商
堂島	進藤嘉一郎	堂島船大工町24	醤油製造業
	進藤嘉一郎	⑯堂島船大工町24	醤油商
	浜崎永三郎	⑬堂島浜通1丁目32	大阪晒粉㈱社長
	森平輔	⑨曽根崎新地2丁目112	材木商
芦分	なし		
安治川	勝浦庄次郎	富島町299	諸油卸商
（旧西成川崎）	加藤重美	東梅ヶ枝町1066	（無職業）
（西区）	松島嘉吉	西区花園町197	質商
	阪上新治郎	西区京町堀上通5丁目92	生魚問屋
	加藤専之助	西区江之子島西ノ丁79	料理商
	天川三蔵	西区仲之町2丁目64	大阪瓦斯社員

出典：大阪天満宮社務日誌各年、および注 27「事務章程並氏子総代名簿」の記載による。
注：上記の人物はこの期間すべて在任していたわけではなく、順次交代しているが、その状況は紙幅の都合で割愛した。
住所・職業は原則として『日本紳士録』第 8 版（交詢社、1902 年）により、丸番号つきは同書各版における記載である。
松ヶ枝部内の村井のみはこの時期の『日本紳士録』に掲載されていない。
堂島部内に進藤嘉一郎を 2 度掲出しているが、上段の人物は明治 35 年 3 月 12 日に死去しており、下段はその嗣子と見られる人物である。

表 5-6　祭礼時における天満宮神職の氏地回勤部内と総代・評議員同行状況（明治 34 ～ 45 年）

年次＼部名	滝川	菅南	追分·岩井→松ヶ枝	(南北)堀川→堀川	西天満	堂島	富島·安治川
明治34年		○	○	○	○	○(代)	○
35年	○	○	○	○	○		○
36年	○	○	○	○	○		○
37年	○	○	○	○	○	○	○
38年	○	○	○	○	○	△	○
39年	○	○	○	○	○		○
40年	○	○	○	△	△		○
41年(夏)	○	○	○	○	○	△	○
(秋)	○(代)	○(代)		○	○	△(代)	○
42年(夏)	○	○	○	○	△		○
(秋)	○(代)	○(代)	○	○	△	△	?
43年(夏)	○(代)	○(代)	○	○	○		○
(秋)	○	○(代)	○	○	△		○
44年(夏)	○	○	○	○	○		○
(秋)	○	○(代)	○	○	○		○
45年(夏)	○	○	○	○	○		○
(秋)	○	○(代)	○	○	△		○

出典：大阪天満宮社務日誌各年。
注：○は、部内居住氏子総代の回勤同行があったことを示す。
△は、部内居住評議員が同行したことを示す。
(代) は、部内居住氏子総代・評議員の代理者が同行したことを示す。

？は、日誌に記載がないことを示す。

空欄は、部内居住ではない氏子総代が同行していることを示す。

旧西成郡川崎村には、部内居住の氏子総代・評議員は同行していないが、35 年以降、評議員の池本権右衛門（住所は綿屋町 112 番）が毎回決まって同行している。


年七月三日条）という形であった。その後も四二年の献幕事業にあたり「献幕有志各町世話掛集会」（六月六日条）が行われ、四三年の臨時鎮火大祭には「各町世話掛」が参拝、四四、四五年の招魂祭にも「遺族町世話掛」が参拝（一一月二〇日条、五月二六日条）している。さらに四四～四五年にかけては、貴賓殿の建築について同様に氏地内の「各町世話掛」が部内ごとに招待されている。「貴賓殿建築ニ関シ氏地滝川部内各町世話掛招待ス、出席弐拾八名、欠席四拾八名、氏子惣代出席　和田氏、評議員欠席　大谷氏」（四四年六月二三日条）などである。これらを要するに、この時期には世話掛という、いわば個別町レベルの氏子総代にあたる役職が定着しつつあったと言えよう。

2　部内と氏子総代

天満宮が「部内」という単位を用いることは、この時期も変わらない。よりくわしく見ると、岩井部内という表現が小学校名の変更に従って松ヶ枝部内と名を変えたり、滝川・川崎部内や南北堀川部内が負担学区にあわせて滝川部内、堀川部内と表記されるなどしている。[44] すなわち、この時期に「部内」は、負担学区により近づいたと言える。

この時期の氏子総代の状況について、改めてまとめてみよう。

【人数・実像】大阪天満宮の史料には、明治三三年（一九〇〇）に行われた氏子総代選挙の一件書類がある。[45] その中には同年一二月付の「天満神社氏子惣代撰挙法」があり、そこでも選出人数は、次項で示すように二〇名が予定されている。一方、彼らの実像をまとめたのが表5—5であり、村井藤一郎を除くとやはり『日本紳士録』で確認することができる（ただし、日誌には三九年の選挙の後、明治末年まで選挙の記事がないため、四〇年以後は不完全なものである）。

【選出単位】右の「撰挙法」において、被選挙人の選出単位、つまり氏子総代の選挙区は次のように定められていた。

一、東天満〔堀川筋以東〕[46]、元川崎村東部〔堀川筋直線以東〕壱円　拾壱名

二、西天満〔堀川筋以西〕、曽根崎新地、堂島、元川崎村西部〔堀川筋以西〕壱円　五名

三、北安治川、富島字ざこば、江ノ子島、元戎島、元上博労、松島、元勘介島　壱円　四名

明文の規定としては、ここでも選挙区に「部内」の語は現れない。しかし氏子総代の居住地分布を表5—6から見ると、北区ではやはり部内≒負担学区を網羅していることがわかる（ただし芦分学区はない）[47]。そして表5—6からは、神職の回勤に同行した氏子総代が、次に述べる評議員とあわせて自部内の総代となる傾向がいっそう明らかになっている（堂島が出ていない理由は不明である）。氏子総代に連合町レベルの代表者という性格は、規程に明文化されていないのだが、実際にはそうした役割がむしろ強まっていったのである。

前節で見たように、大阪市の場合には負担学区が公的な制度として設けられており、学区ごとの区会議員が連合町レベルの一般的な代表者として存在していた。一方、天満宮の氏子総代は、本来氏子・氏地全体の代表者という性格である。しかし、二〇年代後半から同社が負担学区を連合町のまとまりとして活用するようになると、氏子総代は事実上、連合町レベルの代表者としての性格が強まってきた。当時は、各種選挙の予選において負担学区が基盤の一つとなっていたことに見られるように[48]、学区のまとまりが地縁集団として定着しつつあった時期である。氏子集団における現象も、そ

うした動向と軌を一にしたものと考えられる。

この時期、氏子総代の活動としては、毎年の夏祭のほか、秋祭（一〇月二五日）や梅花祭、菜花祭といった各種の祭典に供奉したことが日記からわかる。また夏祭前の神職回勤に同行するほか、四一年以降は秋祭の際の回勤にも同行している。さらに三三年以降は、氏子総代による会議の決議録や集会記事が日誌に頻出するようになる。[49]このように、氏子総代が活動する様子は記録の上で前時期と比べて格段に目立つようになっており、職務の増加ぶりがうかがえる。

3　評議員

明治三六年（一九〇三）一一月二三日の総代改選の際、氏子総代とは別に、評議員という役職が新たに一〇名ほど置かれた。[50]その実像は、やはり『日本紳士録』所収の人物が多く、氏子総代に準じると言えるが、居住地分布を見ると負担学区を網羅はしていない。

彼らの職務は祭典供奉や神職への同行など、氏子総代と共通のものが多い。なぜこの時期に評議員が新たに設けられたのかは不明である。しかし前項で触れたように、神社運営の進展によってこの時期には氏子総代の職務が増加しており、実務本位で選出される人材が、いっそう求められるようになっていたと考えられる。

おわりに

本章では、以下のことを明らかにした。

明治期の大阪市については従来、東京市と同様に、個別町レベルの組織がどの程度の広がりをもって機能していたのかは、同時代の史料から明らかではなかった。しかし大阪天満宮という惣町レベルの鎮守の氏子集団（北区）に着目すると、寄付金納付の主体になるという個別町の活動は、明治前期から氏地全体にわたって行われていたことがわかる。これに対して個別町レベルの代表者の存在については、明治中期までばらつきが見られる。だが遅くとも三〇年代後半には、代表者が町用掛の名称で統一され、定着していた。

大阪市の連合町組織については、明治二五年（一八九二）に発足した負担学区が多機能化していったことが知られている。しかし、大阪天満宮が広大な氏子区域を把握するために採った方法に見られるように、当地では、明治一〇年代から旧学区などが、学事目的を超えて、氏子集団のための連合町組織として活用されていたのである。そして二〇年代を通じて、しだいにこれが負担学区に切り替わっていくことがわかった。大阪市という大都市においても、町々をより広域にまとめた中間組織が、不可欠なものとして早くから要請されていたと考えられる。

注

（1）大阪市の町内会の沿革を述べたものに大阪市編『町会の歩み』（一九四〇年）一～二頁がある。近年では原田敬一「戦前期町内会の歴史—大阪市の場合—」（コミュニティ・自治・歴史研究会編『hestia & Clio.（ヘスティアとクリオ）』一、二〇〇五年）が、衛生組合を特に重視しつつ明治二〇年頃から市中心部で地縁組織が登場してきたことを紹介している。しかしその後の大阪市の衛生組合の区画は、松下孝昭「大阪市学区廃止問題の展開」（『日本史研究』第二九一号、一九八六年）でも指摘されているように、明治三〇年以降は負担学区（注5を参照）レベルに事実上集約されてしまう。

（2）『西区史』第一巻（大阪市西区、一九四三年）四八九～四九七頁。

（3）大阪市南区鰻谷中之町々会『鰻谷中之町の今昔』（一九四二年）。

（4）大阪市編『明治大正大阪市史』第一巻（日本評論社、一九三四年）五一九頁。

（5）区域内の各戸から課金を徴収して区域内の小学校を運営する組織であり、一種の公益事業団体というべきものである。この制度は大阪市、京都市などの大都市のほか、村落部でも採用した地域がある。制度の概要については千葉正士『学区制度の研究』（勁草書房、一九六二年）を参照。

（6）注1「大阪市学区廃止問題の展開」五四〜五五頁。

（7）明治二五年に実施された負担学区以前の状況としては、佐賀朝氏が長町（公称町名としては明治五年に日本橋筋と改称）で生じた日本橋小学校独立問題を扱うなかで、五年当時設定された小学校設置区域が「その後も根強く存続」したと述べている（佐賀朝『近代大坂の都市社会構造』日本経済評論社、二〇〇七年、一二六頁）。しかし、この論考でフィールドとされている長町は、近世以来旅籠屋株・木賃宿株の独占が認められた特異な地域である。また、小学校独立運動で示された同地域区会議員の主張は、学区が拡張されては「教育ノ進歩」度合いに懸念が生じるという、あくまでも学事の論理に即したものである。そのため、当時の小学校設置区域に学事を超えた連合町としての性格が広く認められることを、この事例によって示すことには問題が残るであろう。なお、荒木田岳「『大区小区制』の成立過程と学校行政」（『歴史学研究』第七二〇号、一九九九年）は、大区小区制期において学区が小区制度を実体として裏付ける役割を果たしていたことを指摘している。ただしフィールドは村落に設定しており、また市町村制施行以後の時期を展望したものではない。

（8）大阪天満宮の所蔵史料には大阪天満宮史編纂会『大阪天満宮所蔵古文書目録』（大阪天満宮、一九八九年）がある。また史料集として近江晴子編『大阪天満宮夏大祭天神祭と秋大祭流鏑馬式史料（近代一）』（大阪天満宮、二〇一〇年）がある。研究としては大阪天満宮史料室『大阪天満宮の研究』〔第一集〕（思文閣、一九九一年）、同第二集（一九九三年）が刊行されている。

（9）明治一一年以降、同社は天満神社を名乗っている。その後三〇年代半ばに天満宮に変わったが、その正確な時期は今のところ不明である。なお同社の社格は府社であった。

（10）大阪天満宮の氏地町名については近江晴子「坐摩神社との争論」（注8『大阪天満宮の研究』〔第一集〕所収）付論の

氏地表を参照。
（11）新修大阪市史編纂委員会編『新修大阪市史』第三巻（大阪市、一九八九年）二六一頁以下などを参照。
（12）明治初年の行政制度の沿革については新修大阪市史編纂委員会編『新修大阪市史』第五巻（大阪市、一九九一年）一五三頁以下の記述に依拠する。
（13）個々の変更の具体的な状況については『日本歴史地名体系』第二八巻［大阪府の地名Ｉ］（平凡社、一九八六年）の記述を参照。
（14）明治九年には各区町村金穀公借共有物取扱土木起功規則に基づく総代人が各町に置かれることとなったが、これは一三年に廃止された。この点については大阪市編『明治大正大阪市史』第五巻（日本評論社、一九三三年）七七四～七七五頁を参照。
（15）郡区町村編制法により、大阪府には旧大阪三郷にあたる東南西北の四区と、旧堺市街の二地域に区が置かれた。
（16）享保一四年（一七二九）～明治二一年「天満宮御祭礼地車番附」、注8『目録』C―6。
（17）天保九年「砂持寄進帳」、注8『目録』H―25、天保一一年「本社寄進受納帳」、同『目録』H―29。砂持とは河川の土砂を浚って神社境内に敷くという一種の力役奉仕である。
（18）「祭礼渡御々手伝寄進並ニ諸入費仕払簿」、注8『目録』C―61。
（19）西坂靖「大坂の火消組合の機能と運営」『三井文庫論叢』第一八号、一九八四年、同「大坂の火消組合による通達と訴願運動」『史学雑誌』第九四編第八号、一九八五年）。このほか近世の大坂には、惣町である天満・北・南の各組（郷）のもとに、宗旨組合や通達組合などの町組（組合町）が存在していた。
（20）戸長は民選であったが、一七年の地方制度改革後は事実上府知事の官選となった。
（21）注12『新修大阪市史』第五巻、一七六頁以下、一八六頁以下。
（22）注2『西区史』第一巻、四七九～四八九頁。

(23) 注12『新修大阪市史』第五巻、六八七頁以下。
(24) この時期の日誌の記述は、注8『大阪天満宮夏大祭天神祭と秋大祭流鏑馬式史料（近代一）』に翻刻されているので、参照されたい。
(25)「北区小学校沿革（表）」、大阪都市協会『北区史』（北区制一〇〇周年記念事業実行委員会、一九八〇年）四一八～四一九頁。
(26) 明治一四年内務省達乙第三三号。また大阪府布達として一四年甲第一七九号、一五年甲第五四号が出された。
(27)「事務章程並氏子総代名簿」、注8『目録』F―14。
(28)「夏秋祭礼御本社家根換収入類別簿」、注8『目録』C―72。
(29)「本社摂社末社行宮御家根換及神楽所神庫新築其他改築並総修復費氏地町村寄付金申込書綴　甲」、注8『目録』D―9。
(30) これは内務省地理局編『地方行政区画便覧』（一八八七年）九六～一〇二頁所収の、明治一九年時点における各区の町数を数えたものである。その後は二二年大阪市の市制（特例）施行にあたっても、各区の区割りに変更はなかった。
(31) 注12『新修大阪市史』第五巻、七二九頁以下。
(32) 同前、七三一～七三二頁。
(33) 注1「大阪市学区廃止問題の展開」五九頁。この時期の学区には学務委員もそれぞれ数名ずつ置かれていたが、重視されたのは区会議員の方だったようだ。
(34) 大阪市参事会編『大阪市例規類纂』（石西尚一、一八九四年）一四頁以下を参照。
(35) 天満神社の行事にあたり、神職は氏地にとどまらず大阪市中に回勤している。しかし、行政区内部をいくつもの部内に分けることは、氏地内部でしか行われていない。
(36) 堀川北・堀川南小学校は明治一九年に堀川小学校、追分・岩井小学校は二四年に松ヶ枝小学校にそれぞれ統合済みである。旧学区名がこの時期になお現れる理由としては、前項で述べたように、学校が制度上統合された後も、実際には従来の校舎敷地などが引き継がれていたことが想定される。

(37) 注8「坐摩神社との争論」付論氏地表を参照。

(38) 二八年の三年後は三一年だが、同年に選挙は行われなかったようだ。また「二七年九月」の選挙も名簿に記述があるものの日誌にはなく、二八年の選挙がそれに該当した可能性が高い。このように、実態としては必ずしも三年ごとに選挙が行われたわけではなかった。

(39)「夏秋祭礼費支出類別簿」、注8『目録』C—74。

(40)「収入金内訳簿」(四二年)、注8『目録』J—66。

(41)「正遷宮御千年祭ニ付氏地寄付名簿」、注8『目録』D—26。

(42)「保存金収支簿」、注8『目録』J—47。

(43) 保勝会とは、天満宮の営造物修築などのために、大阪府一円の「有志者」から寄付金を募ることを目的として、同社の宮司や氏子総代が設立した団体である。

(44) 岩井学区が松ヶ枝学区と公式に改称したのは明治三四年だが、日誌では三七年に初めて松ヶ枝部内と呼ばれている。滝川学区と堀川学区については、ともに三四年に初めて滝川部内、堀川部内と呼ばれている。

(45)「氏子惣代改選挙会一件書類」、注8『目録』F—17。後年さらに「天満宮氏子惣代規定」が定められており、そこでは「三名以上三十名以内」とされている。

(46) 天満郷(天満組)を堀川筋で東天満・西天満と区分する方法は、近世から行われていた。地形的に自然なことと言えよう。

(47) 芦分学区に氏子総代がいないのは、芦分、安治川両学区内で氏地町が安治川通上一丁目、同二丁目(以上、芦分学区)、富島町(安治川学区)の三ヶ町のみであることと関係すると思われる。

(48) 原田敬一『日本近代都市史研究』(思文閣出版、一九九七年)第四章ならびに注1「大阪市学区廃止問題の展開」を参照。

(49)「氏子総代会評議録」(明治三三〜三四年)、「(氏子総代会)決議通知書綴」(明治三六年)、注8『目録』F—18、20。

(50) 評議員に関する規定は、前注「決議通知書綴」の中に見ることができる。

第六章　昭和期における都市地縁集団の再編と町内会連合会

はじめに

本章では、昭和戦中期の内務省訓令を受けて、全国の諸都市で設立された町内会連合会の組織が、戦後社会までを展望した地縁集団の流れの中で、どのような意義を持っていたのかを明らかにする。

戦前の都市における連合町組織としては、第五章でも触れた大阪市や、あるいは京都市でしかれた負担学区制度が注目されてきた[1]。しかし大正期以降の状況については、同制度の廃止過程が注目される一方で、佐賀朝氏が指摘しているように、制度廃止後も通学区として残された連合町のまとまりが、地域社会でどのような意義を持っていたのかについては、ほとんど関心が払われてこなかった[2]。一方、敗戦を経た昭和五五年（一九八〇）に自治省が行った町内会（戦後は自治会の名称が増え、また一般名称としては地域住民組織と呼ばれるが、第三章同様、本章でも町内会の名称で統一する）に関する調査によれば、この時期には小学校通学区を区域とする町内会連合会が、都市部を中心として全国的に相当数存在することが確認されている[3]。またこのまとまりは「コミュニティ」と呼ばれて、単位町内会と並ぶ地域自治の担い手として期待されるに至った[4]。

このように、単位町内会よりも広いエリアからなる通学区が、地縁集団の区域＝空間として全国レベルで重視されるようになった契機として、行政学や都市社会学の研究では、昭和四四年の国民生活審議会小委員会による報告と、その二年後の四六年に自治事務次官が発した通達「コミュニティ（近隣社会）に関する対策要綱」（自治行第一二三号）を挙げることが通例である。それは、右の要綱に伴う政策で「概ね小学校の通学区域程度の規模を基準とする」モデル・コミュ

ニティが設定され、以後多くの自治体でコミュニティ政策が実施されるようになったためである。(5)

これに対して、町内会政策史上の画期であり、本書第三章でも取り上げた昭和一五年の内務省訓令が、連合町組織のあり方に何らかの影響を与えたということは、一般に知られていない。しかし地域レベルの文献を個々に調べると、金沢市町会連合会(6)や姫路市連合自治会(7)などの沿革史には、昭和戦中期に通学区を区域とした町内会連合会が設けられたことが述べられている。そのため連合町組織に関しても、この時期の政策が各都市に与えた影響について検証する必要があると考える。

以下、在来都市の連合町組織がどのように形成されたのかについて、大都市・地方都市に大別したうえで、それぞれ明治・大正期から改めて確認していく。本章で扱う在来都市も第三章と同様、明治期までに市制を施行した四大都市と五四の地方都市である。なお以下では、昭和一五年の内務省訓令以降に設けられた個別町レベルの組織を指して町内会あるいは単位町内会と呼び、その連合組織を町内会連合会と呼ぶ。

第一節　明治・大正期の連合町組織

1　大都市

まず四大都市について、明治・大正期の間に、連合町組織がそれぞれどの程度機能していたのかを確認しよう。

【東京市】東京市のうち京橋区や日本橋区では、明治一〇年代から旧小区が、そして二〇年代後半からは区会議員の選挙区であった部制が、連合町組織として機能していた。選挙とは直接関わりのない氏子集団において、この部制が町々をより広域にまとめる枠組として早くから活用されていたことは、第四章で見た通りである。そしてこの部制のまとまりは、次第に一般的な連合町組織になっていく。もっとも、大正期までに部制が多機能化していたのは日本橋・京橋・神田という、ちょうど近世以来町人地の蓄積があった地域の各区である。数から言えばそれらよりもずっと多いほかの区については、あてはまらない。なお、東京市で小学校の経費を負担していたのは、各区である。区内の各小学校にはそれぞれの通学区があったが、同市の通学区は一般に多機能化しなかった（第四章注8を参照）。

【大阪市】大阪市においては、およそ十数ヶ町ずつの町々に小学校を運営させる目的で、明治二五年（一八九二）に負担学区が設置された。そしてこの負担学区が学事目的を超えて、議員選挙においていわゆる予選団体となったり、衛生組合や在郷軍人会などの枠組となったりしたことは、よく知られている。また第五章における氏子集団の検討から、北区では明治一〇年代から旧小区（旧通学区）が連合町組織の枠組となっており、二〇年代を通じてこれが次第に負担学区に切り替わっていったことがわかる。なお明治二五年時点では各負担学区の範囲が通学区と一致していた。そして当時の市域については、昭和二年（一九二七）の負担学区廃止まで、東区の中大江学区、南区の桃園学区など一部を除いてそれは変わらなかった。しかし明治三〇年や大正一四年（一九二五）に大阪市に編入された町村部では、いずれも一つの負担学区が複数の小学校を運営する形がとられた。つまりこれらの新市域では、負担学区の範囲と通学区の範囲は一致していなかった。

【京都市】近世の京都には、きわめて複雑な町組が存在した。しかし維新後は直ちにこれが改編され、明治二年には後年まで維持される町組が早くも設立されたことは周知の通りである。[8] 明治二五年にこれが負担学区となり、「同制度は明治二十五年七月以来、教育事務のほかにも多くの行政事務について、市民の地縁的組織の基礎単位として、大きな役割を果たし」た、と言われている。[9] 京都市でも、市制施行時の市域においては、ほぼ負担学区の範囲がそのまま通学区であったが、大正七年や昭和六年に編入された町村部では、一つの負担学区が複数の小学校を運営する形がとられた。

【名古屋市】近世の名古屋で町組にあたる組織としては、触頭町の区分けや火消組合が挙げられる。[10] だが、その役割は研究史上取り立てて評価されておらず、組織自体も維新とともに解体されたと見られる。明治期の名古屋市に負担学区制度はしかれなかったが、各小学校の通学区はやがて聯区と呼ばれるようになった。その沿革については、筆者の調査による限り、大正期以降次第に機能を増したとする『大正昭和名古屋市史』の記述[11]以外に研究は見当たらない。筆者が新聞記事を調べたところ、確かに大阪市や京都市のように明治期から一般的な機能を果たしている様子はうかがえない。しかし明治四〇年の市会議員選挙では「八重学校聯区十三ヶ町」が新聞に推薦候補者の広告を出しており[12]、予選団体となっていたことがわかる。

以上からわかるように、近世の三都や名古屋の町組は維新とともに解体されたが、明治期には新たな連合町組織が早くから多機能化しはじめていたと評価できよう。大阪市や京都市で、負担学区が学事目的を超えてさまざまに機能していたことは周知の通りである。名古屋市については未解明な部分が多いが、聯区、つまり通学区の中には明治末期に予選団体となるものも現れた。東京市では通学区の機能は発達しなかったが、町人地の伝統が厚い京橋区などでは部制という独自の連合町組織が発達していた。

2　地方都市

次に、この時期の地方在来都市における、連合町組織に関連する制度と実態についてまとめよう。近世期の町組は、比較的規模の大きい地方都市にもまとまって存在していたことが知られる[13]。だが、これらの町組が維新後まで存続したという事例は確認できず、いずれも明治維新とともに解体されたと見られる。一方、明治期以降に連合町組織となりえた枠組には、次のようなものがあった。

【行政区】行政区制度とは、市制に基づいて市内をいくつかの区に分け、各区の区長を公職として扱うものである。戦前、この制度を採用した地方都市は少なくなかった[14]。ただ各自治体史の記述を見る限り、都市部の行政区は必ずしも固定的・安定的なものではなく、廃止・復活をくり返したり、区画が変更されたりした[15]。そして先回りして述べておけば、本章が母集団とする都市において、これらの行政区が後年に町内会連合会の枠組となったケースは確認できない。これは第三章で見たように、都市の行政区が連合町よりも狭域な、個別町レベルに近い規模で設けられることが多かったためである。

【負担学区】大阪市や京都市でしかれていた負担学区制度が、大都市以外に、どの市町村でいつごろ実施されていたのかを示す網羅的なデータは、研究史上いまだに得られていない。自治体史の記述によれば、地方在来都市の中では福岡市、[16]福井市、[17]弘前市で採用されており、[18]高知市でも一年ほど採用されていたようだ。[19]しかしいずれも明治期のうちに廃止されており、これらがその後地縁集団の枠組として機能したという記録は確認できない。

【通学区】小学校費を市が負担していても、市の内部に小学校が複数あれば、各小学校には通学区が複数設けられる。[20]地方在来都市のうち、この通学区が大正期までに学事を超えた機能を果たした事例としては、金沢市と和歌山市の二市が確認できる。金沢市における「校下」の多機能化は著名であり、「校下〔通学区〕意識が芽生えるのは大正十四年以降。郡部編入により小学校通学区域が十六にまとめられてからといわれる（『金沢市町内会連合会二十周年記念史』[21]〔原文注記〕）」。また和歌山市では、大正九年（一九二〇）に市域を一一に分けて町総代代表委員会が結成された。[22]そして高岡裕之氏によれば、この代表委員とは、小学校通学区に対応した一一方面から町総代が原則として二人ずつ選出されるものであったという。[23]

【その他の連合町組織】高知市では、三新法の施行時に高知街、上街、北街、南街という名称の区画が定まり、この区画は後に大街と呼ばれて現在まで機能している。[24]また徳島市（正確には徳島県）では、同じく三新法の施行時に「記別」と称する事実上の連合戸長役場を独自に設けており、同市ではこのまとまりがその後も連合町組織として機能していた。[25]四日市市では、町制の施行時から共同・同和・同盟などの名称を持つ独自の連合町組織が機能していた。[26]しかし、こうした独自の連合町組織を発達させた地方在来都市の事例は、割合からいえばごく少数である。

以上からわかるように、大正期頃までの地方都市では連合町組織がほとんど確認できず、大都市と比べて発達していなかったと評価してよいだろう。

第二節　昭和戦中期の町内会連合会

1　政策の動向

地方在来都市では、第一次世界大戦後になると町村編入が盛んに行われるようになる。こうした都市全体の広域化は、地方都市においても市と各個別町をつなぐ広域な中間組織と言うべき連合町が要請される、間接的な要因をつくっていたと考えられる。

他方、時代の文脈が大きく変わった日中戦争開始後には、単位町内会の設置が促されるようになる。その直接の要因としては、国民精神総動員運動（以下、精動と略す）と防空政策という二つの異なる要素が挙げられる。そのこと自体はもちろんこれまでにも多くの文献で指摘されているが、ここでは連合町組織が各都市で要請されるようになる経緯を意識しつつ、改めてそれぞれの流れを確認しておく。

まず、精動は国民の精神面に働きかけようとする運動であった。近年の山本悠三氏の研究は、この運動の背景として昭和恐慌期以降の国民教化運動を重視しており、国民更生運動や選挙粛正運動の中で、教化常会という組織が次第に町内会や部落会といった地縁集団と結びついていく過程を明らかにした。そして、とりわけ昭和一〇年（一九三五）以降の都市部における教化運動で、通学区を区域とした教化網の整備が少なからぬ都市で進められたという指摘が、本章にとっては重要である。(27) 精動と通学区との関係を積極的に指摘したのは、山本氏がはじめてであろう。もっとも、この文脈で通学区が登場することは、精動に文部省が強く関与していたことを考慮すると、自然な流れと評価できるのではないだろうか。日中戦争開始後の一二年一〇月、第一次近衛内閣のもとで、内務省・文部省・情報委員会が中心となって国民精神総動員中央連盟が組織されると、以後は精動の実践網として、町内会・部落会や隣組という枠組で常会を設けることが奨励されるようになる。山本氏の研究はこの時期もカバーしているが、同内閣期以降の政策の中で通学区が持った意味には言及していない。

一方、防空政策は航空機による攻撃という物理的な危機に対処する政策である。昭和初期には、関東大震災という自然災害への市民の関心を利用しながら、陸軍が防空演習を繰り返していた。この分野で初めて本格的な研究を行なった土田宏成氏は、これらの演習を通じて、各種の団体が通学区を基準として動員されるシステムが確立されたことを指摘した。当時の仕組は、氏が留保しているように「臨時的なもので、常設的なものではなかった」が、[28]注意したいのは、氏が扱っている時期の防空体制では、個別町組織よりも先に通学区という枠組の方が重視されていた点である。当時の各市における防空演習への協力組織には、医師会のような市域レベルの団体以外に消防組、青年団、在郷軍人会などがあった。これらはいずれも、市よりは狭く個別町よりは広域なエリアを基盤とする団体であり、小学校の通学区はこうした諸団体との連携にふさわしいレベルの区域＝空間であったと考えられる。防空という業務にとっては、個別町レベルよりも広い区域を基盤とする諸団体の協力が必要だったのである。その後、陸軍の指導のもとに防護団が各地で設立されるようになり、一四年四月一日に警防団令（勅令第二〇号、一月二五日公布）が施行されると、以後は警防団が防火・防空を目的とした組織となった。これは従来の消防組と防護団とが内務省警保局のリードのもとに発展解消したものであり、警察署が監督を行うものである。土田氏の行論はここまでをカバーしているが、防護団や警防団の組織と通学区との関係については特に述べていない。

さて、以上のような文脈のもとに、一五年九月一一日付で内務省訓令第一七号「部落会町内会等整備要領」が発せられる。この訓令の主眼は、第三章でも見たように、単位町内会（・部落会）や隣保班を各市町村に強制的に設置させ、あわせて各段階で常会を開催させることにあった。そして単位町内会をより広域にまとめる町内会連合会については「必要アルトキハ適当ナル区域ニ依リ町内会聯合会ヲ組織スルコトヲ得ルコト」と任意規定になっており、組織する際の基準も定められていない。内務次官からは同日付で「部落会町内会等ノ整備指導ニ関スル件依命通牒」（地第九一号）が発せられたが、[29]ここでも町内会連合会は「必要ニ応ジ組織スルコトヲ得ル」との規定にとどまっていた。ただ、雑誌『自

表6-1　「町内会聯合組織の区域に関する調」（昭和17年）

		市部	郡部	合計
町内会聯合組織の実数		2,642	5,537	8,179
同上の内	市町村の一部の区域に依るもの	133 5	724 13	857 10
	行政区に依るもの	332 13	2,407 43	2,739 33
	大字又は町に依るもの	528 20	2,606 47	3,134 38
	通学区に依るもの	1,408 53	700 13	2108 26
	一定の町内会数に依るもの	72 3	205 4	277 3
	一定の戸数に依るもの	117 4	88 2	205 3
	其の他	204 8	106 2	310 4

出典：注33「部落会町内会等ニ関スル訓令通知綴」より作成。
注：「備考　石川県は未報告に付之を除く」（＝原注）
ゴシックは割合（%）を示す。

治機関』同年一二月号（第四九〇号）には、内務省地方局による当該訓令の解説が掲載されている。そこでは町内会連合会について「必要に応じ適当なる地域（例へば学区）に依り聯合会を組織することが出来る」と、設置区域として通学区を例示していた。(30) また同号には大阪市職員として町会育成にあたり「町会生みの親」とも呼ばれた大塚辰治も執筆しており、彼はおそらく大阪市での経験をふまえつつ「〔単位〕町会を統合するために、小学校の通学区域を以て町会連合会を設けてこれを市区に統合すると運営上甚だ便利である」と述べていた。(31) このように、実務担当者により近いレベルでは、通学区を活用した連合町組織を設置する有効性が認識されていたことがうかがえる。

この訓令後、実際にどれほどの都市で町内会連合会が設けられたのだろうか。内務省地方局総務課が一八年九月一日現在でまとめた「町内会部落会等整備状況調」(32)によれば、当時市制を施行していた二〇六市のうち、町内会連合会を設ける市は一五七にのぼっていた。一方、内務省地方局振興課が昭和一七年一月現在でまとめた「部落会・町内会等ニ関スル調」(33)の結果は、通学区を基準とした町内会連合会の数（市町村の数ではない）が、表6―1のように市部ではほぼ半数であったことを示している。もっとも、これらの統計的なデータのみからでは、昭和一五年の内務省訓令が具体的にどのような経過で町内会連合会の設置に結びついたのかわからない。また、通学区を基準とした町内会連合会が設けられた都市とそうでない都市との違いを検討することもできない。このため、以下では諸都市での経過を具体的に追跡していく。

2　大都市

【東京市】東京市では関東大震災の教訓から昭和五年（一九三〇）に「東京非常変災要務規約」を制定しており、自衛組織として防護団が設立されることになった。(34) この時の編成は規約上、通学区を区域とすることになっていた。しかし一三年当時の三五区のうち、旧市域一五区の実態を見るとそうなっているところは少なく、日本橋区や京橋区では部制が活用されており、他の区では警察署の管轄区域などとなっていた。(35) 一四年の警防団設置にあたっては、「警防団ノ区域ハ東京市内ニ設置スルモノニ在リテハ警察署ノ管轄区域」によることとされた（警視庁令第一一号「警防団令施行規則」第二条）。一方、東京市の町会結成は一三年四月一七日付の「東京市町会規準」（告示第一九三号）によって行われた。(36) 同市の場合、町会連合会には各区内をいくつかの地区に分ける通常の連合体タイプのもののほか、区内の全町会を構成団体とする、いわば総合体タイプのものがあった。そして一三年九月時点における旧市域一五区の状況を見ると、前者のタイプのうち通学区を区域とするのは麹町・牛込の二区のみで、日本橋・京橋・神田・芝の各区では部制によっており、麻布・浅草・本所・深川の各区では警察署管轄区域によっていた。(37) 一五年九月の内務省訓令が出されると、東京府は一〇月一五日付で訓令第二七号を発したが、(38) 東京市ではこれに対応する規程は制定されなかった。

【大阪市】大阪市では九年に「大阪市防護要務規程」によって防護団が設置され、その際通学区を区域とする防護分団が設けられることになった（第四四条）。(39) そして一四年の警防団設置にあたっても、各団は通学区ごとに設けられることになった（大阪府令第一七号ノ二「警防団令施行規則」第六条）。(40) 一方、町会の結成過程を見ると、同市では一三年一月に「新町会結成方針」が発表され、四月には二六九九町会とともに二四六校区町会連合会、一五行政区町会連合会ができあがっていた。(41) 一五年の内務省訓令が出されると、大阪府は一〇月二三日に訓令第二三号を発し、(42) これに応じる形で大阪市では一一月二一日付で「大阪市町会規程」（告示第六六一号）が制定され、その中で通学区を区域とする町会連合会が設けられた（第三九条）。(43)

【京都市】京都市では九年の防護団設置に際しては負担学区ごとの防護分団が、一四年の警防団設置にあたっては負担学区ごとの町防護組連合がそれぞれ設けられた。[44] 一方、町内会については京都府が一五年一〇月四日に訓令第三五号を発し、[45] 京都市では一一月二三日付で「京都市町内会設置標準」（告示第六〇六号）が制定された。そこでは「学区内ノ町内会ヲ以テ学区町内聯合会ヲ組織ス」と定められたが「同一学区内ニ数個小学校アルモノニ付テハ、各通学区域内ノ町内会ヲ以テ学区町内聯合会ヲ組織ス」と条文が続いており（第二六条）[46]、負担学区ではなく通学区が区域になっていることがわかる。京都市の負担学区は翌一六年三月、国民学校令の公布によって強制的に廃止された。[47]

【名古屋市】名古屋市では一〇年に防護団が設置されると聯区単位の分団が設けられ、[48] 一四年の警防団設置にあたっても、団自体は警察署ごととされたが、分団は聯区ごとに設けられた。[49] 一方、町内会については愛知県が一五年九月二四日に通牒として地第一〇五八号を発しており、[50] 名古屋市では一一月一五日付で「名古屋市町内会等ニ関スル規程」（告示第三〇〇号）が制定され「聯区（小学校通学区域ヲ指称ス）内ニ在ル町内会ヲ以テ町内会聯合会ヲ組織シ、之ヲ聯区町内会ト称ス」と定められた（第一七条）[51]。

以上のように、四大都市のうち東京市を除く各都市では、いずれも通学区が区域＝空間となって町内会連合会が設けられた。また東京市でも、通学区以外に部制や警察署管轄区域などをもとに、旧市域の一五区中一〇区で町内会連合会が設けられていた。なお、東京市以外ではいずれも、町内会の結成に先んじる形で、防護団や警防団が通学区ごとの分団を設けていたことがわかる。しかし、そこから警防団組織が通学区型の町内会連合会を導いたと考えてよいかどうかは、地方都市の検討を待ってから判断することとしたい。

3　地方都市

地方都市の各自治体史の記述を通覧すると、昭和一五年（一九四〇）の内務省訓令が出される以前、防護団・警防団設置にあたって、分団設置の基準として通学区が活用された都市が少なくないことがわかる。具体的には鳥取市[52]・米沢市[53]・福島市[54]の防護団、長岡市[55]・弘前市[56]の警防団などを挙げることができ、新聞記事や個別の史料を収集していくと、この傾向はさらに広がる見込みである。また中には、特定の目的に限定されない一般的、多機能的な連合町組織として通学区のまとまりを新たに採用しているところもある。佐賀市では「昭和九年十一月の区長会会則の一部改正において幹事を二十名とし各学校区毎に四名ずつ選出することにした」[57]。また岡山市では一二年一〇月二三日に岡山市聯合戸主会規約を定めて「各町単位の戸主会を、学区毎に統制」している[58]。ただ右の諸都市のうち福島市・弘前市・佐賀市は、内務省訓令後に町内会連合会を設置していない。そのため、この時期の動きを後年に直結させて考えることはできないようだ。

一五年の内務省訓令が発せられた後、各都市ではどのような対応がなされたのだろうか。結論から言えば、各都市は対応の仕方によって、次の三タイプに分けることが可能である。ⓐ通学区を基準として町内会連合会を設けた都市（以下、通学区型設置都市と呼ぶ）、ⓑ通学区以外の基準による町内会連合会を設けた都市（以下、非通学区型設置都市と呼ぶ）、ⓒ町内会連合会を設置しなかった都市（以下、非設置都市と呼ぶ）。このため、以下では各タイプごとに設置の状況を見ていくこととする。

ⓐ通学区型設置都市

次の各都市では、通学区型の町内会連合会を設けている。各都市はおおむね情報の現われた時期順に並べ、また便宜的に番号を付した。なお、引用する自治体史などの記述中にある学区とは、いずれも通学区を指すものである。

1【仙台市】同市では一五年八月二六日の市会で「公会」という事実上の町内会の設置が可決されており「公会は一〇〇ないし二〇〇戸程度を一区域とし〔中略〕同一小学校区の公会により連合公会がつくられた」。そして同年一一月には「仙台市内に三四一公会、四三〇〇近くの隣組、一八連合公会ができた」[59]。

2【秋田市】「十五年十月一日、秋田市常会機構が改組された。これによると、市長を会長とする秋田市常会の下に各学区町内会連合会が九つあり、その実践単位組織として町内会部落会が位置づけられている」[60]。

3【奈良市】『朝日新聞　奈良版』一五年一〇月一二日付によれば、同市ではこの時に整備要項を定めており、『奈良市史』によればその組織は「市常会─区町内会─町内会─隣組に序列化された。市常会は、市長のほか区町内会代表七人〔各連合会長〕〔中略〕で構成され、毎月十五日に定例常会を開いて市政について研究討議するとともに、下意上達並に各種団体の連繋などにあたったという。区町内会は、学区ごとに各町内会長を以て構成され、別に七学区の連合会長で構成する連合町内会長会があった」(61)。

4【富山市】『北日本新聞』一五年一〇月一五日付によれば、この時に校下町内会を設けることが定められた。

5【宇都宮市】『下野新聞』一五年一〇月二三日付によれば、この時に学区ごとに町内会連合会を設けることが定められた。

6【高岡市】『北日本新聞』一五年一一月二日付によれば、この頃に規程が整備されたようで、『朝日新聞　富山版』同年一二月一一日付によれば、この時に九校下の連合町内会長が決定した。

7【岡山市】一五年一一月「町内会設置規程とあわせて同施行規則、町内会規約準則、学区聯合町内会規約準則も定められた」(62)。

8【福岡市】『朝日新聞　福岡版』一五年一一月二一日付によれば、同市ではこの時に規程を定めており、『福岡市史』によれば「校区内の町内会長を以て組織」する町内会連合会が整備され、市常会は町内会連合会長と各種団体代表者からなっていた(63)。

9【米沢市】『山形新聞』一五年一一月二一日付によれば、この時に町内会連合会は通学区ごととすることが定められた。

10【久留米市】一五年一一月二二日の「町内会等整備要領」に記載はないが、一二月末をもって結成された組織には町内会連合会があり、これは「各小学校区域毎に組織す」とされていた(64)。

11【小倉市】規程の設定状況は不明だが、『朝日新聞　北九州版』一五年一一月一日付によれば、同市では従来から精動の実践網として一五学校区が設けられており、同年一一月二二日付によれば町内会連合会長一五人が市常会員となる旨が報じられており、学校区はそのまま町内会連合会に移行したと見られる。

12【高松市】「十五年十一月三十日、市内の自治組合を改組して町内会の組織を終えたのである。〔中略〕町内会連合会は当時の国民学校の校区を単位とし」云々と言われている。(65)

13【金沢市】一五年一一月の「金沢市町会整備要項」では「各国民学校（小将町、高岡町校ヲ除キ、材木町、味噌蔵町両校ハ一トス）校下毎ニ町会連合会ヲ組織ス」とされた（第二の一〇項）(66)。

14【山形市】同市では「いままでの一〇六の区を一一二の町内会とすることとなり、更に学区を基準として、これを七の町内会連合会に組織することとなった」。市の「常会員は、地域代表としての七町内会連合会の正副会長をはじめ〔中略〕五〇名以内」とされた。(67)

15【松江市】『朝日新聞　島根版』一五年一二月一一日付によれば、同市ではおそらくこの時に規程を定め、「小学校下をもって町内会連合会を組織することを得」とされた。そして一六年二月二六日付によれば町内会連合会が全市にわたり設けられていた。

16【豊橋市】『豊橋同盟新聞』一五年一二月一三日付によれば、この時に校区町内会を設けることが定められた。

17【大津市】一五年一二月一六日に「大津市町内会等ニ関スル規程」を制定し、その中で「町内会ハ概ネ小学校通学区域内ニ在ル町内会ヲ以テ連絡会ヲ設クルモノトス」とされた（第一五条）(68)。

18【岐阜市】一五年一二月一六日に定められた「岐阜市町内会規程」において、「各校下毎ニ町内会聯合会ヲ置キ、区域内町内会長ヲ以テ組織ス」と定められた（第三条）(69)。

19【堺市】「市では〔一五年〕一二月一九日付で〔中略〕堺市町内会規程を公布」し、そこでは「尋常小学校通学区域内に在る町内会を以て学区毎に連合町内会を組織す」と規定された（第三八条）。なお実際の編成は年を越し、従来の一八学区連合町内会が一九学区連合会に再編された。(70)

20【長崎市】『長崎日日新聞』一五年一二月一二日付によれば、この時に学校区町内会聯合体二一区が設けられた。

21【大分市】『朝日新聞　大分版』一五年一二月二四日付によれば「聯合町内会は各学校区を単位として九つ置くこ

とが定められた」。

22【甲府市】一五年一二月二六日の市会で「市町内会及び市常会規程」が議決され、その中で「市並各種団体との連絡及町内会の統制指揮に当る為、小学校通学区域内に在る町内会を以て町内会聯合会を組織す」と定められた（第一六条）[71]。

23【姫路市】一五年一二月に「大政翼賛会の下部組織として、町内会整備が進められ、『全市十三小学校校区別に町内会連合会の新結成を行ひ町内会連合会長を決定、これらの連合会長がいづれも市常会の協議員となり軍都〔「軍と」カ〕の協力会議に出席、下意上達にあたることとなつた』という」[72]。

24【水戸市】一六年一月に水戸市町内会規程を制定し、四日付けで「市内二五八町内会長及び〔中略〕六学区町内会連合会長が就任した」[73]。

25【鳥取市】『朝日新聞　鳥取版』一六年一月一〇日付によれば、この時までに単位町内会の上部組織として「校区会」が設けられていた。

26【熊本市】一六年一月一七日に制定された「熊本市町内会設置規程」では「町内会ハ小学校ノ区域毎ニ聯合会ヲ組織スベシ」とされていた（第一四条）[74]。

27【松山市】『海南新聞』一六年一月二一～二三日付によれば、この時に各校下町内会連合会が発足した。

28【広島市】一六年二月八日に制定された「広島市町内会等設置規程」において「小学校通学区域内にある町内会をもつて連合町内会が組織」されることになり、同年「四月二日に国民学校通学区域を単位とする全市三一連合町内会の結成を終つた」[75]。

29【和歌山市】「十六年三月〔一〇日〕時局の要請に応えて町内会規程を公布し〔中略〕各町内会の連絡調整を図るため同一国民学校通学区域の町内会をもって町内会連合会を組織」した[76]。

30【津市】一六年三月一四日の町総代会で「市との連絡機関として各学区ごとに町内会連合会をつくりその名称は国

民学校名をつけること」が決められた。(77)

31【静岡市】一六年三月二六日「それまでの町総代制を廃し、隣組を下部組織とする町内会制度を実施し、町内会と、国民学校の学区制とによる連合町内会が結成された」。(78)

32【長岡市】規程の設定状況は不明だが、『長岡市史』によれば「市街地を八つの学校区に分け、その中に、町・丁目を単位として町内会をもうけた」。(79)

33【高崎市】規程の設定状況は不明だが、『高崎市史』によれば連合町内会名は学校名と同じであり、連合町内会は学区ごとであったと見られる。なお、市常会は町内会連合会長と各種団体の長などからなっていた。(80)

ⓑ非通学区型設置都市

次の各都市では、非通学区型の町内会連合会を設けている。各都市には、前項に続けて番号を付した。

34【尾道市】同地は町制施行以来、尾道町（市制施行は明治三一年）の内部を、久保・尾崎・十四日・土堂・東御所・西御所と地理的にに区分しており、(81)『朝日新聞　広島版』一五年一一月二二日付によれば町内会連合会はこの区分に基づいて設定された。

35【下関市】『関門日日新聞』一五年一一月二八日付によれば、市では町内会連合会を七〜二〇町内会ごとに結成させるとしており、『朝日新聞　山口版』同日付は旧市内が一四、彦島が四、新市域が八の計二四連合会となる見込みであると報じている。しかし三〇日付では二五連合会に変更されたと報じ、一二月一四日付で連合会長が決定した。

36【徳島市】前述のように、徳島市には記別という連合町組織が明治期から機能していた。『朝日新聞　徳島版』一六年一月二六日付によれば、市では町内会連合会の組織にあたって「町内会数二〇以上でかつ世帯一〇〇〇戸以上」という規定を設けているが、その後の経過を見ると、実際には従来からの記別を区域として設定されたようである。

37【新潟市】一五年一二月「組一〇戸、町内会一〇〇戸、連合町内会一〇〇〇戸を標準とし、町内会の地域や町内会長を市が決定した。連合町内会は三七区になった。〔中略〕十六年三月から、新潟市は連合町内会長〔中略〕などを会員として市常会を開催した」(82)。

38【四日市市】一六年一月一〇日に制定された町内会整備要領は、町内会連合会（地区常会）について「市内ノ八地区ニ地区常会ヲ設クルコト」としか定めていない。しかし前述のように、同地には明治期から独自の連合町組織が機能しており、町内会連合会もこれに基づいて設定されたと思われる。

39【高知市】前述のように、高知の町には近世以来大街と呼ばれる市中の区分けがあり、これは戦後まで及んでいる。『高知新聞』一五年一二月一二日付の記事から、町内会連合会はこの大街の区分に基づいて定められたことがわかる。

40【福井市】一五年一二月二八日に「福井市町内会整備要領」が制定されたが、町内会連合会については一六年二月に独自の二五区が定められた(83)。

41【青森市】『青森市史』は、一六年二月以降市が町会連合会設置規程について研究を行ったとしているが(84)、詳細は不明である。『東奥日報』同年三月二日付では町会連合会長が一六名置かれることが報じられ、同月九日付では会長の氏名が決定しているが、その区分けについては未詳である。

42【宇治山田市】『伊勢市史』は、一六年初めに町内会とともに町内会連合会についても規定が置かれたとしているが(85)、内容は不明である。『伊勢新聞』一八年三月一三日付には町内会連合会長改選の記事があり、それを見る限り、当市では町内会連合会が一部の地域に限って設けられていたようである。

43【浜松市】『静岡民友新聞』一五年一一月二一日付によれば、通学区ごとの町内会連合会が設立される見込みであったが、実際には一六年七月になって独自の一二区が定められた(86)。

ⓒ非設置都市

一八年九月現在で町内会連合会を設置していない都市を人口の順に挙げると、鹿児島、前橋、盛岡、長野、松本、弘前、佐賀、福島、若松、丸亀、高田の各市であった。

以上のように、五四の地方在来都市のうち、四三の都市で町内会連合会が設けられ、また三二の都市では通学区を区

表 6-2　各都市の町内会連合会数・単位町内会数・世帯数（昭和 18 年頃）

市名	町内会連合会数	単位町内会数	世帯数	市名	町内会連合会数	単位町内会数	世帯数
大阪市	271	3,508	3,252,340	高松市	13	265	111,207
京都市	143	3,667	1,089,726	徳島市	13	362	119,581
名古屋市	130	2,688	1,328,084	姫路市	13	212	104,259
新潟市	63	310	150,903	浜松市	13	118	166,346
和歌山市	32	411	195,203	久留米市	11	121	89,490
福岡市	31	547	306,763	鳥取市	10	118	49,261
広島市	31	358	343,968	大分市	9	128	76,985
静岡市	30	357	212,198	松江市	9	101	55,506
金沢市	30	535	186,297	大津市	9	202	67,532
堺市	27	441	182,147	山形市	9	146	69,184
熊本市	26	300	194,139	津市	8	208	68,625
富山市	26	403	127,859	長岡市	8	150	66,987
下関市	25	238	196,022	宇都宮市	8	173	87,868
福井市	25	522	94,595	奈良市	7	260	57,273
長崎市	24	294	252,630	高崎市	7	147	71,002
豊橋市	23	175	142,716	水戸市	6	259	66,293
仙台市	23	407	223,630	米沢市	5	50	48,816
四日市市	22	230	63,732	松本市	0	139	72,795
岐阜市	22	203	172,340	若松市	0	98	48,091
尾道市	19	107	48,726	長野市	0	98	76,861
秋田市	19	282	61,791	盛岡市	0	96	79,478
高知市	18	488	106,644	弘前市	0	80	51,498
小倉市	17	409	173,639	鹿児島市	0	76	190,257
松山市	17	368	117,534	佐賀市	0	56	50,406
宇治山田市	17	123	52,555	高田市	0	48	30,152
高岡市	17	244	59,434	前橋市	0	47	86,997
岡山市	16	390	163,552	丸亀市	0	40	36,928
青森市	16	114	99,065	福島市	0	39	48,287
甲府市	14	134	102,419				

出典：町内会連合会数・町内会数は注 32「町内会部落会等整備状況調」の、昭和 18 年 9 月現在における内務省統計に基づく数値、世帯数は昭和 15 年の国勢調査に基づく数値である。

注：ここで掲出しているのは本章が母集団としている、伝統都市でありかつ明治末年までに市制を施行した都市である。ただし昭和 18 年 7 月に東京府・市から改組された東京都の区部については、法人区ごとに町会連合会の設置状況が異なるため省略した。

表6-3　町内会連合会の設置状況と都市類型

都市類型＼連合会タイプ	ⓐ通学区型設置都市	ⓑ非通学区型設置都市	ⓒ非設置都市
城下町	27	4(徳島、高知、福井、浜松)	10
非城下町	6(奈良、高岡、大津、岐阜、堺、長崎)	6(尾道、下関、新潟、四日市、青森、宇治山田)	1(長野)

注：本文における考察に基づいて作成。

域として連合会が設けられた。[87] 町内会連合会の設置にあたって、右のように三つのタイプが形成された要因はどこにあるのだろうか。まず非設置都市について確認しよう。表6―2からわかるように、これらの都市は、松本市を除いて単位町内会の数がいずれも一〇〇に満たない都市であり、また鹿児島市[88]を除いて人口もおおむね相対的に少ない都市である。こうした都市で町内会連合会が設置されなかったことは不自然ではないであろう。一方、多くの都市で町内会連合会が設置されたことの背景としては、町村編入による都市そのものの広域化という動きも無視しえないであろう。しかし第三章で見たように、五四市においては公称個別町の数が、大正一二年（一九二三）時点ですでに平均一一〇ヶ町にのぼっていた。また一五年の内務省訓令の実施にあたっても、旧市域では町内会の合併減少を求めるという市当局の意図に反し、多数の狭域な単位町内会が維持されていたことが重要である。広域なエリアをまとめる町内会連合会の設置には、狭域な単位町内会が多く存続していた状況を補完する効果があったと考えられるためである。

　では連合会の設置にあたり、通学区を活用する都市が多かった理由はどこにあるのだろうか。その一つとして挙げられるのは、規模がおおむね均等になるという数的合理性であろう。これは、たとえば名古屋市で防空演習を行う際、分隊の区域を聯区にする理由について「其の〔小学校の〕分布は略人口に比例して分布されて居る」[89]と説明されていることにも表れている。そして小学校はどの町村にも存在していたため、通学区型の採用は市の町村編入という事態にも対応が可能であった。ただ、理由はほかにも考えられる。

　その一つは、防空政策との関係である。前述のように、大都市と同様に地方都市でも、通学区を区域とした防護団や警防団の分団が、町内会連合会に先んじて設けられた地域が存在した。防空組織の整備と町会組織の整備との関係は「前者が先行し、後者の基盤を提供する」という形であったことは、土田宏成氏も述べている。[90] しかし、一五年訓令に関する内務省あるいは市当局の説明のなかで、防空業務への言及はさほどなされていない。むしろ、家庭防空隣保組織が一五年一一月に隣保班へ統合されたように、[91] 警防団分団の区域は、別の文脈から登場した町内会連合会の区域と結果として同一であったと考えるべきであろう。

いま一つは、精動との関係である。そもそも一五年の内務省訓令は、市町村・部落会町内会・隣保班それぞれに常会の設置を義務づけていることから見ても、精動の思想が強く影響していたと思われる。山本悠三氏の指摘の延長となろうが、大分市や小倉市、また新興都市である宇部市などでは、精動の過程で通学区を区域とした常会が設けられていた。[92] これに対して多くの都市は、一五年の訓令を受けてにわかに町内会や隣保班の整備に乗り出したのであり、その際、以前から常会を設けていた少数の都市は「優良」な事例と見なされることとなった。急いで整備に乗り出した各都市が、すでに常会を設けていた実績を持つ都市を参考として、自市にも応用できそうな方式を採用するというのはありうることと思われる。このように、通学区の活用には精動との関係性の強さが指摘できるだろう。

他方、非通学区型設置都市にはどのような傾向があるだろうか。表6―3からわかるように、これらの都市には近世期に城下町でなかったところが多い。具体的には、港町であった新潟・尾道・下関・青森の各市、宿場町の四日市市、鳥居前町と定義される宇治山田市である。非城下町をルーツとする都市でなぜ通学区型が採用されにくいのかは難しい問題である。ただ、一般に城下町の街区が均質・高密度につくられているのに対して、非城下町にはそうでないところが多い。こうした地理的な傾向が影響したのではないかと思われる。

4　町内会連合会の機能

当時設けられた町内会連合会の機能が、単位町内会と同様に、戦時下という特殊な環境を前提として、国家が集権的な地方行政を効率的に行うためのものであったことは言うまでもない。ただ、その機能が具体的に明らかにされたことはない。ここでは、検討の素材に比較的ふさわしい史料が残されている甲府市の事例を取り上げて若干検討してみよう。

昭和一五年（一九四〇）九月の内務省訓令後、山梨県では一〇月三日付で訓令第二三号を発した。[93] 新聞記事を見る限り、甲府市がこの県訓令の直接的な影響をどの程度受けたかは明らかでないが、一二月二六日の市会は「本市町内会及び市常会規程」を議決している。そこでは単位町内会、隣保班、そして通学区を単位とした町内会連合会について定められるとともに、市常会が「町内会聯合会長、同副会長及市長に於て委嘱したる者を以て構成す」とされた（第三二条）。そして「市常会は毎月二十日から二十五日までの間に、連合町内会および町内会常会は、市常会がおわったあと毎月末に、隣保常会は、町内会常会のあと毎月十日までに」開かれることが定められた。[94]

同市内の武井家に残された文書には、一六年から一八年にかけての単位町内会（和田町町内会）に関する文書が保存されている。同家文書の調査報告書は『戦時中町内会関係史料』として刊行され、そこには各史料の原本が写真製版で掲載されている。[95] この史料群は、あくまで単位町内会というレベルで保管されていたものであるが、町内会連合会の活動状況についてもある程度明らかにしてくれる。もっとも、同家が所在する和田町は旧市域ではない。近世には甲府町方の北に位置する在方の和田村であった。明治二二年（一八八九）の町村制では相川村大字和田となっており、昭和一二年になって甲府市に編入された地域である。昭和五年の国勢調査によれば、相川村の普通世帯数は八六七であり、村民全体の四五パーセントが農業に従事するなど、[96] 当時の相川村はいまだ村落という性格が強い地域であった。しかし以下では、旧市域にも通用すると考えられる内容を意識しながら、和田町の属した相川校区町内会連合会の活動状況について検討しよう。

連合会の機能としてまず挙げられるのは、市常会決定事項の周知という「上から下へ」の情報の伝達である。武井家文書中には「市常会提案事項」という文書が、一六年一一月の分を初見として一七年七月以降はほぼ毎月分残されている。その具体的な内容は、たとえば一七年七月の場合「夏期心身鍛錬運動ニ関スル件」「伝染病予防並洪水防止ノタメ塵埃汚物等ヲ河川、溝等ニ投入禁止ノ件」「民間金属類特別回収実施ニ関スル件」「軍人援護ノ強化拡充ニ関スル件」「慰問袋ノ募集ニ関スル件」「中小商工業者ノ職業転換ニ関スル件」「選挙資格実地調査協力方ノ件」と多岐にわたっている。(97)これらの事項は、旧市域・新市域を問わず、市常会に出席した各校区連合町内会長を通じて町内会へ伝達されたものと考えられる。

また一八年に入ると、「上から下へ」の物資の伝達というべき配給との関わりが現れる。小麦粉や鶏卵など従来から統制を受けていた物資の配給については、単位町内会や隣保班ごとに配分量が定められたうえで、各商品の小売商業組合に加盟する店で購入させるという手続がとられていた。これに対して、一八年に行われた二月四日の家庭用片栗粉、二月二三日の県外産蒸切甘藷、四月二七日の生菓子、六月八日の落花生、七月八日の幼児菓子の配給は、いずれも旧市域を含めて、まず町内会連合会ごとに割り当てられている。これらは臨時に配給されたものと見られ、小売店を経由せずに市から行政ルートを通じて各戸に配給が行われる場合には、町内会連合会を経由したことがわかる。

なお「下から上へ」の物資の伝達というべき慰問袋の寄付や国債の割当などは、一般に単位町内会ごとに集約されているが、一六年一一月以降繰り返し行われた金属回収は、旧市域を含めて常に町内会連合会ごととなっていた。これはなぜだろうか。一七年一〇月七日付で甲府市長から各町内会長宛てに出された通達には、金属類の引渡方法について「国民学校ノ校庭迄運搬セラレ」とある。(98)金属類の供出方法は、戸別回収よりも各家庭から国民学校内に持参させた方が輸送上効率的であると行政当局によって判断されており、(99)このため、通学区に相当する町内会連合会が回収区域になっていたと考えられる。

ところで、この時期の町内会連合会には独立した会計制度が存在した。一六年度の相川校区町内会連合会の歳出決算額は約四一四円、一七年度は約六四八円であり、ほかに一八年度は約七四四円という予算額のみわかる。(100)ここで単位町内会の会計規模を見ておくと、和田町町内会の場合、一六年度の歳出決算額が約一七九一円で、一七年度の予算額が約一三七〇円となっており、(101)連合会の会計規模は単位町内会よりも小さいことがわかる。同連合会の支出項目には警防（夜警）費、軍事協力費、体育費、教化費などがあるが、最も大きな割合を占める項目は警防（夜警）費である。その額は一六年度が約一三七円、一七年度が約一二二円となっている。財源は全額が市消防部からの補助金、支出内容は「夜警補助」となっている。甲府市でも、警防団の分団は旧市域を含めて通学区ごとに設けられていたから[102]、これは警防団の分団レベルの活動経費に充てられたのだろう。しかしほかにも、一七年には連合会から男女青年団・在郷軍人会にそれぞれ一〇〇円・五〇円の補助費が支出されている。相川校区のような新市域の場合、行政村レベルでつくられていた青年団だけでなく、軍人会についても、そのまま編入された市軍人会の分会となっていたために、その区分けは町内会連合会と一致することになったわけである（区分けの異なっていた旧市域の軍人会の班に対して、同市でどのような対応がとられたのかは残念ながら不明である）[103]。いずれにせよ会計から見ると、町内会連合会にとっては右のような各種団体への補助が大きな位置を占めていたと言える。これらの各種団体は、個別町よりも広域なエリアを基盤としつつ地域に定着していたものである。そして町内会連合会は、それらを金銭的に補助する主体として適合的な存在であったと考えられる。

以上のように、この時期における町内会連合会の活動は、第一義的には市と単位町内会という上下の組織をつなぐ中間組織としての多岐にわたる機能が中心であった。繰り返しになるが、内務省訓令が設置を義務づけたのは単位町内会や隣保班であり、町内会連合会は任意の制度である。しかし当時の在来都市は、地方都市においても一〇〇を超える単位町内会をかかえていた。いわゆる上意下達を効率的に行うためには、市と単位町内会との間に、より広域な町々のまとまりである中間組織が不可欠なものとして要請され、地域レベルでは連合会を積極的に設置するという対応がとられた。また連合会は独自の会計を持ち、いくつかの団体を金銭的に補助していた。個別町よりも広域なエリアを基盤とした各種団体を補助する主体としても、町内会連合会は適合的だったのである。

第三節　昭和戦後期の町内会連合会

1　研究の現状

戦後の町内会政策やその研究の中で、町内会連合会はどのように扱われてきたのだろうか。昭和二七年（一九五二）の総理府国立世論調査所による地縁集団に関する調査では、第三章で触れたように、単位町内会や隣組については詳細な調査が行われていた。しかし、町内会連合会についてはほとんど関心が持たれておらず、[104]残念ながら当時の実態は明らかではない。

後年の研究を見ると、在来大都市の場合、大阪市[105]では二四年頃に日本赤十字奉仕団の連合分団が、名古屋市では二六年に社会教育協力委員会が、[106]京都市では三〇年前後に「自治連合会」が、[107]それぞれ戦中期の町内会連合会の区域に基づいて設置されたことが指摘されている。これに対して、地方都市における町内会連合会の設立についての一般的・学術的な研究はほとんど行われておらず、多くの都市でこれが設立されるようになった契機としては、本章冒頭で触れたように、四〇年代以降のコミュニティ政策が指摘されるというのが学界の現状である。

2　町内会連合会の性格と機能

本章冒頭では、戦後の通学区型町内会連合会が昭和戦中期の組織と関連することを沿革史で明示している事例として金沢市と姫路市を例に挙げた。しかし、通学型の町内会連合会が戦後早い時期に改めて設立されたことを記している沿革史は、ほかにも存在する。以下具体的に見てみよう。

まず前節でも取り上げた甲府市の場合、市は昭和二二年（一九四七）の町内会廃止後も行政事項を周知する方法を求めており、二六年には各町ごとに広報会を結成するよう呼びかけた。「ところがこの広報会は各町ごとの広報会を学校地区ごとの広報連絡会に結成するという、戦前の町内会に類似した機構であったため、また、市当局が指導、勧奨するところの官製組織との見方から、かつての町内会へ逆戻りするものであるとの批判を言論機関などから受けた。しかし、批判の嵐の中、この呼びかけは各界の反響をよび、広報会の設立は全市に広まっていき、二七年には加入世帯は一万を超え、翌二八年には総世帯数の約五割が加入した」。そして「三一年三月、これらの〔通学区ごとの〕連絡協議会長をもって、甲府市広報連合会長会を組織し、各地区の課題や要望を協議すると同時に、全市的な視野で市民活動の推進をはかることとなった。同年七月には市内二四学校地区のすべてに地区連合会の結成をみている」。さらに三三年四月には各町レベルの広報会を自治会、学区レベルの地区広報会を地区自治会連合会、そして全市レベルの広報連合会を自治会連合会と改称した。この改称について記念誌では「これは当初、行政的要請で出発した広報会であったが、組織化が進み住民要望を『民意の反映』としてその実現に努める中で、次第に自主的な市民組織の側面を強めてきた現れといえ」るものだと述べている。いずれにせよ、甲府市ではこのような経緯で戦後再び通学区型の町内会連合会が登場し、現在に至っている。[108]

次に、大津市の自治連合会は自らの沿革について次のように述べている。「〔昭和二二年〕行政上の末端組織としての町内会、部落会の解体に伴い、市においては、町内会、部落会の区域を単位として駐在員制度を設け、市政の周知、事務連絡等の仕事を委嘱してこれを行わせていました。昭和二九年駐在員制度の廃止に伴い、市の行政事務の一部について、地域住民の自主的組織である町内会に依頼することになりました。又、町内会、部落会の名称もこの時代に自治会となり、昭和三〇年四月には、学区単位の自治会の連合組織が結成され、更に大津市全学区連合会長連絡協議会が結成されました。昭和三五年には、大津市全学区自治連合会と改称され、自治会組織は一層強化されました」。[109]

また、岐阜市の場合は次の通りである。「昭和二二年五月二〇日付けで当時の東前豊岐阜市長から各自治会長あてに、『自治会解散』が通知されました。しかし、この二年後の昭和二四年九月に当時二二の小学校下（現在の校区）で町内会と称していた個々の団体が、新たに任意団体として『広報委員会』の名で組織されました。住民意思の市政への反映、行政の周知事項の徹底が、その主な目的です。さらに各校下の『広報委員会』（その後『広報会連合会』）の連携のために、『広報委員会協議会』が発足しました。昭和二五年以降、近隣合併や小学校の新設などによって、広報会連合会は順次増加し、昭和六一年四月には、広報会連合会四九、広報会二、四四七と、ほぼ現在の体制になりました」[110]。

以上のように、昭和戦中期に通学区型の町内会連合会を設けていた地方都市で、戦後においてもコミュニティ政策以前の早い時期から同じ区域に基づいて連合会が再編成されていた事例はいくつも確認することができる。なお、戦中期に町内会連合会を設置しなかった佐賀市、（会津）若松市、丸亀市などの都市でも、戦後は通学区型の連合会が新たに設けられている。これらの非設置都市は、前述のように相対的に規模の小さな都市であった。しかし戦後には町村編入を経て都市が広域化したことで、中間組織の必要性が高まったと考えられる。

戦後の町内会連合会の機能は、五五年時点の調査においても「各住民自治組織の連絡調整」「市区町村からの依頼事項の住民自治組織への伝達及び市区町村との連絡」というものが圧倒的な割合を占めている[111]。町内会連合会は、戦後においても中間組織としての性格を本質としており、昭和の大合併を含めて各地で都市の広域化がいっそう進んだことは、住民がこうした組織を採用することを促したと考えられる。しかし同時に、連合会の区域＝空間が「地区〇〇」という形で、さまざまな団体によって活用されていることにも注意を払うべきであろう。消防団分団、地区防犯協会、体育振興会など、単位町内会よりも広域なエリアの基盤を必要とし、それゆえに町内会連合会と連携する目的集団は戦前よりも多様化している。逆に言えば、町内会連合会はこうした目的集団との関係からも重要度が高まっていると考えられる[112]。ここでは、それらのうち戦後比較的早くから地区（＝学区）レベルの組織を結成した目的集団である、社会福祉協議会（社協）[113]の事例を掲げておこう。

広島市の社協では、次の通りである。「市域の動きを見ると、県内でも最も早く地区社協の結成が始まり、昭和二七年の観音、三篠、比治山及び江波の四地区〔学区に相当する、以下同じ〕社協に続いて昭和二八年には、荒神、段原、白島、広瀬、草地、牛田等一七地区で、翌二九年に入って青崎、舟入、中島等七地区で地区社協の結成があり、現在の旧市内（中、東、南、西区）の地区社協の半数以上がこの期に、続いて昭和三三年から同三六年にかけて、矢賀、吉島、尾長等一〇地区で社協が結成され、ほぼ旧市内における地区社協の結成が完了しました」[114]。

また松江市の社協の経過は、次の通りである。「本社協〔松江市社会福祉協議会〕が昭和三〇年に社会福祉法人の認可を得た時、同時に島根県共同募金会松江支部が発足した。そして市内小学校区ごとに地区分会が結成された。しかし分会の名称では活動に積極性を欠くということで、地区単位に組織を整え、名称を地区を付した社会福祉協議会とし現在にいたっている」[115]。

このように通学区は、学事と直接関わりのない社会福祉協議会にも早くから活用されていた。通学区という区域＝空間は、市のレベルよりは地域に密着し、同時に単位町内会のレベルよりは広域なエリアを基盤とする活動にとって適合的なのである。

おわりに

本章では、以下のことを明らかにした。

近世には、三都のほか比較的規模の大きい都市に連合町組織というべき町組が存在した。だがそれらは、いずれも明治維新とともに解体されている。そして維新後の早い時期に連合町組織が再度形成されたのは、大都市が中心であった。これは、規模の大きい大都市では市と個別町とを結ぶ中間組織が、不可欠なものとして早くから要請されていたためと考えられる。

連合町組織は、地方都市でも大正後期頃から次第に増えてくる。しかし、多くの都市で町内会連合会が一挙に設立される契機となったのは、昭和一五年（一九四〇）の内務省訓令である。多くの都市には、大正後期の時点ですでに一〇〇を超える単位町内会が存在していた。そして昭和戦中期には、防空や配給をはじめとする業務を効率的に行うために、広域な連合町組織を中間組織として設立する必要が急速に高まったのである。旧市域にとってこの組織は、第三章で見たような、単位町内会の広域化が市当局の意図したほど進まないという状況を補完する効果も持っていたと考えられる。同時に、青年団や警防団といった、個別町よりも広域なエリアを基盤として地域社会に定着していた各種団体を補助する組織としても適合的であった。連合会の区域＝空間として通学区が活用されることが多かった理由としては、通学区がおおむね人口に比例していたため規模が均等になるという数的合理性が挙げられるが、ほかにも当時の政策にさまざまな形で関与していた国民精神総動員運動の影響などが考えられる。

戦後は、多くの都市で小学校通学区を区域＝空間とした町内会連合会が再び設立されている。従来の研究では、これをコミュニティ政策と関連づけて説明してきた。しかし各地の連合会の沿革史からは、単位町内会と同様に、戦後まもない二〇年代から早くも再設立されていた事実を確認することができる。その理由には、昭和の大合併を含めて各地で都市の広域化がいっそう進み、市と単位町内会を結ぶ中間組織の重要性がより高まっていることが挙げられる。しかしそれのみならず、地区社会福祉協議会が通学区を区域として設置されているように、広域なエリアを基盤とする目的集団が戦前に比べて増えていることも見逃せない。このような理由から、町内会連合会は戦後も地域住民によって採用され、定着することとなったのである。

注

（1）負担学区については第五章注5を参照。また大阪市については松下孝昭「大阪市学区廃止問題の展開」（『日本史研究』第二九一号、一九八六年）や原田敬一『日本近代都市史研究』（思文閣出版、一九九七年）、京都市については『公同沿革史』

上・下（京都市公同組合聯合会、一九四三・四四年）、辻ミチ子『町組と小学校』（角川書店、一九七七年）などを参照。

（2）佐賀朝「戦時町内会」（佐藤信・吉田伸之編『新体系日本史』六［都市社会史］山川出版社、二〇〇一年）。

（3）杉田憲正「自治会・町内会等のいわゆる住民自治組織の実態調査結果の概要」下（地方自治制度研究会編『地方自治』四〇八号、一九八一年）九五〜九六頁。

（4）通学区が地域運営のまとまりとして適当であると唱える理論は、欧米における都市計画分野の研究の中で生まれている。代表的な著作に一九二四年にアメリカの地域計画研究者クラレンス・A・ペリーの発表した『近隣住区論』があり（邦訳は、倉田和四生訳『近隣住区論』鹿島出版会、一九七五年）、この理論は金沢市町会連合会『金沢市と町内会』（一九六七年）でも言及されている。しかし、近隣住区論が日本で実地に応用されたのは、千里ニュータウンを初めとする戦後の新興住宅地開発においてであった。戦前の内務省や戦後の自治省の政策に、近隣住区論がどの程度影響を与えたのかについては、今のところ具体的に解明されていない。

（5）近年では、横道清孝「日本における最近のコミュニティ政策」（自治体国際化協会比較地方自治研究センター『アップ・ツー・デートな自治関係の動きに関する資料』№5、二〇〇九年）が通学区を区域とした住民自治組織の状況について、行政側の歴史的経緯にも触れながら議論を展開している。しかし同氏も、行政（国・自治体）側によって通学区が注目された端緒を前述の自治省の要綱に求めている。同氏は昭和一五年の内務省訓令第一七号にも言及しているが、部落会・町内会や隣保班の設置が指示されたことを紹介するにとどまっている。

（6）注4『金沢市と町内会』七頁。ただし後述するように（注21を参照）、その後の研究では、校下意識の芽生えは大正末期の町村編入時と考えられている。

（7）姫路市自治振興会編『姫路市自治振興会の歩み』（一九七一年）一頁。

（8）京都市編『京都の歴史』第七巻［維新の激動］（学芸書林、一九七四年）四八〇〜四九一頁。

（9）同前第九巻［世界の京都］（一九七六年）一〇〇頁。

（10）新修名古屋市史編集委員会編『新修名古屋市史』第三巻（名古屋市、一九九九年）三〇一頁、同第四巻八七〜九三頁。
（11）名古屋市編『大正昭和名古屋市史』第六巻［市政篇］（一九五四年）九三〜九七頁。
（12）明治四〇年一〇月二五日付以降の『新愛知』と『名古屋新聞』。
（13）松本四郎『城下町』（吉川弘文館、二〇一三年）一五二頁。各自治体史によれば、五四の地方在来都市のうち、一七ほどの都市で町組の存在が指摘されている。
（14）市の行政区は、明治二一年市制で「凡市ハ処務便宜ノ為メ市参事会ノ意見ヲ以テ之ヲ数区ニ分チ、毎区区長及其代理者格各一名ヲ置クコトヲ得」（第六〇条）と、どの市でも設けることが認められていた。また明治四四年の改正市制では、市参事会の関与が除かれた（第八二条）。
（15）たとえば仙台市では、まず明治二二年に五〇区を設けた。その後廃止と復活を繰り返し、大正四年の時点では二〇区となっていたが三度目の廃止が決まり、昭和三年には町村合併もふまえて四〇区として復活している（仙台市史編さん委員会編『仙台市史』通史編六［近代一］二〇〇八年、一六一〜一六二頁・同通史編七［近代二］二〇〇九年、二三、二八六頁）。福井市では明治二二年に三〇区を設け、翌年には三三区とした。三四年二月にはいったん四区としたが同年一〇月には三三区を復活させ、この制度が町村合併を経ながら昭和期に入るまで続いた（福井市編『福井市史』通史編三［近現代］（二〇〇四年）、二〇四〜二〇五、五五〇〜五五一頁）。
（16）福岡市編『福岡市史』第一巻［明治編］（一九五九年）一一九二頁以下を参照。
（17）注15『福井市史』通史編三、二八四頁以下を参照。
（18）新編弘前市史編纂委員会編『新編弘前市史』通史編四［近・現代一］（弘前市、二〇〇五年）四〇四頁。
（19）高知市編『高知市史』（一九二六年）四二七〜四三一頁。
（20）戦前の通学区に関する規定は、小学校令施行規則（明治三三年文部省令第一四号）第八二条第二項の次の条文である。「市町村、町村学校組合又ハ学区（負担学区のこと）ノ使用ニ係ル尋常小学校二校以上アル場合ニ於テハ市町村長ハ前項（省略）

ノ通知ヲ為スニ当リ児童ノ入学スヘキ尋常小学校ヲ指定スルコトヲ得」。国民学校となる以前、通学区の指定はこのように義務規定ではなかったが、実際には多くの市町村で設けられていた。

(21) 金沢市史編さん委員会編『金沢市史』資料編一四［民俗］(金沢市、二〇〇一年) 一六～一七頁。

(22) 和歌山市史編纂委員会編『和歌山市史』第三巻［近現代］(和歌山市、一九九〇年) 三四三～三四四頁。

(23) 高岡裕之「第一次世界大戦後における地方都市政治の基礎構造」(『ヒストリア』第一三三号、一九九一年) 七四頁。

(24) 高知市史編纂委員会編『高知市史』中巻 (高知市、一九七一年) 六六頁。ただし、この区画のもととなった上町、下町の呼称は近世から存在した (同書上巻、一九五八年、三〇〇～三〇一頁)。

(25) 徳島市史編さん室編『徳島市史』第二巻［行政編・財政編］(徳島市、一九七六年) 一一〇～一一二頁。

(26) 四日市市編『四日市市史』第一一巻［史料編近代二］(一九九二年) 七〇一頁以下、四日市市編『四日市市史』(一九六一年) 三〇九～三一〇頁。

(27) 山本悠三『近代日本の思想善導と国民統合』(校倉書房、二〇一一年) 第四部補章第二節を参照。

(28) 土田宏成『近代日本の「国民防空」体制』(神田外語大学出版局、二〇一〇年) 一二七頁。

(29) この通牒は国民精神総動員本部編『部落会・町内会とその常会の話』(一九四〇年) 六九頁以下などに所収である。

(30)「雑纂　部落会町内会等の整備に就て」(自治館編『自治機関』第四九〇号、一九四〇年) 八一頁。

(31) 大塚辰治「大政翼賛運動の下部組織」(前注誌に所収) 一七頁。

(32) 国立国会図書館憲政資料室所蔵「旧陸海軍関係文書」リール二一五所収。この史料を引用した先行研究には加藤泰信「大分県における部落会・町内会・隣保班の整備過程」(『大分県地方史』第一二九号、一九八八年) などがある。また秋元律郎『戦争と民衆』(学陽書房、一九七四年) 一三九～一四二頁では、東京市政調査会編『日本都市年鑑』第一二［昭和一八年用］(一九四三年) 所収のデータが、町内会連合会を含めて引用されている。

(33) 国立公文書館所蔵「部落会町内会等ニ関スル訓令通知綴」(本館 -3A-013-08) 所収。

(34) この規約は水島荘介『日本の防空はどうする』［国防叢書　第二］（帝国国防協会出版部、一九三二年）二〇一頁以下などに所収である。
(35) 実態については赤木須留喜『東京都政の研究』（未来社、一九七七年）五三三〜五三四頁を参照。
(36) この規準は名古屋市編『五大都市に於ける町会等隣保組織の現況』（一九四〇年）附録三五頁以下などに所収である。
(37) 昭和一三年九月頃の実態については東京市編『東京市町会時報』第三巻第七号（一九三八年）五一〜五五頁を参照。
(38)『警視庁東京府公報』昭和一五年一〇月一五日付。
(39) 大阪市編『大阪市例規』（帝国地方行政学会、一九三六年）一五三八頁以下を参照。
(40) この規則は大阪府編『防空関係法令集』（一九四二年）一八一頁以下などに所収である。
(41) 大阪市では、昭和一三年の「結成運動以前既に組織せられてゐたものを町内会、結成運動以後改組されたもの又は新しく組織せられたものを町会と便宜上区別して使用」することとなった（大阪市編『町内の歩み』一九四〇年、五頁）。
(42)『大阪府公報』昭和一五年一〇月二三日付。
(43) この規程は大阪市編『町会の会計事務に就いて』［大阪市町会指導叢書　第一輯］（一九四一年）附録一頁以下などに所収である。
(44) 注9『京都の歴史』第九巻、一〇二頁。
(45) 京都府立総合資料館編『京都府百年の資料』一［政治行政編］（京都府、一九七二年）八七〇〜八七一頁。
(46) この標準は、京都市市政史編さん委員会編『京都市政史』第四巻［資料　市政の形成］（京都市、二〇〇三年）五八七〜五八九頁に、一部後略だが所収である。
(47) 注9『京都の歴史』第九巻、一〇〇頁。
(48) 新修名古屋市史編集委員会編『新修名古屋市史』第六巻（名古屋市、二〇〇〇年）五三九頁を参照。
(49)『名古屋新聞』昭和一四年四月一日付を参照。

(50)『愛知県公報』昭和一五年九月二四日付。愛知県史編さん委員会編『愛知県史』資料編第二七巻［近代四］（愛知県、二〇〇六年）六四六頁以下に所収である。
(51) 規程は名古屋市編『町内会整備の経過と其の顛末』（一九四一年）に所収である。
(52) 鳥取市編『鳥取市七十年』（一九六二年）一六〇頁。
(53) 米沢市史編さん委員会編『米沢市史』第五巻［現代編］（米沢市、一九九六年）一六五頁。
(54) 福島市史編纂委員会編『福島市史』第五巻［近代二（通史編五）］（福島市教育委員会、一九七五年）三〇四、四八三頁。
(55) 長岡市編『長岡市史』通史編下巻（一九九六年）五八八頁。
(56) 弘前市史編纂委員会編『弘前市史』明治・大正・昭和編（弘前市、一九六四年）五八八頁。
(57) 佐賀市史編さん委員会編『佐賀市史』第四巻［近代編　大正・昭和前期］（佐賀市、一九七九年）七〇頁。
(58) 岡山市編『岡山市史』第六巻（一九三八年）四一一五～四一一八頁。なお同市の衛生組合には、昭和一〇年時点で学区別の部制がしかれていた（同書四三九三～四三九四頁）。
(59) 仙台市史編さん委員会編『仙台市史』通史編七［近代二］（二〇〇九年）四七五～四七六頁。
(60) 秋田市編『秋田市史』第五巻［近現代二（通史編）］（二〇〇五年）一六七頁。
(61) 奈良市史編集審議会編『奈良市史』通史四（一九九五年）五二八～五二九頁。
(62) 岡山市百年史編さん委員会編『岡山市百年史』上巻（一九八九年）一二三四頁。
(63) 福岡市編『福岡市史』第三巻［昭和前編　上］（一九六五年）一九三～一九七頁。
(64) 久留米市編『久留米市誌』続［下巻］（一九五五年）一二三五頁。
(65) 香川県編『香川県史』第六巻［通史編近代二］（一九八八年）六九三頁。
(66) 金沢市史編さん委員会編『金沢市史』資料編一一［近代一］（一九九九年）六五八頁。
(67) 山形市市史編さん委員会・山形市市史編集委員会編『山形市史』近現代編（一九八〇年）三三二、三三三頁。

(68) 大津市編『大津市史』中（一九四二年）五一一頁。
(69) 岐阜県編『岐阜県史』史料編近代二（二〇〇一年）八一七〜八二二頁。
(70) 堺市編『堺市史』続編第二巻（一九七一年）八六二頁以下。
(71) 甲府市史刊行委員会編『甲府市史』（一九六四年）二九二頁。
(72) 姫路市史編集専門委員会編『姫路市史』第五巻下［本編近現代二］（二〇〇二年）七五二頁。
(73) 水戸市史編さん近現代専門部会編『水戸市史』下巻二（一九九五年）八七九頁。
(74) 新熊本市史編纂委員会編『新熊本市史』史料編第七巻［近代二］（一九九八年）一六一頁。
(75) 広島市編『新修広島市史』第三巻［社会経済史編］（一九五九年）六九八頁、同第二巻［政治史編］（一九五八年）六九一頁。
(76) 和歌山市編『和歌山史要　増補版』（一九六五年）一〇七頁。
(77) 梅原三千・西田重嗣『津市史』第四巻（一九六五年）一三五頁。
(78) 静岡市編『静岡市史』近代（一九六九年）八〇五頁。
(79) 注55『長岡市史』通史編下巻、五八九頁。なお同資料編五［近代二・現代］（一九九四年）二二〇頁以下を参照。
(80) 高崎市市史編さん委員会編『高崎市史』資料編一〇［近代・現代二］（一九九八年）三四八〜三五〇頁。
(81) 青木茂編著『尾道市史（新修）』第三巻（尾道市、一九七三年）三六七頁。
(82) 新潟市史編さん近代史部会編『新潟市史』通史編第四巻［近代下］（一九九七年）三五二頁。
(83) 福井市編『福井市史』資料編一二［近現代三］（一九九八年）四一一頁以下。
(84) 青森市史編纂室編『青森市史』第六巻［政治編］（一九六一年）四八〇頁。
(85) 伊勢市編『伊勢市史』（一九六八年）四三二頁。
(86) 浜松市編『浜松市史』三［近代編］（一九八〇年）六一二〜六一三頁、『静岡民友新聞』一六年七月二四日付を参照。
(87) この後、状況が変わった都市もある。たとえば仙台市は当初通学区型であったが、昭和一八年一二月「五〇〇戸ほどになるように公会の区域が改定された。これにより仙台市内の公会は一六三公会に統合され、同時に連合公会は廃止された」、つまり非通学区型となった（注59『仙台市史』通史編七、四七七頁を参照）。
(88)『朝日新聞　鹿児島版』昭和一五年一二月一一日付によれば、通学区を区域とした町内会連合会の設置が予定されていたが、結局実行されなかった。
(89)金子直『青少年団必修防空訓練指針』（青少年団研究叢書第六輯、日本魂社、一九三〇年）七九頁。なお注28『近代日本の「国民防空」体制』一二〇頁を参照。
(90)注28『近代日本の「国民防空」体制』二九七頁。
(91)同前、補章第二節を参照。
(92)石川治繁編『新体制下部組織指導者必携』（一九四一年）一〇三頁以下、国民精神総動員本部編『この協力を見よ』（一九四〇年）七七頁以下。
(93)『山梨県報』昭和一五年一〇月三日付。
(94)注71『甲府市史』二九四頁。
(95)甲府市・甲府市史編さん委員会編『武井家所蔵　戦時中町内会関係史料（甲府市史調査報告書　三）』（甲府市、一九九二年）。
(96)同前、解説三頁。昭和五年の普通世帯数は内閣統計局編『昭和五年国勢調査報告』第四巻［府県編］山梨県（一九三四年）一〇一頁による。
(97)注95『戦時中町内会関係史料』六八九頁。
(98)同前、七六五頁。
(99)昭和一六年の金属回収開始当時、一般家庭からの回収は補助的に考えられており、その手順について商工省は「隣組を単位に戸別巡回、または国民学校々庭など適当な場所に持寄つて集積」と幅を持たせた指示を出していた（『東京朝日新聞』昭和一六年一〇月七日付)。しかし翌年になると一般家庭からの回収を本格化せざるを得なくなった。そのため手順についても「輸送経済の国家的見地より市区町村長の定むる適当の集荷所（国民学校校庭等保管ならびにトラック乗入可能の場所）に（中略）集荷せられたきこと」と、より具体的な指示を出しており（『大阪毎日新聞』昭和一七年一〇月二二日付)、国民学校の校庭が回収効率の観点からいっそう重視されるようになったことがわかる。

(100) 注95『戦時期町内会関係史料』五八八、六九二、九七九頁。
(101) 同前、五八九、五九〇頁。
(102) 『山梨日日新聞』昭和一四年四月九日付。
(103) 小倉市の場合、昭和一五年一一月に在郷軍人会の分会を、学校区別に廃合することになった（『朝日新聞　北九州版』昭和一五年一一月一五日付)。
(104) 総理府国立世論調査所『地方自治世論調査　―町内会・部落会・隣組について―』（一九五二年）二七頁。
(105) 吉原直樹『戦後改革と地域住民組織』（ミネルヴァ書房、一九八九年）第三章、特に一二九頁。
(106) 上田惟一「近代における都市町内の展開過程」（岩崎信彦ほか編『町内会の研究』御茶の水書房、一九八九年)。
(107) 中田実『地域共同管理の社会学』（東信堂、一九九三年）一二頁。
(108) 甲府市自治会連合会編『自治連四〇年のあゆみ』（二〇〇〇年）二五〜二六頁。
(109) 大津市自治連合会編『大津市自治会三〇年のあゆみ』（一九八四年）三一頁。
(110) 岐阜市自治会連絡協議会編『岐阜市自治会百科事典（第三版)』（二〇〇六年）一〜二頁。
(111) 注3「自治会・町内会等のいわゆる住民自治組織の実態調査結果の概要」下、九六頁。
(112) 地域史研究においては近年、吉田伸之氏の問題提起をひとつの契機として（「『単位地域』について」『飯田市歴史研究所年報』四、二〇〇六年)、小学校区を地域社会の「単位地域」として捉える試みが飯田歴史研究所を中心に行われている。そこでは小学校区の区域が村落部で近世村（藩政村）とほぼ一致し、また「学区共同体」としての内実を有することが指摘されている。この指摘は、小学校区に着目することが都市部に限らず村落を含めて広く有効であることを示す意味で重要である。しかし村落では藩政村が小学校区に移行するのに対して、都市では個別町・単位町内会の連合体レベルが小学校区に移行するなど、都市・村落で異なる面もある。さしあたり本章では、単位町内会では処理しきれない課題を担う存在として町内会連合会が要請されるという、都市に固有な展開を重視している。

(113) 地区社会福祉協議会の設置にあたっては、戦前の方面委員の流れを引き継ぎ、戦後も地区社協に先行して設置されていた民生委員の担当区域や民生委員協議会の区域が考慮されたと見られる地域も多い。ただしこれらの区域のあり方についても、法律レベルで規定されているわけではない（民生委員法、昭和二三年法律第一九八号、第一三条・第二〇条）。

(114) 広島市社会福祉協議会編『広島市社会福祉協議会50周年記念誌』（二〇〇三年）五頁。

(115) 松江市社会福祉協議会50年誌編集委員会編『松江市社会福祉協議会50年誌』（松江市社会福祉協議会、二〇〇一年）三七頁。

第三部　職縁集団論

第七章　明治期大都市における同業組合の形成
—薬業組合を事例として—

はじめに

本章では、明治維新とともに独占的な仲間が否定されるにあたり、大都市の商人、とりわけ問屋＝卸商らが、どのような対応をしたのかを検討する。

職縁集団の場合、明治前・中期にかけて準則組合（明治一七年〈一八八四〉）、ついで重要物産同業組合（明治三三年）が公認の組織として再び制度化された。そのため商工業者らは、この制度によって改めて集団を形成した。しかし、これらの認可を受けない、いわゆる申合組合も多数組織されている。以下第三部で言う同業組合とは、とくに断らない限り右の三タイプの職縁集団をすべて含んで指す。また序章で述べたように、近世との対比を重視する立場から、以下では商業系組合を念頭におく。

藤田貞一郎氏は、近世大都市の仲間に問屋、中買など業態ごとに組織される傾向があったのに対して、明治期に制度化された同業組合は、原則として卸商（一般に有力者の地位にある）が仲買商、小売商や製造業者（相対的に非有力者の地位にある）など、業態の異なる者とともに所属する、言わば「同居型」になったことを指摘した[1]。これは明治政府が、とりわけ問屋を中心とする仲間の独占行為を否定したうえで、殖産興業のために同業組合を制度化したためと考えられている。しかし実際には、殖産興業と直接関わりのない業種の商人らも、多くの同業組合を組織した。大都市の商人、とりわけ、近世期に流通経済の頂点にあった問屋＝卸商たちは、独占が否定されて同居型の同業組合が原則になるという状況に、どのように対応したのだろうか。
本章でフィールドとするのは、大阪と京都である。そしてそれぞれの都市で薬種商・薬剤師（両者の違いは第九章注4を参照）によって形成された準則組合（大阪薬種卸仲買商組合、京都薬物商組合）の事例に即して[2]、この課題について検討していく。

第一節　幕末期の仲間

1　大坂・京都の仲間

まず前提として、幕末期の大都市における商人の職縁集団＝仲間の特質について、特に業態（問屋、中買、小売）との関係に注目しながら確認しておこう。近世の仲間のうち、代表的なものは幕府によって公許された株仲間であるが、他にも内分仲間などが存在しており、ここではそれらもできるだけ視野に入れる。

宮本又次氏は、仲間と業態との関係について、江戸や堺などの幕府直轄都市では問屋・中買・小売という業態ごとに仲間を組織するように命じられていることを指摘した[3]。大坂の場合、幕末期における仲間の分布を網羅的に知り得る史料としては「諸鑑札数目」[4]が利用できる。これは、慶応四年（一八六八）七月から明治二年（一八六九）二月にかけて、明治新政府のもとで大阪府が各仲間に対して鑑札を下付した際のリストである。このリストは大部なものなので具体的な引用は行わないが、商人の仲間について要旨のみをまとめると、次のことが言える。

(ア)商人の仲間には、ⓐ問屋、仲買など業態別であることが明示されているもの、ⓑ「〜屋仲間」として業態区分が明示されていないもの、の二つのタイプがある。

(イ)商品の取引高が大きいことが想定される仲間は、おおむねⓐに属している。たとえば穀物には「大阪米仲買」のほか「納屋穀物問屋」「同仲買」「雑穀小売仲間」などの各仲間が見られる。また紙は「荷請紙問屋」のほか「元紙屋仲間」「紙小売」、茶は「茶問屋」「同小売仲間」、鉄は「諸国鉄鋼銑荷請問屋」「鉄鋼銑仲買」（小売はなし）、竹は「竹問屋」「小問屋」「竹仲買」（小売はなし）など、業態ごとに細かく分かれている仲間は多い。(5)

このように、当時の大坂には問屋、中買（仲買）(6)などの、業態別に細分化された商人の仲間が多く存在した。なお、当時の問屋と中買それぞれの業務内容には、注意が必要である。近世において、問屋とは売場を所有して委託売買を行い口銭＝手数料収入を得るもの、中買とは自己名義売買を行い売買差益を得るもの、という業務内容の違いが、少なくとも観念として存在していた。(7)もっとも、個々の商人レベルの経営実態を見ると、幕末期には両者の業務の差異はあいまいになりつつあったことが明らかにされている。(8)問屋や中買などの職分を身分と呼び得るか否かは、筆者の能力を超えた大きな問題である。(9)しかし右のような事態からは、ちょうど個別町の運営に一部の表店借層が加わっていたように、仲間においても、独占機能が低下した幕末期には、商人としての実力がある程度反映された形で「身分制の流動化」に比すべき現象が生じていた、と表現できるのではないだろうか。

他方、近世京都の仲間について網羅的に知りうる史料は確認できないが、『京都の歴史』第六巻所収の表が「なお個別的史料の蒐集にまつほかはないが、現在までに得られたデーター」(10)を示しているため、これを利用することにする。このリストも大部なため、要旨のみをまとめると、商人の仲間について次のことが言える。

(ア)商人の仲間には、大坂の場合と同様に、ⓐ問屋、仲買など業態別であることが明示されているもの、ⓑ「〜屋仲間」として業態区分が明示されていないもの、の二つのタイプがある。

(イ)京都の場合、ⓐは大坂に比べると少ない。名称から問屋・仲買の対応があるものには三店魚問屋・仲買仲間、絹問屋・仲買仲間、他国醤油売問屋・仲買仲間、多葉粉問屋・仲買仲間、漆問屋・仲買仲間、元塩屋・他所買塩屋・地買塩屋がある。また職人・仲買の対応があるものには丹後島織屋・同仲買仲間、茶宇島織屋・同仲買仲間、熨斗目織屋・同仲買仲間などがある。さらに、一部の業態のみリストに現れるものには、青物問屋仲間、青苧問屋仲間、奈良晒屋問屋仲間、煙管仲買仲間などがある。[11]

三都に数えられる京都で⒜がこれだけというのは、少なすぎる印象である。名称が⒝であっても問屋、小売などが未分化とは限らず、実質的には問屋や中買が中心の仲間であった可能性はあるだろう。ただし、そもそもほど近い距離にある大坂が、全国レベルの流通センターとなっていたことを考慮する必要があるだろう。特異な地位を占める絹織物関係を除けば、京都が大坂からの移入圧力を、大なり小なり受ける大都市であったことは間違いない。その一端は、藤田彰典氏が検討した竹屋仲間、三郷薪屋仲間の事例からもうかがえる。[12] むしろ、大坂が近くにありながらなおこのように問屋仲間が少なからず存在していることにこそ、注目すべきであると考える。

いずれにせよ当時の大都市においては、仲間が問屋、中買といった業態ごとの、言わば「分離型」の組織となる傾向があり、それぞれの仲間の間には、身分にも比すべき格差が存在した。[13] なお宮本又次氏は株仲間商人の集住地、つまり区域＝空間面における制約について、こう述べている。「株仲間には各々歴史的に決定された特定の街区があつた。〔中略〕それには伝統的関係に基くあり、交通・運搬・船着きの関係から規定されたるあり〔中略〕併も此等に加ふるに株仲間に於て株の存在を場所的に制限し、以て地区的特化を必然ならしむる事が屢々行はれた」。[14] このように、当時の問屋や中買の仲間は、区域的にも狭域な空間に集住していたのである。

次に、仲間の機能について確認しよう。近世の仲間にとって、宮本氏の言う独占機能、つまり価格支配や供給量支配といったカルテル行為による流通市場の支配が、とりわけ〆株制度を公認されていた田沼政権期から、株仲間が解散された天保期にかけて、最も重要な機能であったことは疑いのないところであろう。そして中でも強い力を持ったのは、「全国的な商品流通の重要な環である大坂の問屋層は、これまでの地位を維持するために冥加金を上納し」[15] 云々と言われるように、大坂をはじめとする大都市（三都）の問屋仲間であった。前述のように、当時の仲間が業態ごとによる「分離型」の傾向を示した背景には、幕府の意向が存在した。ただし、特定の営業行為を独占あるいは排除するという機能を行使するうえで、分離型の組織が適合的であったことは、問屋・中買それぞれの仲間が「取引相手の警戒」のために採った方法として宮本氏が紹介する、いくつかの事例から明らかである。[16]

ところで近年、株仲間の機能については右の独占機能との関連もふまえつつ、市場統治に関する司法的機能の重要性が注目されている。岡崎哲二氏は、近世日本の司法制度が全体として商事法務に弱かったことを指摘し、株仲間はそれを補う機能を備えていたとする。[17]つまり、宮本氏が収集した仲間の規約を見ると「いずれの規約の文言も、ある取引相手が仲間の一人に対して何らかの不正を働いた場合、仲間全員がその相手との取引を停止すること、すなわち多角的懲罰を規定している」ことがわかる。そしてこうした「多角的懲罰戦略による不正の防止を通じて市場取引制度的基礎となっていた」という点から仲間を再評価している（以下本書では、こうした違約者に対する懲罰的処分の行為を「違約者処分機能」と呼ぶ）。右の岡崎氏の評価には筆者も賛成である。しかし、商人の不正に対して仲間が行ったのは、懲罰行為のみに限られていない。仲間の役員の権限について、宮本氏は「役員は不正を行ひ奸策を企て、規約を破るものを調査し、糾問し〔中略〕更に取引上仲間内に紛争起らば其の双方を説諭し、仲裁示談に誘導」したと述べている。このように、仲間は司法的機能のうち懲罰という最終的な処分だけではなく、その前段階として、商人間の紛争について調停ないし仲裁する機能をも果たしていたのである（以下本書では、こうした紛争の調停・仲裁行為を「裁判外紛争解決機能」と呼ぶ）。[18]『京都の歴史』もまた、同地の仲間やその役員の権限として「違反者に対する科料・仲間外しなどの制裁」とともに「内部紛争の処理」を挙げている。[19]仲間が、このように一種の自治的・自律的な司法的機能を持つことになった背景には、当時の民事訴訟一般における「内済の原則」があると考えられる。それは、小早川欣吾氏によれば以下のとおりである。「町・村役人が団体内或は団体相互間の争訟を裁決する事が、其の重要なる職掌の一と考へられてゐた〔中略〕此の点は又営業団体たる仲間組合に於ても同様なる事が云へるのである」。[20]

なお宮本氏は、仲間の機能について述べるに先立ち、仲間の精神として宗教・保守・連帯の三つを挙げている。氏は仲間の独占機能を、このうちの連帯的精神と結びつけて説き、また違約者処分については保守的精神と結びつけて論じている。そしていま一つの宗教的精神の表れとして、いわゆる職業神信仰を挙げている。[21]

2 大坂・京都の薬種関係仲間

近世大坂の薬種をめぐる流通状況や仲間組織については、今井修平氏[22]、渡辺祥子氏[23]らの研究によって詳しく解明されている。薬種のうち、当時主流であった唐薬は、中国から長崎本商人のもとに輸入されたもののほぼすべてが、まず大坂の唐薬問屋のもとへ入札によって荷受けされた。江戸の薬種問屋などへはそこから直接売られたが、残りは原則として大坂市中の薬種中買仲間が買い取り、彼らは薬種を小分けして、市中の薬種店のほか全国に売りさばいたのである。

こうした薬種流通過程に関わる大坂市中の仲間には、唐薬問屋仲間、薬種中買仲間、薬種脇店仲間[24]の三つが存在した。前述の「諸鑑札数目」では、唐薬問屋が慶応四年（一八六八）七月一八日付、薬種中買と薬種脇店仲間（一〜一三番組）がともに明治二年（一八六九）正月二四日付で、それぞれ鑑札を下付されている。なお近世後期の史料には素合（「すあい」=ブローカー）も見られるが、素合は独立した仲間を形成するには至っていない。右の三つの仲間のうち、御免株かつ〆株、すなわち株数固定とされていたのは、流通の中核に位置した中買仲間のみである。彼らはその居住区域についても、大坂市中のうち道修町一〜三丁目の三丁に、ほぼ限定されていた。その結果、道修町には薬種関連のさまざまな職商人が集住することとなり、内田九州男氏によれば、寛政八年（一七九六）の道修町三丁目には、薬種中買のほか脇店、合薬屋などの薬業関係者が、全世帯の七三%を占めたという。[25]

薬種中買仲間の株数は、享保七年の株設定以降、安政期まで一二四〜一二九と、ほとんど増えなかった。だが寛政三年には、中買の分家や別家などで中買株の譲り受けを待つ脇店が集まって神農講が設立されており、安政三年（一八五六）に至って、神農講のうち四八店が「中買之内」として加わり、一挙に増株された。[26]これは、近世史研究では中買仲間の単純な増員と理解されている。[27]しかしながら、近世的な仲間の最終形態というべき明治五年時点における中買仲間の構成員と、明治一二年時点（仲買商の語が税法上ブローカーを意味することになった）における組合構成員の人名を対照すると、前者で「中買之内」に属する者（もとの神農講員）が、後者の名簿で仲買商に属している事例が多く見られる。野高宏之氏も、一二年時点の仲買商について「素合・鳶と呼ばれる脇店クラスの系譜をひくの《ママ》薬種商であることが推測される」と述べている。[28] つまり、増株された幕末期の中買仲間は、素合を含むものとなっていた可能性が高い。この仲間においても、「身分制の流動化」に比すべき現象が生じていたのである。

　他方、近世の薬種流通の中で京都がどのような地位を占めていたのかについては、全体として未解明な部分が多い。だが一般に、中野卓氏が『商家同族団の研究』の中で検討した成果が、その後も通説として扱われている。すなわち近世中期の京都にも、唐薬問屋、薬種中買がそれぞれまとまって存在していた。彼らは主に大坂の唐薬問屋や薬種中買から商品を仕入れて、京都市中や近隣の地方に対して小売や卸売を行った。[29] そして京都市中の仲間としては、近世中・後期に二条薬種屋仲間、八日組薬種屋仲間、脇店仲間の三つが存在していたことは、史料上ほぼ間違いない。[30] これらのうち、最も知られているのは二条薬種屋仲間である。中野氏によれば、当初二条には唐薬問屋仲間と薬種中買仲間があった。しかしその後は「天明七年『二条薬種屋仲買仲間』の『定』もつくられ、本仲間（問屋仲間）の崩壊にひきかえ、仲買仲間は制度的な整備をなしとげるとともに、その成員も大幅に増加して、一時は一八〇軒にも及んだという。慶応三年の二条薬種屋仲間書上帳によれば、当時実際営業しているのは一二三軒であるが、その株数においては惣軒数一七三軒とある」という。

　氏はまた、この仲間書上帳（慶応二年における各家の売上代銀が記されている）の記載から、同年時点の二条薬種屋仲間の中には、判明するだけで傍店（脇店＝小売商か）が六軒、牙人（素合と同じく「すあい」＝ブローカー）渡世が九軒含まれていたことも指摘している。このように、二条薬種屋仲間も基本的には中買を中心とする仲間であったが、幕末には「身分制の流動化」に比すべき現象が生じていたのである。なお中買らの居住地については、大坂ほど厳しい制限は課せられていなかった。それでも、二条通沿いのうち特に東玉屋町・仁王門町・大恩寺町・正行寺町が「二条四丁町」と呼ばれており、付近には中買をはじめ、薬種関連のさまざまな職商人が集住していた。[31]

これらの仲間が行っていた業務について、大坂では渡辺祥子氏の研究、京都では中野卓氏の研究がそれぞれ詳しい。とりわけ渡辺氏の研究は、唐薬問屋による先物取引などの具体的な役割を、詳細に解明したものである。ただし、宮本又次氏の所説に対しては、各機能の有機的関連が重要であるとの結論を導くにとどめている。(32) 司法的機能について見ると、不正な商品を扱わない旨を公儀に誓約した文言が、中買仲間の名前帳の前書(大坂)(33)や定め書(京都)(34)に存在する。また大坂の薬種中買仲間の内部には、寛政期に「判頭五人組」とも呼ばれた不正取締のための組織が設けられたことは、渡辺氏が検討しているとおりである。(35) 内済などが行われたことを示す具体的な史料は、今のところ確認できない。しかし、これらの仲間は公儀に認知された仲間としての性格が明白であり、司法的機能が認められていた可能性は高いであろう。このほか中買仲間では、職業神の信仰も盛んであった。(38)

以上のように、近世大都市の仲間は問屋、中買といった業態ごとに組織されることが多かった。これは直接的には幕府の意向によるものである。だが、仲間の主たる機能は特定の営業行為の独占ないし排除にあり、こうした機能を果たすうえで、分離型の組織は適合的であった。また仲間は、市場統治に関する司法的機能も備えていた。後者の機能にとって、分離型の組織が効果的であったかどうかは検証しえないが、少なくとも支障はなかったと考えられる。

第二節　明治期同業組合の組織

1　同居型化の原則と実態

明治新政府は「商法大意」によって、仲間による流通独占を否定した。前近代において職縁集団とは、座にせよ仲間にせよ「一切の仲間内の競争が禁ぜられ、単独行為が封ぜられ、飽くまで団体本位であつた。仲間員は仲間総体意思の命ずる範囲内で自分を生かし得たにすぎなかつた」というものであったから、[37]そうした観念からは大きく転換したことになる。その後明治一七年（一八八四）になって、政府は同業組合準則（農商務省達第三七号）を布達して、再び同業者の組織化を図る。しかしその目的については、「方今外国貿易一層頻繁ノ域ニ進マントスルノ時ニ方リ〔中略〕同業相団結シ啻ニ弊害ヲ矯正スルノミナラス益々進ンテ改良進歩ヲ図ルヘキナリ」[38]とあるように、これは流通独占を引き続き否定したうえで、殖産興業・貿易振興を図るという文脈によるものであった。[39]同法で意図された組合＝準則組合は、藤田貞一郎氏が指摘したように、近世のような業態ごとの「分離型」というべき仲間と異なり、商業系組合の場合でも、卸商や仲買商などの業態を問わない「同居型」のものが想定されていた。[41]卸商＝有力者に仲買商や小売商＝非有力者を合わせた組織は、従来に比べて平準化したものと評価できよう。これはちょうど地縁集団において、家持層＝有力者からなる集団であった個別町に借家人＝非有力者を参加させようとした事態になぞらえ得るという意味で、興味深い。

ところで、注意すべきは、実際には殖産興業と直接関わりのない業種の商人らも、多くの同業組合を組織していたことである。大都市の商人、とりわけ、近世期に流通経済の頂点にあった問屋≒卸商たちは、独占が否定されて同居型の同業組合が原則になるという状況に、どのように対応したのだろうか。

明治中期以降、実際に設けられた同業組合と業態との関係がどのようなものであったかについては、藤田氏の研究でも十分検討されているとは言い難い。そのため、ここで改めて確認しておこう。明治中期〜大正初期の大都市における商業者組合のデータを見ると、重要物産同業組合、準則組合ともに、全体として「同居型」化の傾向を指摘できることは確かである。だが一方で、小売商が除外されているケースも少なからず存在する。[42]当時同居型化＝平準化が原則とされていたことは確かだが、実際にはおそらく業界ごとの状況に応じ、それは近世の株制度に基づいた独占体制の矛盾を解消する程度に果たされていたのである。

薬業組合の場合、大阪市と京都市については次項で詳しく検討する。そのためここでは、本章で扱っていない大都市である、東京市と名古屋市の状況を確認しておく。

【東京市】近世の江戸では本町三丁目が薬種問屋街に指定されていたため、同町を中心に本町組薬種問屋仲間が結成され、後には大伝馬町薬種屋仲間もつくられた。[43] 一方、薬種小売商については仲間の存在が確認できない。小売商に対しては問屋のほか、地縁的ルートである肝煎名主を通じた支配が行われていたらしい。[44] 維新後、同業組合準則発布を経た明治一九年には、東京府を区域とした東京薬業組合が設立された。この組合は同居型であり、卸商や小売商などあらゆる業態者からなっていた。[45] しかし薬種卸商は、一方で一七年に卸商のみによる東京薬種問屋組合（準則組合）も設立しており、東京薬業組合にも二重加盟するという形をとることとなった。その後、三一年には薬種問屋組合が東京薬種貿易商同業組合（重要物産同業組合）に組織替えされたが、その際卸商らは、東京薬業組合からの反対を押し切る形で同組合からの離脱を実現し、[46] ここに事実上、組合は分離型となった。なお卸商による組合の居住者区域は、規定上は東京市内である。だが、明治期の組合員はほぼ日本橋区の居住者に限られており、さらに組合役員は、近世以来の問屋街である本町周辺の居住者であった。[47]

【名古屋市】近世の名古屋では京町付近が薬種問屋街となっており、[48] 遅くとも近世後期には、同町を中心に問屋仲間が結成されていた。[49] 一方、薬種小売商の仲間は確認できない。[50] 維新後、同業組合準則発布を経た明治二四年には、名古屋薬種商組合が設立された。この組合は卸商・小売商の同居型であったが、三五年頃に解散している。その後の組合設立の状況は不明瞭である。四〇年頃には名古屋薬業組合という申合組合が設立されているが、これが小売商を含むものか卸商のみによるものであったかは、明らかでない。その後、おそくとも昭和九年（一九三四）の時点では、名古屋薬業組合という同名の組合が間違いなく存在したが、これは卸商の組合であった。[51]

大都市は人口規模のみならず、流通上も集散地として特別の地位にあった。それゆえ、いずれも卸商の層が厚く、東京市や名古屋市の卸商たちは、同居型組合を離れて自身たちによる組合を新たに設立する、という動きを見せていた。

2　同居型化の限界

大阪市と京都市の薬業組合は、仲買商や小売商との同居型となったうえで、昭和戦中期まで存続していた。明治期に、これらの組合における卸商の地位はどうなったのだろうか。この点について、組合の役員人事に対して卸商がどのような役割を果たしていたか、という視点から考えてみたい。

大阪の場合、維新当初の明治六年（一八七三）には、小売商も含めた大阪薬種商組合が設けられた。同組合の構成員は六〇〇人以上にのぼった。(52)しかし一二〜一三年頃に、小売商は分離して別の組合を組織しており、(53)以後は卸商・仲買商が同居する組合（大阪薬種卸仲買商組合）として長く存続することになった。それでも二〇〜三〇年頃の組合員の数は三〇〇〜四〇〇人ほどであり、(54)一三〇〜一九〇人ほどであった近世の薬種中買仲間に比べて大幅に増えたと言えよう。

さて、この組合で三三年に作成された規約(55)によれば、役員の選挙権は原則として組合員全員に認められる一方、被選挙権者については「役員ハ本組合三等以上ノ経費負担者中ヨリ撰挙スルモノトス」と定められていた。ここでいう三等とは、組合経費の賦課等級に基づくものである（全体では六等級。等級の基準は明らかではないが、次に述べる京都の組合と同様に、売上などの見立割かと思われる）。そこで三等以上の等級が与えられている者(56)について、二七年頃の「名前札」(57)と薬正組（下部組＝後述の一つ）の「信任金原簿」(58)を用いて卸商か否かを確認すると、業態の判明する者のうち八割が卸商に該当することがわかる。当時の組合員の等級は、卸商・仲買商という業態によって自動的に決まるわけではなく、役員の資格も、規約上は業態と直接関係しないことになっていた。しかし実態としては、一般に実力（資力）を持つ卸商らが高い等級を課されやすく、その結果、役員についても表7―1のように大半が卸商によって占められていたわけである。

京都の場合、組合（京都薬物商組合）は卸商・小売商によって構成されていた。組合員の数は明治四〇年頃の時点で一五〇人ほどと、近世の二条薬種屋仲間と比べてあまり変化がないが、これは当地における組合非加入者の多さなどによるものと考えられる。(59)同組合の経費負担方法を見ると、やはり各商人には一級から五級までの等級が課せられている。

表 7-1　大阪薬種卸仲買商組合の役員（明治期）

年次	総取締	副総取締	取締		
明治17年	小寺幸次郎	津好宗八	河合五郎兵衛	成尾安五郎	田辺善三郎
18年	津田重次郎	錦源兵衛	■吉田久兵衛	春元重助	和田卯助
19年	武田長兵衛	塩野義三郎	小西喜兵衛	長洲清八	谷山伊兵衛
20年	田畑利兵衛	宗田友治郎	日野九郎兵衛	秋宗清兵衛	大江吉兵衛
21年	田辺五兵衛	成尾安五郎	塩野宗三郎	三国仁兵衛	上村長兵衛
22年	塩野吉兵衛	福田清右衛門	河合五郎兵衛	掛見喜兵衛	安川佐次郎
23年	小野市兵衛	石津作次郎	長洲清八	小西彦七	竹内万兵衛
24年	小西喜兵衛	谷山伊兵衛	菅井豊蔵	▲七里清助	福井七郎兵衛
25年	武田長兵衛	塩野義三郎	春元重助	▲長洲寅次郎	小西儀助
26年	田畑利兵衛	日野九郎兵衛	上村長兵衛	小西久兵衛	今中仙次郎
27年	小寺幸次郎	宗田友治郎	三国仁兵衛	岡本佐右衛門	▲黒石定助
28年	田辺五兵衛	河合五郎兵衛	安川佐次郎	▲田畑喜兵衛	杉村定七
29年	福田清右衛門	小西彦七	掛見喜兵衛	錦源兵衛	丸本利兵衛
30年	谷山伊兵衛	菅井豊蔵	▲七里清助	小西久兵衛	▲森政七
31年	塩野義三郎	乾利兵衛	▲長洲寅次郎	津田重次郎	■上田松治郎
32年	春元重助	小西儀助	和田卯助	中田幾輔	小西嘉兵衛
33年	小西喜兵衛	上村長兵衛	森吉兵衛	○三島吉兵衛	春元竹三郎
34年	小西儀助	小西久兵衛	△小西利七	△安居佐七	高岡庄七
35年	谷山伊兵衛	津田重次郎	○石浜豊蔵	柚木与兵衛	△乾卯兵衛
36年	河合五郎兵衛	三国仁兵衛	杉村定七	和薬嘉兵衛	△原田松次郎
37年	宗田友治郎	福井七郎兵衛	綿谷増吉	▲大島清吉	△藤沢友吉
38年	菅井豊蔵	中田幾輔	○黒石卯之助	■杉村房次郎	○北村長三
39年	乾利兵衛	△小西利七	丸本利兵衛	▲津垣常吉	■塩見由三郎
40年	小西儀助	高岡庄七	谷山伊兵衛	○吉田藤七	▲伊藤千太郎
41年	石津作次郎	杉村定七	△乾卯兵衛	門川定七	■小野福之助
42年	塩野儀三郎	武田長兵衛	△藤沢友吉	△岩井松之助	○福尾弥之助
43年	上村長兵衛	○黒石卯之助	■杉村房次郎	島道勘四郎	岡本佐右衛門
44年	菅井豊蔵	△安井佐七	小西喜兵衛	■宗田新次郎	○安原富三郎
45年	小西儀助	谷山伊兵衛	■武田松之助	福井七郎兵衛	○市橋力蔵

出典：役員名は大阪薬種業誌刊行会『大阪薬種業誌』第 4 巻（大阪薬種卸商組合事務所、1941 年）の巻頭表、業態については注 57 の「名前札」、「(明治 34 年薬正組）信認金原簿」（注 2「道修町文書」612020）による。

注：無印…上記の「名前札」で「卸」とされている者
■　…上記の「名前札」、上記の「原簿」のいずれにも名前がない者
▲　…上記の「名前札」で「仲買」とされ、上記の「原簿」に名前がない者
△　…上記の「名前札」で「仲買」とされ、上記の「原簿」に名前がある者
○　…上記の「名前札」に名前がなく、上記の「原簿」に名前がある者

それぞれの等級には「一万円以上」「七千円以上」などとあることから、[60] これはおそらく売上の見立割であろう。そして各組合員の賦課額表を見ると、おおむね卸商が高い等級を課されていることがわかる。一九年に同組合が作成した作成の規約において、役員の被選挙権は「正副組長ハ組合員一同ノ投票ヲ以テ撰挙シ、委員ハ其部内組合員ノ投票ヲ以テ撰挙ス」と規定しているのみであり、業態はもとより、等級による制限も設けられていない。[61] しかし実態を検証するために、氏名が判明している限りの正副組長の業態を、「銅駝会文書」中の国税営業税課税標準届原簿[62]によって調べると、彼らはいずれも卸売の売上が小売を上回る卸小売商であったことがわかる。また地区ごとの委員（具体名は割愛する）についても、状況は同じである。すなわち右の「原簿」が利用できる明治後期の状況を見てみると、判明する者の大半は、卸売の売上が小売を上回る卸小売商であり、他に小売の売上が卸売を上回る者が三名、卸売の売上を持たない小売商が二名となっている。規約上、役員と業態とは関連がないことになっていたが、実態としては表7―2のように、やはり一般に実力（資力）のある卸商らによって役員はほぼ占められていた。[63]

第一章で見たとおり、明治期には個別町＝地縁集団においても、家持＝有力者の地位は、等級割の導入によって身分の優位から実力（資力）の優位へと間接化されていた。そして職縁集団においても、卸商の地位は等級割によって間接化されるようになったと言えよう。実際には「等級が高い者の多くは卸商である」という図式が成り立っているが、これは当時の卸商が、幕藩権力から特権を与えられていたのみならず、実力の優位をも備えていた結果であろう。つまり、卸商による特権的な独占が否定されて同業組合が同居型化するにあたり、組合では新たな格付け方法として等級制という実力を反映した原理を導入したが、その結果、卸商らは運営の実権を引き続き握ることとなったのである。一方、仲買商や小売商らは運営に参加する機会を得ながらも、実質的な影響力は限定的なものにとどまることとなった。

ここで、当時における組合員の居住区域を見ておこう。規約上、右の二組合は市域全体を区域としており、組合員名簿からは、組合員の居住区域が市全体へと確かに広域化していることがわかる。しかし、組合事務所の位置はもちろんのこと、役員を務める卸商が居住していたのは、引き続き道修町周辺や二条通周辺という旧来からの問屋町であ

表7-2　京都薬物商組合の役員（明治期、判明分）

年次	組長	副組長
明治19年	＊慶松勝左衛門	
20年	＊　〃	
21年	山本政七	早田平助·織田卯一郎
22年		
23年	半井安兵衛	高木幸助
24年	黒田徳三郎	
25年	〃	高木幸助·立入定松
26年	〃	〃　·掛見繁松
27年	〃	
28年	半井安兵衛	高木幸助·掛見繁松
29年	〃	
30年	〃	
31年	〃	＊（清水源助　辞退）
32年		
33年		
34年	半井安兵衛	
35年		
36年		
37年	半井安兵衛	
38年	〃	山村善助·半井万助
39年		
40年	山村善助	
41年	〃	＊上羽新七
42年	山村太七	加藤彦太郎·半井万助
43年		
44年	山村太七	加藤彦太郎·半井万助
45年	〃	

出典：注2「銅駝会文書」に含まれる「当組合役員当撰報告」など個別の状物史料による。
業態については国税営業税課税標準届原簿（明治41年以降が現存）による。

注：無印は上記の「原簿」で卸売の売上が小売を上回る者で、＊を付したのは「原簿」に見えない者である。ただしこのうち、慶松勝左衛門は同住所の慶松恒次郎が「原簿」におり、また清水源助は副組長に当選後辞退している。

り、この傾向は以後も長く続くのであった。

さらにこれら二組合の場合、同居型組合の内部には、卸商らが加盟する申合組合が別途存在していた。大阪の場合、大阪薬種卸仲買商組合の内部には元売問屋、遠隔地商人と取引する注文屋、注文屋に販売する薬品を元売問屋から仕入れる店売屋など、卸商がさらに細かい業態ごとに分かれた申合組合が、「入れ子」のようにいくつか設けられていた。これらは、仲買商からなる住吉組を除くと、いずれも卸商、それもほぼ道修町の居住者が加盟するものであった。(64) 野高宏之氏は、この小団体のことを下部組と表現しており、筆者もそれに従う。一方京都の場合には、銅駝会という団体が存在した。これは京都薬物商組合の下部組として正式に位置づけられたものではないが、事実上、二条通り付近に居住

する卸商が中心となって設けられた中合組合であった。(65)

近世から明治前期にかけて、地縁集団たる個別町においては、表店借家人という相対的な非有力者が構成員として取り込まれることで、組織の平準化・同居型化が生じていた（第一章を参照）。職縁集団たる同業組合においても、仲買商・小売商という非有力者が取り込まれることで組織の平準化・同居型化が生じるという、地縁集団に比すべき現象が起きた。しかし職縁集団の場合、同居型組合の内部に、業態や区域を事実上限定した非公式な中合組合（下部組）が設けられており、卸商＝有力者と仲買商・小売商＝非有力者との隔たりは大きかったと言える。卸商らは、なぜ下部組を設けたのだろうか。この点を考えるために、次節以下では同業組合の機能について検討する。

第三節　明治期同業組合の機能

1　全体的な特徴

明治期の同業組合の機能、とりわけ準則組合などを含む商業系組合については、実態をうかがう史料や沿革史などがなかなか得られない。このため、法令の条文に記されているものを形式的に挙げるにとどまる状況をなかなか打開できていないのが、学界の現状である。ただし、問題はそれだけではない。本章で取り上げている両組合については、一定期間の会計状況がわかるが、その支出項目で大きな割合を占めるのは、事務所家賃や筆生給料（大阪薬種卸仲買商組合）、事務取扱費（京都薬物商組合）といった純粋な事務関係費である。土木費や夜警費といった名目で、支出が具体的な業務と直接結び付いている個別町＝地縁集団と違い、同業組合＝職縁集団の会計は、性格がまったく異なるのである。

大阪薬種卸仲買商組合の場合、活動を具体的に知るうえでは、沿革史である『大阪薬種業誌』が利用できるほか、明治二六〜三三年（一八九三〜一九〇〇）にかけては組合日誌が残されている。しかし、それらに記載されている活動は組合員の入退会や経費徴収といった純事務的な業務のほか、薬品量目の公定、薬瓶の改良、薬品略称の統一に関する審議や行政当局への諮問答申や建議などである。[66] 準則組合が行政当局と各営業者との連絡経路になっていることは、組合の利点として注目されるが、そのほかの業務は、商取引を間接的に規定する事柄にとどまると言えよう。商取引をより直接的に規定する行為、たとえば近世の株仲間で最も重要であった価格協定などのカルテル行為は、両組合の現存史料から確認することはできない。そもそも、明治政府が原則とした同居型の組合という組織形態は、近世の仲間とは逆に、こうした行為に対して抑制的なものであったと言うことができよう。

2 司法的機能

それでは、市場統治に関する司法的機能[67]はどうなったのだろうか。まず法令を確認しておこう。重要物産同業組合の場合には、制度発足時の重要物産同業組合法施行規則（明治三三年〈一九〇〇〉農商務省令第七号）の中で、組合定款に記載すべき事項として「違約者ノ処分ニ関スル規定」（違約者処分機能）、そして「営業品ノ検査又ハ仲裁判断若クハ調停ヲ為サントスルトキハ之ニ関スル規定」（裁判外紛争解決機能）がともに明記されていた。このうち違約者処分機能については、殖産興業という文脈の中で、輸出向け商品に重点を置いた、工業・農業製品の粗製濫造の取締が想定されていたと見られる。[68] もっとも、後に掲げる組合規約からは、一般の商取引上における代金不払いのような債務不履行も、右でいう「違約」に該当したことがわかる。また裁判外紛争解決機能について、藤田貞一郎氏は雇用規制機能とリンクさせている。[69] つまりここでいう「紛争」を、近代工業の職場において顕在化するような労働問題として捉えているようである。だが同様の規定は、すでに明治二〇年の取引所条例（勅令第一一号、いわゆるブールス条例）に伴って制定された施行細則（農商務省令第三号）に見られる。そのため、こちらはむしろ商取引上の債務不履行などを、本来想定したものと考えた方が自然である。

以上のような重要物産同業組合の規定に対して、準則組合の場合、同業組合準則には違約者処分機能が明記されていたものの、裁判外紛争解決機能に関する規定は置かれていなかった。しかしながら、実際の組合規約や業務は、単純に法令の義務規定に限定されたわけではなかった。以下、準則組合である両組合について検討する。

①大阪薬種卸仲買商組合

三三年に作成された同組合の規約（注55を参照）を見てみよう。まず組合員については「本組合員ニシテ、約定ヲ違変シ契約ニ悖リ或ハ支払ヲ拒ム等不正ノ行為アルトキハ、其当事者間ニ於テ可成示談ヲ遂ゲ穏当ノ所置アルベキヲ要ス、若其示談不整ナルトキハ、其事由ヲ総取締ヘ申告シ所分《ママ》ヲ請フベキモノトス」「本組合員ニ於テ、不正ノ行為ニ依リ同業者間ニ損害ヲ与ヘ信用ヲ傷ケ、或ハ組合規約ニ違背シ、又ハ組合内ニ紛議ヲ生セシメ、尚本規約第十二条ノ所置ニ係ル等ノ場合ニ於テハ、特ニ会議ニ附スルカ、又ハ総取締ニ於テ当役員ト協議ヲ遂ゲ、其事情ニ依リ左ノ四項ヲ以テ処分ス、第一　説諭〔以下略〕」とされている（第一二、五七条）。一方、組合外の取引先については「各地方及組合外ノ商取引先ニ於テ、契約ノ履行ヲ失シ約定ヲ違変シ期限支払ヲ停止スル等、不当ノ行為アリタルトキハ、其氏名住所営業所並ニ事由ヲ詳記シ、役員中ヘ申告スヘシ、総取締ハ当役員ト協議ヲ遂ゲ、詳細調査ノ上、組合員一般ヘ通知シ、可成穏当ノ示談セシムベシ」とされている（第五六条）。つまり、組合員間の商取引トラブルについては当事者間の示談を原則とし、それが整わない場合には違約者処分を行うとしている。そして取引先に対しては「示談セシムベシ」として、調停的な機能が設けられている。このように、同組合では相手が組合員であるか否かを問わず、違約者処分機能とともに裁判外紛争解決機能についても、ある程度規定されていた。

また、同組合には二六〜三三年にかけて組合日誌が残されているが、そこには組合員間の紛議と見られる案件が、二つ（あるいは三つ）確認できる[70]（当事者の氏名はA〜Fに置き換えた）。その一つは次のようなものである。

【史料ⅰ】「組合員A氏ヨリ組合員B氏ニ係ル売買上ノ紛議ノ件ニ付、B氏ヘ諭告ノ書面ヲ提出セラレタリ」「紛議事件ニ付御取締春元重助殿、中田幾輔殿、小西嘉兵衛殿ノ三名出席ノ上B氏ヲ招喚シ、其事実ヲ聞キ取リタリ」「〔組合書記辻由太郎は〕組合員A氏ヨリ取締宛封書壱通ヲ受ケ取リタリ〔中略〕総取締ヲ御伺ヒ申上タルトキ、A氏ヨリ提出ノ書面ヲ御渡シ申上タリ、尚ホ開封後持チ帰リタリ」（明治三二年九月三日、一四日、二六日条）。

この事例は、卸商である組合員Aが、仲買商である組合員Bに対する「諭告」を、組合役員に申請したものである。この後の結果については記されていないが、取締による諭告は、なされなかったものと見られる。この結果は、日誌のやや後に現れる別の案件で、「薬品調査之結果違反ノ者ト認ムル方へ説諭ヲ加ヘ将来ヲ戒メタリ、××氏〔以下、同じ六名の氏名あり〕」（三二年一〇月二日条）と、薬品検査に基づく違約者処分＝説諭が明確に書かれているのと対照的である。

もう一つは次のようなものである。

【史料ii】「本日午後七時ヨリ総取締及副総取締ノ御出席アリ、C氏ヨリD氏ニ対スル商取引上ノ件ニ対シ、仲裁方ヲ申出ニ相成リ、依テ夫々係リノ方ヲ呼出シ示談ヲ為サシメタリ」、「本日午後四時頃ヨリ取締上村長兵衛氏ノ御出席アリ、組合員D氏、E氏及F氏ノ商取引紛議ノ仲裁ノ労ヲ取ラレタリ」（三三年七月八日、九日条）。

この事例に登場するC、Dはともに卸商であり、E、Fは仲買商である（すべて組合員）。八日、九日の記事ではDのみ共通しており、同一事件かどうかの判断は難しく、別件かもしれない。いずれにせよ、ここには役員に対する「仲裁」の申請があり、「示談」「仲裁」が行われたことが明らかである。

②京都薬物商組合

京都府では、府が一八年に規約雛型である「営業組合規約書」[71]を布達していた。そこでは準則組合の機能として、違約者処分とともに「組合の紛議を調和する事」というものも認められていた。一九年に作成、認可された京都薬物商組合の規約（注61を参照）を見ると、ほぼこの「規約書」にのっとったものとなっている。つまり、第八条第一項では組合の代表者である組長が総理する事務として「七　組合員ノ組合ニ関スル紛議ヲ和解セシムル事」「八　違約者処分ヲ施行スル事」が併記されている。また第三六条には次のように、より具体的な規定がある。「売品代価不払ヲ為シ又不当ノ直引等ヲスル者アリ、被害者ヨリ組長ヘ申出ルトキハ、組長ハ之ヲ調査シ該人ヘ対シ代金払渡ノ事ヲ諭シ、尚之ニ応セサルトキハ〔中略〕該金払済又ハ示談済ノ報告アル迄ノ間ハ、該人ヘ対シ一切承引〔「取引」の誤記か〕為ス可カラス」。さらに第四五条（＝第一一章、違約者処分法）では、粗品の乱売などとともに「第卅六条ノ不払人ト取引セシ者」について、違約金または「二ヶ月以上壱ヶ年以内組合員互ニ取引為サヽル可シ」という処分を示している。このように、京都の場合には「規約書」が出されていたこともあって、組合員については、商取引に関する示談や「和解セシム」といった裁判外紛争解決機能が、取引停止という違約者処分機能とともに規定されていた。ただし残念ながら同組合の場合、明治期の組合日誌などは確認できておらず、当時の実態についてうかがうことはできていない。

明治期には、殖産興業政策に適合的な重要物産同業組合のみならず、準則組合においても、市場統治のための司法的機能を与える詳細な規定が盛り込まれ、また実際に行使されていた。その背景として指摘すべきは、商事調停法が大正一五年（一九二六）になって制定されたように、国法レベルでの商事法務制度の整備が、西欧諸国に比べて引き続き遅れていたという状況である[72]。この点について藤田貞一郎氏は次のように述べている。「そもそも主権の絶対性を主張する近代国民国家の成立は、もはやその内部において独立の立法権や司法権を持つ異質の団体の存在を許す寛容に、その余地を与えることのないのが通例である。ところが、わが国の重要物産同業組合法は、施行規則においてではあるが、仲裁判断ないしは調停の権限を同業組合に与えている」[73]。岡崎哲二氏が近世の株仲間について指摘した、市場統治に関する司法的機能は、国法の未整備ゆえに、明治期の同業組合にとっても重要な業務の一つになっていた。なおこの機能は、同業組合が分離型から同居型に移行しても、行使するうえで支障のないものであったと言えよう。

第四節　明治期下部組の機能

第二節で述べたように、大阪薬種卸仲買商組合や京都薬物商組合において、卸商らはほぼ自らの業態のみによる下部組を、別途設けていた。これらの集団は、当然ながら法令の裏付けを何ら持たない申合組合であるが、どのような業務を行っていたのだろうか。

1　節季の決定

記録から判明する業務のうち、注目すべきものとしては節季、すなわち延取引の決済期日を定めていたことが挙げられる。大阪薬種卸仲買商組合の下部組のうち、卸商の一種である店売屋が結成した薬正組には、明治三四年（一九〇一）以降の日誌が残されている。それによれば、同組は三四年六月九日に「本組合規約第弐拾弐条ノ限リ変リ期日ニ対シテ正進組ト交渉ノ上、和漢粉末薬ハ節季月ノ前月弐拾六日、洋薬品ハ節季月ノ一日ト相決シタルヲ以テ印刷ニ其決定ノ通リ訂正ヲ加ヘル事」と決めており、翌年七月一一日には右の史料に現れる正進組（薬正組から仕入れた商品を地方の商人に売り渡す卸商からなる下部組）からの依頼によって、節季を再度改正している。(74) また京都の銅駝会についても、三六年一月六日に「限替リ規約ニ就テ、会則ヲ守ル可キ事ヲ約定ス」との記事があり、(75) その後三七年六月九日には「役員会ヲ開キ限替リ期日之件ヲ議シ、〔規約〕第廿一条ヲ修正シ、会員ハ期日前ヨリ直入スルコトニシテ限替リ期日ハ従前通リ実行ス」と定めている。(76)

これに対して、公認の同業組合である大阪薬種卸仲買商組合や京都薬物商組合のレベルでは、規約中に節季に関する規定は存在せず、現存する日誌にも関連する記事は見出せない。節季は商取引のあり方を規定する重要な事柄である。しかし、これは業態を同じくする者たちが決定するのが適当な案件であり、同居型組合で扱うことはそぐわなかったためと考えられる。

2　司法的機能

下部組の記録からは、前節で見た司法的機能を、それらの組においても行使していたことがわかる。大阪の薬正組の場合、規約中に該当する条文は見当たらない。しかし日誌からは、商取引上のトラブルを示すと見られる、次のような実例を挙げることができる[77]（当事者の氏名はG～Jに置き換えた）。

【史料iii】

組合員G氏ヨリ、H氏ニ対スル商取引上ニ於テ代金不払ノ件〔中略〕依テ即時G氏ヲ招キ其事情ヲ聞キ取リタリ、尚ホH氏ヘ使ヲ遣シタルニ留守中ナリ、依テ明朝事務所ヘ出席セラル、事ナルヲ以テ、其上仲裁ノ労ヲ取ル事ニ一決ス

（明治三四年〈一九〇一〉七月一〇日条）

【史料iv】

拝啓、本組合I殿ヘ昨年拾壱月弐拾五日、本年弐月限リ約束ニテ、ヒマシ油五百拾三凢半、百凢ニ付拾四円参拾銭替ニテ売渡候処、去ル弐月弐拾七日ニ至リ初メテ百斤ニ付拾四円卅銭ノ由違約物被申、大ヰニ驚入、其後数回掛合居候ヘ共、更ニ埒チ明キ不申、甚ダ困難致居候ニ付、誠ニ御手数様ニテ奉恐入候得共、何卒片附呉様御説諭ノ程、偏ニ奉願上候、尤モ売約ノ節売直申書渡シ有之候、右宜敷御依頼奉申上候、頓首

三十七年三月六日

〔差出人〕J

薬正組御中

右投票ニ対シテハ、即時投書者J氏ヲ招キ、其事情及模様ヲ逐一聞取タル上、更ニI氏ノ出席ヲ求メ、之亦事情ヲ聞取リタル上、理事者会合ノ席ニ於テ種々調□ヲ心見、仲裁ノ労ヲ取リタルモ、I氏ニ於テ即時応ズルノ回答ナキヲ以テ論告ノ上、追而何分ノ回答ヲ為ス様トノ旨ヲ述べ引取ラレタリ

（明治三七年三月一二日条）

右のうち、史料iiiは取引先（セリか）[78]との間の紛議、史料ivは組合員同士の紛議であり、いずれも薬正組の役員に仲裁を求めたものである。

一方、京都の銅駝会の場合、規約中に[79]「本会々員併ニ会員外ト雖モ、不整ノ商業ヲナス者ハ、会員一同申合セ取引ヲナサズ」「本会々員併ニ会員外ト雖モ、売品代価不払ヲナシ、又不当ノ直引等且ツ不整ノ物品ヲ取扱及ヒ売買スルモノアルトキハ、役員是レヲ調査シ、会員ニ報告シ、一切取引ヲナサス」などの条文がある（第一五、一六条）。これらは商取引中止という、事実上の違約者処分機能を示すものと言えよう。また裁判外紛争解決機能については「本会々員併ニ会員外ト雖モ、取扱上ノコトニ付本会役員ノ示談ニ応セサルモノハ、其住所姓名及理由ヲ記シ会員一般ニ報告ス可シ」「会員非会員ニ限ラス不整ノ取引ヲナシ示談調フルトキハ、該件ニ係ル所ノ入費ハ其者ヨリ出金ス可シ」とあり（第一八、一九条）、示談の存在が想定されていることがわかる。こうした規定は、明治四五年に改正された規約でも変わらない（ただし大正九年〈一九二〇〉以降の規約では、示談のような裁判外紛争解決の条項は消えている）。そして、実例としては次のようなものが見られる[80]（当事者の氏名はK〜Mに置き換えた）。

【史料v】

〔明治二六年〕四月六日、会員K殿ヨリ左之書面差出シニ相成ニ付

御届書

右〔御幸町四条上ル　L〕ハ二月限、三月限代価不払ニ付、再三再四掛合候得共其意ニ応セズ、依テ本会規約ニ依テ不払人取扱方願度候也

四月六日　　〔差出人〕K

銅駝会々長　中尾万七殿

本会よりハ理事掛見氏、上羽氏之役員、L方え出張、懇篤ナル説諭ヲナシK二向テ速ニ払方致サル可キ様申置候、然ル処〔中略〕其意ヲ得ス、依テ本会規約ニ基キ第十五条第十六条ニ於テ処分スル処トナリ、就テハ本会ニ於テ張

札スルハ今回カ始メナレバ、店買屋之最モ夫レ而已ヲ主トシタル部分ヲ集メ、弥張札ヲナスニ〔中略〕前夜ニ於テ
〔中略〕左ノ割ニテ事済ト相成候、現時三分、弐ヶ年内ニ七分、凡店内ニテ百円余之買掛ナリ

【史料vi】

本年〔明治四四年〕五月以来M氏不正事件ニ付数度会合（関係者）ノ結果、六月十四日謝罪状提出ノ上積立金没収、
改メテ最高ノ積立金ヲナサシメ事落着ス

右のうち、史料vのLは非会員である商取引者、史料viのMは会員である。またvでは処分には至らずに事件が解決し、viでは違約者処分が行われている。

前節で述べたように、司法的機能は、同居型である公認の同業組合においても行使することができた。だがそれは、分離型である下部組において同様の業務が並行して行われることを、妨げるものではなかった。この業務も、もとは近世期に分離型の仲間によって行われていたものであるから、明治期に分離型組合である下部組で行われていても不思議ではないだろう。

以上、史料の制約もあり、きわめて不十分な検討であるが、下部組は、公認の同居型組合と並行する形で司法的機能を行使し得たほか、節季のような商取引を直接規定する事柄を決定するうえでは同居型組合よりも適当な組織であった。このように、独占機能が後退しても分離型組合はなお業務上重要であったため、卸商らは同居型組合とは別に、このような集団を組織するという対応をとっていたと考えられる。

おわりに

本章では、次のことを明らかにした。

近世期、大都市の仲間は、問屋、中買といった業態ごとに組織されることが多かった。これは、直接的には幕府の意向によるものである。だが、仲間の主たる機能は特定の営業行為の独占ないし排除にあり、こうした機能を果たすうえで、取引相手に団結して対抗しやすい分離型の組織は、もともと適合的であったと考えられる。それだけに、仲間による独占機能が低下した幕末期には、個々の商人の実力（資力）がある程度反映される形で、職縁集団においても「身分制の流動化」に比すべき現象が生じていた。

明治期に入ると、政府は問屋仲間による流通独占の否定を基本方針とした。その後、政府が殖産興業の文脈のもとで同業組合を、異なる業態の者が所属する「同居型」組織として新たに制度化すると、大都市の商業系組合においても、卸商に仲買商、小売商などが加わった同業組合が設立されている。しかし実際にはその後、小売商が切り離された組合も少なくなかった。当時の同業組合の同居型化＝平準化は、おそらく業界ごとの状況をふまえつつ、株制度に基づいた独占体制の矛盾を解消する程度に果たされたものであった。また同居型となるにあたって、同業組合内での新たな格付け方法として導入されたのは、実力を反映した等級制である。だがその結果、近世に幕藩権力から特権を与えられていたのみならず、実力の優位をも備えていた卸商たちは、同業組合運営の実権を引き続き握ることとなり、仲買商や小売商の影響力は限定的なものにとどまったのである。

さらに同業組合の場合、薬業組合の事例で見られたように、卸商らは仲買商や小売商と同居した組合を維持しながらも、その内部に非公式の下部組を設けるという行動に出ていた。こうした卸商の対応は、職縁集団の機能と関わると考えられる。職縁集団の場合、同居型組合には公認組織として行政当局と連絡ができるなどの利点があるものの、そのほかの業務は、商品量目の公定のように商取引にとって間接的な事柄の決定や、商事法務制度が未整備ななかでの司法的機能の行使などに限られていた。これに対して、商取引をより直接的に規定する、節季などを決定する場としては分離型組合の方が適当であった。また司法的機能は、後者でも独自に行使し得た。このように、独占機能が後退しても分離型組合はなお業務上重要であったため、卸商らは同居型組合とは別に、下部組を組織するという対応をとったのである。

注

（1）藤田貞一郎『近代日本同業組合史論』（清文堂出版、一九九五年）九五、一七九頁など。同書は全体的には、商業者・工業者の同居化に重点を置いている。しかし同書一八七〜一八八頁では、商工事務官小出栄一「商業組合と同業組合との関係に就て」（『商業組合』第三巻第一二号、一九三七年）を引用しつつ、商業組合と対比した際における重要物産同業組合の特徴として、卸商と小売商の同居状態を挙げている。

（2）大阪薬種卸仲買商組合は大阪市内の薬種卸商、同仲買商で構成されており（別に大阪薬種小売商組合があった）、京都薬物商組合は京都市内の薬種卸商、同小売商で構成されていた（統計院編『第四回日本帝国統計年鑑』〈一八八五年〉二〇八頁によれば、当時京都府では専業の薬種仲買商はほとんどいなかったようだ）。前者に関する史料群である「道修町文書」は、くすりの道修町資料館所蔵で、道修町文書保存会編『道修町文書目録』全四巻（同会、一九九三〜九七年）が刊行されている。また後者に関する史料群である「銅駝会文書」は、二条薬業会館所蔵で、同志社大学のグループによって調査済みである。その成果の一端として、西村卓・奥田以在「史料　銅駝会文書について」（同志社大学経済学会『経済学論叢』第五六巻第四号、二〇〇五年）に目録が掲載されている。以下、本章で示すそれぞれの史料番号は、これらの目録によるものである。

（3）宮本又次『株仲間の研究』（有斐閣、一九三八年）二一一頁以下。

（4）『大阪経済史料集成』第七巻（大阪商工会議所、一九七五年）七〇一頁以下所収の、明治元〜二年「諸鑑札数目」（大阪市史編纂所所蔵）による。
（5）このうち「大阪米仲買」とは堂島米会所の仲買人と見られる。また大阪紙業沿革史編纂会編『大阪紙業沿革史』上巻（大阪紙商同業組合、一九四一年）によれば、荷請紙問屋は明治期以降、準則組合である荷受問屋三番組組合に引き継がれた。
（6）近世の場合、ナカガイは仲買のほか中買と表記することも多く、渡辺祥子『近世大坂薬種の取引構造と社会集団』（清文堂出版、二〇〇六年）はこれで統一している。本書も、明治期の仲買商と区別するためにも近世については中買の表記を用いる。
（7）塚田孝『近世身分制と周縁社会』（東京大学出版会、一九九七年）第一章、吉田伸之『日本の歴史』第一七巻［成熟する江戸］（講談社、二〇〇二年）二四二頁。
（8）石井寛治・中西聡編『産業化と商家経営』（名古屋大学出版会、二〇〇六年）第Ⅱ部を参照。
（9）家持・店借が、土地所有の有無という側面からそれぞれ正規・非正規の町人身分と見なされていたことは、学界で広く了解されている。これに対し問屋・中買・小売の場合、問屋については塚田孝氏が「『売場』の所有を本位と」することをもって「（町人＝）町人＝身分」と捉えている（注7塚田論文、二六頁）。しかし商人系列とされる中買や小売の規定については、吉田伸之氏による「商品所持者である点に本質があり」との指摘はあるものの（注7『日本の歴史』第一七巻、二四三頁）、身分論としては確立していないようである。
（10）京都市編『京都の歴史』第六巻［伝統の定着］（学芸書林、一九七三年）二九五頁以下のデータによる。
（11）繊維関係については、賀川隆行氏による一連の研究の中で、和糸問屋仲間、絹問屋仲間、呉服問屋仲間などの状況が扱われている。醤油については岡村秀太郎『京都醤油史蹟』（一九一六年）を参照。紙については八木吉輔編『京都紙商組合沿革史』（京都紙商組合事務所、一九四〇年）附録三八頁以下に、京都の蔵紙屋（仲間）が大坂の蔵紙屋（諸藩邸より選ばれて国産紙売捌の委託を受ける）からの荷物を入札によって引き取る紙問屋（仲間）であり、別に紙小売商の仲間として繁栄講があったことが述べられている。
(12)藤田彰典『京都の株仲間』(同朋舎出版、一九八三年)第三章、第五章を参照。
(13)注3『株仲間の研究』一六九頁以下および一八八頁以下。
(14)同前、一一八〜一一九頁。
(15)青木和夫ほか編『日本史大事典』第二巻(平凡社、一九九三年)「株仲間」の項目を参照(林玲子氏執筆)。
(16)注3『株仲間の研究』一八八〜一九二頁。
(17)「近世日本の経済発展と株仲間」(伊丹敬之ほか編『日本の企業システム』第二期第一巻[組織とコーディネーション]有斐閣、二〇〇六年)。他に宮本又郎『日本企業経営史研究』(有斐閣、二〇一〇年)五四六〜五五〇頁も参照。
(18)裁判外紛争解決手続(ADR)とは、訴訟手続によらない紛争解決方法を指すのに現在用いられている語である。調停、仲裁などの手続きをまとめて呼ぶ語として、本章では以下これを使用する。調停、仲裁などは、それぞれ異なる定義を持つ手続きであるが(小島武司・伊藤真編『裁判外紛争処理法』有斐閣、一九九八年、一頁などを参照)、本章では特に厳密な区別を必要としていない。
(19)注10『京都の歴史』第六巻、三〇五、三〇七頁。
(20)小早川欣吾『近世民事訴訟制度の研究』(有斐閣、一九五七年)八九頁。なお、その後の研究史の概略については高橋宏志「我が国における調停制度の歴史」(『判例タイムズ』第四八巻第一一号、一九九七年)を参照。
(21)注3『株仲間の研究』一〇七、一一〇頁。
(22)「江戸中期における唐薬種の流通構造」(『日本史研究』第一六九号、一九七六年)、「大坂市場における株仲間発展の一形態」(『ヒストリア』第七二号、一九七六年)、「近世都市における株仲間と町共同体」(『歴史学研究』第五六〇号、一九八六年)、「近世大坂における株仲間と『町』」(昭和六〇年度科学研究費補助金〈総合研究A〉研究成果報告書『町共同体と商人資本に関する総合的研究』、一九八六年)。また道修町文書保存会編『道修町文書目録』近世編(一九九三年)巻頭の内田九州男「薬種中買仲間と道修町」も参照。

(23) 注6『近世大坂薬種の取引構造と社会集団』。

(24) 武田薬品工業株式会社編『武田二百年史』(一九八三年) 九三頁は、脇店について「道修町の横町および大阪三郷《ママ》で営業していた薬種中買・薬種屋・その他薬種小売店一切を含めていった」とするが、数のうえでは小売店が中心であろう。また素合については史料が乏しく今井氏、渡辺氏らも検討していない。しかし、文政七年「脇店素合衆より取置候証文写並びに人数控」(「道修町文書」一〇五一―四二) などの史料から、素合も脇店仲間に含みこまれていた可能性がある。

(25) 注22「薬種中買仲間と道修町」vi頁。

(26) 大阪薬種業誌刊行会編『大阪薬種業誌』第二巻 (大阪薬種卸商組合事務所、一九三六年) 三五四頁以下。

(27) 注24『武田二百年史』六〇頁、田辺製薬株式会社編『田辺製薬三百五年史』(一九八三年) 三〇頁。

(28) 道修町文書保存会編『道修町文書目録』近代編下巻 (一九九五年) の巻頭「解説」一九頁。

(29) 中野卓『商家同族団の研究』(未来社、一九六四年) 三二五～三二七頁。

(30) 池田松五郎『日本薬業史』(薬業時論社、一九二九年) 一三九、一四四、一六一頁などの収録史料を参照。八日組薬種屋仲間については不明な点が多く、中野氏はこれを牙人の仲間としている。しかし京都市歴史資料館所蔵「平井庄次郎家文書」所収の「(慶応四年) 八日組薬種仲間名所帳」では前書の署名人に「八日組薬種仲買仲ケ間」とあり、また新建新聞社出版部『秦家住宅』(二〇〇八年) 一〇四頁によれば、安政四年 (一八五七) 頃の文書にも「八日組薬種仲買仲間」として一四七軒が挙げられている。これらの史料から、遅くとも幕末の時点では、やはり中買を業態の中心とする仲間であったと考えられる。また、八日組の居住地は二条薬種屋と異なり広範にわたっているが、詳しく見ると下京側に偏りが認められる。このため彼らは、上京側における二条の問屋街に対する、言わば新組のような位置づけだったのではないだろうか。なお、京都府立総合資料館所蔵の館古五〇二史料には「西京薬種商永代記録帳」という表題が与えられているが、同史料の原題は単に「永代記録帳」となっており、中身は八日組薬種屋仲間に関する記録である。

（31）以上、注29『商家同族団の研究』三五八、三七五頁を参照。
（32）注6『近世大坂薬種の取引構造と社会集団』四〇四～四〇六頁。
（33）注26『大阪薬種業誌』第二巻、三〇六、四一六頁などを参照。
（34）注30『日本薬業史』一三二～一三四頁を参照。当時の仲間の機能について、同書はこう述べている。「不正不良ノ薬品ヲ取扱ハザル事、雇人争奪ヲ防止スル事、雇人ノ随意開業ヲ取締リ、不良ノ同業者ヲ糺弾スル事、等ニシテ今日ノ同業組合ガ行ハントスル所ト大体ニ於テ異ナラズ」。
（35）注6『近世大坂薬種の取引構造と社会集団』七四頁以下。
（36）大坂の場合、安永九年（一七八〇）道修町の寄合所に少彦名神を勧請し、天保一一年（一八四〇）には社殿を建てている。神農祭と呼ばれる同社の祭礼を行ったのは伊勢講という集団であるが、これには中買仲間から行司が出されており、小林公子氏によれば「近世における祭礼（神農祭）はあくまで薬種中買仲間のための祭として仲間内で行われていた」（「道修町と神農祭」神奈川大学大学院歴史民俗資料学研究科編『歴史民俗資料学研究』第一三号、二〇〇八年、一八頁）。京都の場合、嘉永期に二条薬種屋仲間が神農像を祀ったのが起こりと言われる。池田嘯風氏によれば、同仲間の日記には蛤御門の変が起きた元治元年（一八六四）にも「神農尊の御神事滞り無く相済まし申候」と記されていた（「薬祖神祭の由来及び沿革」薬業銅駝会編『薬祖神祭復興満五十年御鎮座二十五週年祝祭記念誌』一九三〇年、注2「銅駝会文書」一一―六八、一～二頁）。このように、神農祭（薬祖祭）は中買らにより、問屋町を祭礼空間として行われていた。
（37）注3『株仲間の研究』一五四頁。
（38）明治一九年農商務省内訓・商第二二号「同業組合準則心得書」前文。この「心得書」は、東京都編『東京市史稿』市街篇第七〇（一九七九年）七五七頁以下などに収録されている。
（39）上山和雄「農商務省の設立とその政策展開」（社会経済史学会編『社会経済史学』第四一巻第三号、一九七五年）六一～六四頁を参照。

(40) 近世には、問屋＝委託売買業者、仲買（中買）＝自己名義売買業者、スアイ（素合、牙人）＝仲介業者とされていた。しかし明治期になると卸商＝自己名義売買業者、仲買人＝仲介業者と営業内容の概念が変わった。この点については石井寛治『日本流通史』（有斐閣、二〇〇三年）一二八頁以下、石井寛治編『近代日本流通史』（東京堂出版、二〇〇五年）一二頁を参照。

(41) 注38「同業組合準則心得書」第三条の中で、「問屋又ハ仲買人」に対して「規約ヲ以テ之ニ専売買権ヲ与フルカ如キハ検束ニ過ク」としており、ここでは前提として、同居型の組合が想定されていると言えよう。

(42) 明治末期前後の状況を示す史料として、大阪市には太田清次郎編『大阪商工案内　初編』（弘栄社、一九一〇年）、名古屋市には名古屋商業会議所編『名古屋商工案内』（一九一二年ほか）、京都市には京都府編『京都府誌』下（一九一五年）がある。東京市の場合、東京府編『東京府史』行政篇第三巻（一九三五年）六三一頁に、大正三年当時の府下準則組合数が二一八とあるが、その内容を示した史料は確認できない。同市準則組合の一覧については、昭和期の文献を待たなければならないようである。なお重要物産同業組合については、農商務省編『重要物産同業組合一覧』各年版がある。

(43) 東京薬種貿易商同業組合編『東京薬種貿易商同業組合沿革史』（一九四四年）第一編第二章、同編第四章第一節を参照。

(44) 薬種小売商について、町触から近世後期の状況を見る限り、たとえば文化元年（一八〇四）、朝鮮人参の販売価格をおさえるように命じた触書では、本町組薬種問屋一三人へその旨を申し付けるとともに、組合肝煎を通じて各名主宅で「支配限町々薬種屋」へその旨を申し渡すよう命じられている。このように、江戸では薬種小売商の監督に地縁的ルートが用いられていた（近世史料研究会編『江戸町触集成』第一一巻、塙書房、一九九九年、一一二六五番史料）。

(45) 東京市編『東京市組合一覧』（一九二八年）一五頁。

(46) 注43『東京薬種貿易商同業組合沿革史』第二編第三章第一節を参照。

(47) 組合役員の居住地については、前注書五五八頁を参照。

(48) 深谷義雄『愛知県薬業史』（名古屋薬業倶楽部、一九六五年）第三編第三章を参照。

(49) 新修名古屋市史編集委員会編『新修名古屋市史』第四巻（名古屋市、一九九九年）三二七頁。原史料は「師崎屋諸事記」（日本福祉大学知多半島総合研究所編『師崎屋諸事記』校倉書房、一九九四年に翻刻）である。

(50) 前注「師崎屋諸事記」の記述に薬種屋はない。ただ「薬湯屋」はあり、この語が他にあまり用いられないことから誤記の可能性も考えうる。しかし、「諸事記」にはこの語が該当する記事の前後で数回現れ、「湯風呂屋屋・薬湯屋之義」とまとめて扱われている箇所もある（前注『師崎屋諸事記』三一六頁）。このため現状では誤記と判断することも難しい。

(51) 愛知県編『愛知県勧業年報』によれば、名古屋薬種商組合は明治二四年設立である。国文学研究資料館所蔵「愛知県庁文書」四〇三―一二には、明治二七年に更正認可された「名古屋市薬種商組合」の規則が綴られており、その第一条には「我組合ハ薬種業ヲ以テ組織シ」とのみ規定されているため、同組合は卸商・小売商の同居型であったと見られる。『勧業年報』で確認すると、三五年版までは同組合が掲載されているが、三六年からは掲載されていない。その後については、『新愛知』明治四〇年八月一二日付や嘗草会編『嘗草』第七号（一九三〇年、研医会図書館所蔵）一一二頁の記述などから、明治四〇年頃に薬業組合が設立されたようである。この組合は、文脈から卸商のみの組合ではなかったように読める。ただし本文に記したように、注48『愛知県薬業史』二五三頁以下には、昭和九年時点の名古屋薬業組合の規約が掲載されており、その第二条には「本組合は名古屋に於て薬種の卸売業者を以て組織す」とあるため、こちらは明らかに卸商のみの組合である。

(52) 注28「解説」一四頁を参照。

(53) 明治一四年に、大阪府区部（のち大阪市）を区域とする大阪薬種小売商組合（準則組合）を設立した（大阪市商工課編『大阪市内各種組合及市場一覧』〔大正一〇年四月調査〕一九二一年、六五頁）。

(54) 明治二二年の「薬種卸仲買商人名表」では三一九名（注2「道修町文書」六〇三―一三）、三三年の「薬種卸仲買商組合人名表」では三九一名（「道修町文書」六〇三―三一）となっている。

(55) 大阪薬種業誌刊行会編『大阪薬種業誌』第三巻（大阪薬種卸商組合事務所、一九三七年）七〇一～七〇三頁。

(56) 注54のうち、三三年の「薬種卸仲買商組合人名表」による。

(57)「(明治二七年) 諸書面綴」(注2「道修町文書」六〇七〇四一) 所収。この「名前札」は二七年の綴に同封されているが、各年の経費徴収簿などと対照するともう少しさかのぼり、二四~二五年頃の組合員の一覧であると見られる。

(58) 薬正組は、店売屋という卸商の一種からなる下部組である。そこには前注の名前札で仲買商とされている者も含まれているが、これは兼業によるものであろう。仲買商と言っても専業とは限らず、店売屋をも営む者がいたと考えられる。薬種卸商の間で元卸や店売などの業態が実態としては多く兼業されていたことについては「(明治二六年) 商工諸組合状況調」という史料に基づく大阪市編『明治大正大阪市史』第三巻(日本評論社、一九三四年) 四五〇頁の記述がある。

(59) 各年度の組合経費徴収簿などによる (注2「銅駝会文書」五—五〇ほか)。同組合の構成員数が近世から増えていない理由としては、第一に京都が明治期以降薬種業における流通上の地位を低下させたこと、第二に準則組合であるために非加入者の多かったことが挙げられる。京都市編『京都市統計書』第一回(一九〇九年) 二一三頁によれば、同市の明治四〇年末現在の薬剤師・薬種商は計七四〇名、翌年末現在ではかなり減っているが計五二一名となっている。

(60) 明治四〇年前後の賦課等級表が、注2「銅駝会文書」五—五五に含まれている。

(61)「本組合規約綴」(「銅駝会文書」三—二)。

(62) 目録には細かい番号が取られていないが、注2「銅駝会文書」五—五五に含まれている。

(63) ここからわかるとおり、京都市の薬種卸商には小売兼業者が多い。第九章で述べるように、卸商に小売兼業者が多いのは、一般に地方都市の傾向である。だが京都は大阪に近接するという地理的条件もあり、集散地としての拠点的性格は大阪や東京に比べれば低いと考えられる。史料の制約上、府県レベルの値しか求められないが、大蔵省主税局編『主税局統計年報書』第三四回(一九〇八年) 二二二頁によれば、明治四〇年度における営業税(物品販売業)の賦課基準となる卸売売上高は、東京府が二億四〇〇〇万円弱、大阪府が一億八〇〇〇万円強であるのに対し、京都府は七五〇〇万円強であり、愛知県の一億二〇〇〇万円強を下回っている。

(64) 注28「解説」三一〜三五頁を参照。下部組が設けられた目的について、野高宏之氏はこう述べている。「部外者の排除〔下部組が道修町周辺の有志により結成されたことを指す〕は〔中略〕信用の保持という観点から理解すべき問題とも考えられる。〔中略〕従来は道修町居住の顔見知りの仲買との取引でありトラブルが発生する可能性は低かったが、道修町以外の仲買が参加するようになると、取引の信用上問題が生じたものと考えられる。十三年七月の下部組の定則書はこうした事情を背景に作成されたものであろう」。

(65) 銅駝会会員の資格について、二五年に定められた銅駝会の規約には「本会ハ薬業ニ関係アル者ヲ以テ会員トス」、明治四五年の改正規約では「本会ハ二条附近ノ薬業者ヲ以テ会員トス」とあるだけで、業態を限定する文言はない。しかし、利用可能な四〇年の銅駝会会員名簿と、明治四二年の国税営業税課税標準届原簿によって調べると、業態の判明する会員五三名のうち三七名が、卸売の売上が小売を上回る卸商であることが確認できる。このことから、実態としては大半が小売兼業の卸商であったことがわかる。

(66) 同組合については、明治二六年七月における旧商法の部分的施行（小切手・破産法部分などの先行施行）に合わせて、横線小切手同盟を組合内部で設けたことが知られている。しかし、これは同業組合として一般化できる業務ではないため、本章では取り上げない。

(67) 上川芳実氏は、明治一〇年代に大阪で設立された同業組合を「いまだ商法典の制定がない」状況のもとでつくられた「一定地域内同業者に対する加入強制権と営業上の紛争に関する仲裁権を確保することによって、特定職種・業種の排他的営業権を主張する組織」と表現している（「明治前期同業組合の形成と大阪商法会議所」『大阪大学経済学』第二八巻第四号、一九七九年）。もっとも当時の仲間は、同業組合準則の布達以前において、当時の大阪商法会議所とリンクする形で設立された特異な組織であった。

(68) 同業組合準則の布達にあたって農商務省が公布した「心得書」には「之〔準則〕ヲ特ニ重要物産ニ限リテ適用シタル所以ノモノハ〔中略〕此等ノ制度ヲ設クルノ極メテ急務ナルヲ以テナリ」とあり（東京都編『東京市史稿』市街篇第

七十、一九七九年、七五八頁）、また翌年には改めて「同業組合準則ハ、重要物産ノ改良蕃殖ニ関スル農商工業者ノ組合ニ限リ適用ス」（明治一八年農商務省第三五号達）と達せられている。このように、準則は布達当時、殖産興業政策に沿った重要物産に対して適用することが念頭に置かれていた。

(69) 注1『近代日本同業組合史論』九〇、二九一〜二九二頁。

(70)「（明治三一年）日誌録」（注2「道修町文書」六〇七〇五三）、「明治参拾参年日誌簿」（「道修町文書」六〇七〇五七）。なお登場人物のうちE、Fについては注57の「名前札」で確認できない。しかし「（明治二七年）諸書面綴込」（「道修町文書」六〇七〇四一）、「（明治三一年）依頼書及届書綴込」（「道修町文書」六〇七〇四九）には、それぞれ仲買商として提出した開業届が収録されている。

(71) 注1『近代日本同業組合史論』三四〜四一頁。原史料は『日出新聞』明治一八年七月一日付。

(72) 同法の施行地は、六大都市が所在する六府県に限られていた（三ケ月章『民事訴訟法』［法律学全集三五］有斐閣、一九八三年、二七〜二八頁を参照）。「商（工）業ニ関スル紛議ヲ仲裁スル事」は、商業会議所の権限としても認められていた。だが同所議員の選挙権者が、どの地域でも商工業者のうち最有力者層に限られていたことは周知の通りである。

(73) 注1『近代日本同業組合史論』二一五頁。

(74)「（明治三三〜三六年）総会役員会決議録第弐号」（注2「道修町文書」四一二〇一四）。

(75)「（明治三四年〜）弐号日記」（注2「銅駝会文書」、ただし目録未収録）。

(76)「（明治三一年〜大正四年）必要書類綴」（注2「銅駝会文書」、ただし目録未収録）。

(77) 史料ⅲは注74「（明治三三〜三六年）総会役員会決議録第弐号」。史料ⅳは「（明治三七〜大正二年）決議録」（「道修町文書」六一二〇九三）。

(78) セリは薬正組の店から薬品を買い、小売の薬屋などへ販売した業態である（『道修町』薬業往来社、一九五四年、四〇頁）。

(79) 明治二五年の規約は注2「銅駝会文書」三―三、一一―四四。なお明治四五年改正のものは注76「（明治三一年〜大正四年）必要書類綴」所収。大正九年、昭和五年、昭和一四年のものはそれぞれ「銅駝会文書」一一―五、一一―二〇、一一―二一。

（80）史料ⅴは「（明治二五年～）第壱号記録」（注2「銅駝会文書」一一―八六）。史料ⅵは注75「（明治三四年～）弐号日記」。

第八章　明治後期〜大正初期の実業組合連合会

はじめに

本章では、明治後期から設立されはじめた実業組合連合会（以下、適宜「実連」と略す）が、第一次世界大戦期以前にどのような活動をしていたかを明らかにし、その性格について検討する。

実連とは、ある都市内における各業種の同業組合（重要物産同業組合に限らない）が加盟する資格を持った総合体組織である。実際にはすべての同業組合が加盟するわけではないが、原則としてあらゆる同業組合が加盟し得るという意味で、総合体と言ってよいであろう。こうした組織が明治後期から設立されるようになったことは(1)、明治前期に形成された同業組合が、この頃までに成熟しつつあったことの証拠と言えよう。

ところで、表8―1は、第一次世界大戦開始以前に実連が設立された都市を示したものである。ここからは、大都市で実連が設立されたのは東京市と、ぎりぎり京都市のみであること、それに対して地方都市では、いくつもの地域で設立されていたことがわかる。なぜこのような傾向が生まれたのだろうか。地方都市の実連についての先行研究は、筆者が確認する限り二点存在する。その一つは、明治三三年（一九〇〇）に和歌山県田辺町で設立された田辺実業組合（三八年に実業協会と改称）を取り上げた高嶋雅明氏の研究である。氏はこの団体が「地域経済の利害の調整や諸要望の発信」、またインフラ整備に貢献していたことを指摘している(2)。ただし田辺町には商業会議所が存在しておらず、氏の結論は、この団体が会議所の代替的な組織として活用されたというものである。いま一つは、明治三一年に埼玉県川越町で設立された実業組合を取り上げた白戸伸一氏の研究である。川越町では三三年に商業会議所が設立されており、氏は会議所

表8-1　実業組合連合会の設立状況（明治31～大正3年）

年次	大都市	地方都市
明治31年		富山商業組合連合会
32年		高岡各業組合連合会
34年		長野商業団体連合会
38年	東京実業組合連合会	
39年		
40年		
41年		
42年		広島商工業組合連合会、福岡商業組合連合会
43年		熊本県実業団体連合会、山形実業組合連合会
44年		長岡実業組合連合会、大津商工団体
45年		下関商工組合連合会
大正 2年		
3年	京都実業組合連合会	

出典：各連合会に関する本文の記述を参照。
注：熊本のみは県単位の組織である。
上記のほか、北海道では札幌実業組合連合会が『北海タイムス』明治41年5月22日付、函館商工業組合連合会が『函館毎日新聞』明治44年4月21日付、小樽商工業組合連合会が『小樽新聞』明治44年8月15日付に、それぞれ初出する。

と関連させながらこの団体に触れて「商業会議所が有権者でない小規模零細営業者をも影響下に置いていけること」を指摘している。しかし、その活動については「営業税額算定において商業会議所の下部組織として機能していた」と規定するにとどまり、内容を営業税関係に限定している。(3) これは氏が依拠している『川越市史』の記述自体がそうなっているためであろう。(4) 右の先行研究の成果のみからでは、地方都市（商業会議所が存在する都市）において、大都市よりも実連が先行的に設立されやすかった理由を考えることはできないであろう。

他方、東京市の実連を取り上げた宮地正人氏の研究は、この時期の実連を扱った代表的なものである。営業税反対運動の主体として実連を取り上げた氏は、その性格を「商業会議所より一段下のレヴェルの商工業者の要求しうる立場」、より具体的には「非特権ブルジョワジーといっても〔中略〕大資本の系列外にのびていった商人資本・問屋制資本が〔中略〕自己の利害と同時に製造業者・小売商の利害をも統一させる」存在であった、(5) つまり有力者から非有力者までの広い基盤を有する「統一」的な組織たりえたと規定した。このような捉え方は、東京商業会議所が「ブルジョワジーの上層の利害を代表する機関」(6) であるがゆえに営業税反対運動において消極的な活動しか行わなかったこととの違いを説明しようとしたものである。しかし右の説明によっても、なぜ他の大都市で実連の設立が遅れたのかを説明することができないであろう。ここで注意すべきは、第七章で見た、大都市の同業組合における卸商と仲買商・小売商の隔たりの大きさではないだろうか。両者が宮地氏の考えるほど統一的な集団となっていなければ、(7)それは大都市で実連の発達を遅らせた要因となりうるのではないか。

以上の視角から、本章ではまず東京市の実連の活動を、商業会議所とも対比しながら追跡してその性格を再検討する。そして次に地方都市の具体的事例として、人口規模が比較的大きい都市であり、かつ実連が早くから設立された富山市を中心的に取り上げる。そしてやはり商業会議所とも対比しながら同地の実連の活動を追跡し、さらに他の地方都市についてもできるだけその活動と性格を明らかにする。

本章が対象とする地域も、これまでの章にならって在来都市とする。また時期的には、日清戦後から第一次世界大戦の起きる大正三年（一九一四）までの期間を扱う。このうち日清戦後から明治四〇年にかけてと、日露戦後恐慌の影響が本格的に現れる四一年以降では状況に変化が見られるため、以下ではこの二つの時期に分けて検討する。

第一節　日清戦後（明治二九～四〇年）の活動

1　大都市（東京市を中心に）

①東京商業会議所

はじめに、大都市である東京市を取り上げる。同地の商業会議所は、後述するように地域レベル、つまり東京市のローカルな経済振興に特化した活動がほとんど確認できないという意味で、特異な存在であった。同じく大都市であっても、大阪市・京都市・名古屋市の商業会議所の活動には、地元の経済振興へもかなりの比重が置かれていたことが、沿革史の記述などからもわかる。[8] しかし石井寛治氏が述べたように「従来の商業会議所史研究がややもすると東京商業会議所をもって全体を代表させる傾向」があり、[9] その後も状況はさほど変わっていない。そのため、ここでは同所の性格の特殊性を強調することを目的に、改めてその活動を確認したい。

そもそも商業会議所は、欧米諸国にならって設けられた一種の経済団体であり、個人や法人を会員とするものであった。日本では明治一一年（一八七八）に、東京や大阪などでまず商法会議所が設立された。その後、商工会と呼ばれる組織に移行したところもあったが、[10] 後年の結果から見ると、制度が安定したのは二三年の商業会議所条例（法律第八一号）に基づく、仏独系の色合いが強い商業会議所であった。同条例は、以下のような業務を会議所のおもな事務権限として規定している。「一　商業ノ発達ヲ図リ若クハ其衰退ヲ防クニ必要ノ方案ヲ議定スルコト」「二　商業ニ関スル法律規則ノ制定改正廃止及施行方法其他商業上ノ利害ニ関スル意見ヲ官庁ニ開申スルコト」「四　商業ニ関スル事項ニ付官庁ノ諮問ニ応答スルコト」「七　関係人ノ請求ニ依リ其地ノ商業ニ関スル紛議ヲ仲裁スルコト」など（第四条）。なお会議所は原則として「市町村ノ区域」を単位に設立されることになっており（第三条）、東京市の場合、二四年一月に東京商業会議所の設立が認可された。

商業会議所の会員選挙権（被選挙権を含む、以下同じ）資格は、同条例において全国一律に、一定額以上の所得税を納める者と定められていた（第五条）。だがその後、三五年に商業会議所法（法律第三一号）が制定されると、議員選挙権資格は地域ごとに一定額以上の営業税（明治二九年営業税法制定）・所得税などを納める者へと変わった。東京商業会議所の有権者数は、表8―5にも示すように二九～四〇年にかけては二〇〇〇～三〇〇〇人の間で推移している。四一年の東京市勢調査によれば当時市内の「鉱業及工業」「商業及交通業」の従業者（独立者・役員）はあわせて約二八万人であるから、[11] 同会議所の有権者は市内商工業者の〇・七～一・一％ほどという、まさに最有力者というべき階層にあったわけである。

日清戦後にあたる二九年以降、同会議所はどのような活動をしていたのだろうか。永田正臣氏の研究によれば、それはおもに次のような事項であった。

(ア)税制改正運動…酒精営業税廃止・取引所税法改正・営業税法改正・所得税法改正反対の各運動
(イ)鉄道国有化運動
(ウ)貯蓄奨励、内国債償却、外国債募集
(エ)外国人による株式所有・土地所有・鉱業権の容認
(オ)輸入防遏のための諸要望…協定税率の廃止、政府による国産品優先買付など
(カ)輸出振興のための諸要望…東亜貿易機関銀行の設立、輸出貿易品共進会開催など
(キ)日露戦後における非常特別税の撤廃要求
(ク)日露戦後における貿易振興活動…帝国通商協会の設立、満韓経営に関する要望。[12]

そしてこれらのさまざまな活動は、性格ごとにおよそ次のようにまとめられると考える。

・対外貿易に関するもの…………………(エ)、(オ)、(カ)、(ク)
・国家財政・税制に関するもの…………(ア)、(ウ)、(キ)
・国家レベルの社会資本に関するもの…(イ)

ここからは、当時における同会議所の活動の特徴として、ⓐ国家財政やマクロ経済レベル、そして対外貿易への関心が強いこと、ⓑ逆に、東京市内のローカルな利益に関するものがほとんど含まれていないこと、が指摘できるであろう。

なお東京商業会議所をはじめとする各地商業会議所は、営業税法に対して当初は廃止を求めていたが、日露戦後になると、要求は廃止から軽減へと軟化する。[13] その背景としては、三五年に制定された商業会議所法に伴う農商務省令第一六号が、議員選挙権資格の条件となる納税額を引き上げて「急増する有権者を基盤に強力な圧力団体へと成長しつつあった各地商業会議所の勢力を減殺する効果を同省令が客観的にもっていた」ことが挙げられる。[14] つまり、政府は議員

選挙権者の階層をいっそう限定することで、会議所をより「穏健」なものにしようとしたのである。

②東京実業組合連合会

a 設立経緯

次に東京市の実連について、設立の経過から見てみよう。東京実業組合連合会の創立総会が行われたのは、明治三八年六月一八日である。そして同会の設立経緯については、明治四一年から昭和一三年に至るまで同会会長を長く務めた、星野錫の伝記に記述がある。そこには明治三八年一月、日露戦争における旅順陥落にあたり「東京市実業団」という団体が開催した祝捷会の開催が成功し、これを見た星野が同会の設立を思いついた、と記されている。[15] しかしこの伝記は自伝ではなく、編者がどのような史料に基づいてこの記述を行ったのか不明である。よって傍証が必要であろう。

伝記中の「祝捷会」に該当すると思われる行事の模様は、同年一月二〇日のこととして『東京朝日新聞』に次のように報じられている。「勧業協会の主唱に係る東京実業団体祝捷会は昨日午後より日比谷公園に於て開催せり〔中略〕市中の実業組合八十五、小は四十名より大は四千名に到る其員数都合三万五千余、其他の参列及観客を合すれば無慮五万以上に達し」云々。[16] この記事に登場する「東京実業団体」とは伝記中の「東京市実業団」のことであろうし、また八五におよぶ「実業組合」も確かに現れる。しかし同紙の記事を追う限り、実業組合連合会という組織が最初に現れるのは、同年四月二一日に行われた同会発起人会開催の記事であり、[17] 両団体の関係は今ひとつ明らかではない。もっとも、先の記事によれば、そもそも祝捷会を主唱したのは東京勧業協会という団体である。この協会は、三六年に大阪で行われた第五回内国勧業博覧会の準備組織として設けられた東京出品聯合会が、その後常設の団体に組織替えされたものである（会長は大鳥圭介）。[18] つまり、先の記事は東京勧業協会と東京実業団体との関連を示している点で有用と言える。

ところで、すでに実連が設立された後、三八年一〇月二七日付の同紙（二面）には、「東京実業団」による日露戦争凱旋祝賀会の模様が次のように報じられている。「空前の偉勲を奏せし我海軍の凱旋を祝し、併せて我実業界今後の大

表8-2　東京実業組合連合会創立時の役員（明治38年）

氏名		所属組合·役職	氏名		所属組合·役職
岩出惣兵衛	●38商	東京肥料問屋組合長	玉置源太郎		東京石版印刷同業組合長
前川太兵衛		東京織物問屋同業組合代表	中村茂八		東京燐寸問屋組合長
星野錫	●36商	東京活版印刷業組合長	前田梅三郎		東京陶磁器同業組合長
堀江小十郎	●36商	東京石鹸製造同業組合長	中村喜之助	●37商	東京輸出金属器同業組合長
石井彦治		東京白米商組合長	谷岡金太郎	●38商	東京友禅染組合長
高津仲兵衛		東京鰹節問屋組合長	黒沼久太郎		東京米穀問屋組合長
林九兵衛	●36理	東京漆器問屋組合長	豊田吉三郎		東京食料品缶詰商組合長
小林楳次郎		東京織物製造同業組合長	南川福蔵		東京絵具染料問屋組合長
岡田来吉	●37商	東京洋紙商組合長	雨宮綾太郎	●37商	（売薬組合組合長）

出典：注20『七十年史』3～4頁、注18『東京勧業協会終始一斑』2～10頁。
注：当時、東京実業組合連合会の会長は岩出、副会長は前川と星野である。
●を付した人物は、明治36～38年にかけて東京勧業協会役員を務めた者である。
数字は年次（明治）を示し、「理」は同協会の理事、「商」は商議員であったことを示す。

発展を試むる愉絶快絶の門出たる東京実業団海軍凱旋大祝賀会は、予定の如く昨日を以て日比谷公園に挙行せられぬ〔中略〕運動場には中央の大竿に『祝凱旋東京実業団体』『東京実業組合聯合会』と大書せし二旒の大旗を掲げ之を一般公衆の参集場とし」云々。この時の参加団体は一〇八で、同日付六面にはその具体名も記されているが、この記事を見る限り、「東京実業団体」と東京実業組合連合会とは、やはり深い関係にあったと考えるべきであろう。また、この祝賀会自体の主催団体は東京実業団海軍凱旋祝賀会となっているが、その会長は大鳥圭介である。さらに、表8―2は東京実業組合連合会の創設時の役員一覧表である。印をつけた人物は、東京勧業協会で三六～三八年にかけて理事や商議員などの役員を務めた人物であり、当時両団体の役員では一八人のうち八人が重複していたことがわかる。以上のことから、東京実連が東京出品聯合会・東京勧業協会・東京実業団体の各団体と関連を持ちながら設立されたことは間違いないであろう。つまり東京実連の設立経緯には、内国博覧会のような勧業政策、貿易振興政策との関わりが推測されるのである。

b活動内容

三八年から四〇年にかけて、東京実連は実際にどのような活動をしていたのだろうか。宮地正人氏は同会の目的が「国外市場（具体的には朝鮮・中国市場）への進出のための、市内中小商工業者の結束強化」にあったと述べている。だが文脈上、営業税反対運動との関わりに重点を置いているため「戦時下のこのような期待〔国外市場への進出を指す〕は、戦後無残にもうちやぶられる〔中略〕

表 8-3　東京実業組合連合会の活動（明治 38 ～ 40 年）

a.海外を念頭に置いた活動

【博覧会、共進会、商品陳列館関係】

年月日	内容
明治38年　7月19日	①内国博覧会開設委員会を設置 ②万国大博覧会開設委員会を設置
明治40年　11月18日	日本大博覧会出品準備会を開催

【海外視察関係】

明治38年　7月19日	満韓定期航路開始に関する委員会を設置
40年　5月7日	海外商業視察員奨励委員会を設置
7月12日	博覧会行幸、日仏協約成立祝賀提灯行列を挙行

b.国内を念頭に置いた活動

【重要物産同業組合・準則組合の制度改正関係】

明治38年　7月19日	準則組合に関する委員会を設置
39年　4月13日	同業組合法、準則組合改正案調査委員会を設置
40年　5月7日	同業組合法中改正に関する調査委員会を設置

【その他】

明治38年　6月18日	創立総会開催
7月19日	工芸教育に関する委員会を設置
39年　4月13日	①定時総会開催 ②前川太兵衛、会長に就任 ③水運に関する調査委員会を設置
7月26日	①評議委員会開催 ②事務所建築委員会を設置
40年　4月10日	創立三周年披露会を挙行
5月7日	定時総会開催
5月17日	経済事情調査委員会を設置

出典：注 20『七十年史』230 ～ 231 頁。

ここにおいて〔中略〕営業税全廃運動等々を、その組織的力量のすべてをあげてとりくむのであった」とし、日露戦後についての説明は、営業税反対運動以外をあえて捨象したものとなっている。[19]

表8―3は、同会の後身にあたる東京実業連合会の沿革史[20]巻末の年表に挙げられている項目を、筆者が性格別に分類したものである。ここからは、東京実連の活動に対外的なものと対国内的なものの双方が存在することがわかる。そのうち前者の中心は博覧会への対応であり、日本大博覧会（最終的に中止となる）に対しても、同会は非常に力を入れていた。このほか海外視察関係の記事も当初から現れている。後者の中心は、おそらく政府諮問とも関わる重要物産同業組合・準則組合の制度改正関係の活動である。しかしそれのみにとどまらず、他にも工芸教育に関する委員会や水運に関する調査委員会、経済事情調査委員会などを設置している。これらは詳細が不明であるものの、地元である東京市のための独自調査であったと考えられる。なお、この時期の同会には、営業税関係の活動が見られないことも確認しておきたい。いずれにせよ、広い基盤を持つ実連は、小売商レベルの非有力者にとって適合的なローカルな見地からの活動を行うとともに、一方では商社や卸商レベルの有力者にとって適合的と

考えられるような対外的な活動も行うという、両面を持っていたのである。

③三大都市における団体

この時期、東京市以外の大都市に実連は設立されなかった。しかし、京都市や（名古屋市を含む）愛知県では、いくつかの重要物産同業組合の「連合体」というべき組織が設けられていた。具体的には以下の通りである。

【大阪市】大阪市で実業組合や重要物産同業組合の連合体というべき組織は、今のところ確認できない。

【京都市】三七年一月九日には、市内の重要物産同業組合が合同の新年宴会を行っている[21]。また四〇年一一月八日には、八つの重要物産同業組合の組長らが会合を行っており[22]、翌一一月八日の会合で、今後は「八日会」と称して七組合が毎月八日に例会を開くことを決定した[23]。一方、これとは別の動きとして、翌九日には「市内実業組合協議会」が催され、そこでは市内の実業組合らが営業税に関する協議を行ったことが報じられている[24]。

【愛知県】四〇年一一月二日に、県内の各重要物産同業組合長の懇親会が開かれた。その際、「関西府県聯合共進会予算の復活を期する為め」の種々の活動を決議しており、また「商品陳列館の成立に対し知事に向つて感謝すること等」を決議した[25]。

京都市や愛知県で設立されたのは、重要物産同業組合の連合体である。その活動は史料上明確ではないものの、共進会開催予算の復活を目指した愛知県の事例に見られるように、関心は特産品の販路を広く展開することにあったと見てよいのではないだろうか。このような広域な商圏を念頭に置く活動は、東京実連にも見られたものである。つまり、大都市ではこのような活動を行う団体が設立されやすかったと言えよう。大都市は、単に人口規模が巨大であるのみならず、国内商品流通のうえでも集散地として特別な地位を占める都市であり、それゆえ卸商や商社クラスの有力商人の利害を反映した団体の設立が求められたのである[26]。

2　地方都市（富山市を中心に）

①富山商業会議所

本章では地方都市の具体的事例として、人口規模が比較的大きい都市であり、かつ商業会議所とともに実連組織が早くから設立された富山市を取り上げる。

まず、同市の商業会議所について見ておこう。富山商業会議所は明治二六年（一八九三）四月に認可された。その設立は全国で二二番目、日本海沿岸では金沢市に次ぐ二番目であった[27]。同会議所の有権者数は、表8―7にも示すように二九～四〇年にかけて四〇〇～六〇〇人の間で推移している。四一年時点における同市の「商業」「工業（製造業・職工）」従業者はあわせて約八〇〇〇人であり[28]、有権者は市内商工業者の五～七・五％ほどである。地方都市にある富山商業会議所も、東京市ほどではないが、やはり最有力者層からなる団体であったことがわかる。

日清戦後の二九年～四〇年にかけての同所の活動を、『富山日報』（以下『富日』と略す）および『北陸政論』（三七年九月より『北陸政報』と改称する、以下『北政』と略す）の記事[29]からまとめると、おおむね次のように分類できる。ⓐ政府をはじめとする行政庁などの諮問に対する答申、ⓑ税制をはじめとする国家政策への建議、ⓒ全国商業会議所連合会[30]や他の商業会議所との連絡・連携事項、ⓓ地元の社会資本整備に関する建議や請願（具体的には富直鉄道[31]や伏木築港、通信網整備に関わるもの）、ⓔ地元の特産品である羽二重や売薬についての販売促進事業。この他、共進会に関わる活動や、同業組合の設立斡旋などが折々に見られる。そしてこれらの項目から読み取れる、東京商業会議所と比べた際の特徴としては、何よりもローカルな経済振興や社会資本整備に重心を置いて活動していることが挙げられる。このほか同会議所は、農商務省などの官庁や県から頻繁に諮問を受けており、そうした諮問に回答するとともに、右で述べたような社会資本整備など地元の利害に関わるさまざまな建議や請願、陳情を農商務省などの官庁や帝国議会、県などに絶えず行っている。税制問題も、そうした行政庁とのやりとりの一コマとして位置づけられると言えよう。

②富山商業組合連合会

次に、同地の実連について見ていこう。富山市で実連に相当する富山商業組合連合会が設立されたのは、明治三一年九月頃のことである。具体的には『北政』三一年二月四日付で、富山商業会議所から「商品売掛期限短縮の件につき、各業に二名づゝの調査委員を嘱託することとし、左の通知書〔省略〕を発したり」とあるのが発端であった。その後、調査を通じてこの問題が各業種により事情を異にすることが認識されたため、[32] 三月二一日には組合連合会設立のため会議所会頭が五名の委員を指名することに決定した。[33] 同月二五日付の同紙には、同日開催予定の会議所委員会に提出されるという連合会の「規則按」が掲載されている。その後、連合会の動向に関する記事はしばらく現れないが、九月二六日の会議所協議会で連合会設立について合意がなされ、[34] 一〇月二六日に連合会第一回の会合が開催された。[35] 連合会に加入していた組合の一覧などは、残念ながら四二年の段階まで不明である。だが、各同業組合への加入に納税上の制限がないのと同様に、連合会への加入にも納税上の制限などがなかったことは、右の規則按からわかる。『富日』三四年八月二八日付には富山商業会議所についての寸評があるが、そこでは商業組合連合会についてもこう言及されている。「商業組合聯合会といふものが、〔商業会議所の〕別働隊らしく設けられてあるが、その組織は、商業会議所が貴族院なら、この聯合会は衆議院のやうなもので、商家の各自が徳義心を重んじて、暗々裡に同会議所を助け〔る〕といふやうな工合で、市の全体に就いて小働きをなすには至極結構なものであるやうだ」。設立の経緯からは、この連合会が組合員自身によって結成されたものではなく、会議所の主導で設立されたものであったことがわかる。またその性格は、もっぱら小売商レベルの非有力者の利害を反映するものであったと評価できよう。

以後の同会の活動ぶりについて、新聞記事に現れたものを整理してみると、性格別に次のようにまとめられる。

【商取引の改善】右で触れた同会第一回目の会合で「年末切季を一日繰り上げる件」（可決）、「現金取引及通帳を一定にするの件」（委員付託）について議論がなされた。[36] しかし、その後こうした活動は四〇年まで確認できない。

【地域経済振興】三三年に富山県で開催されることになった第七回関西府県連合共進会に関して、同会は商業会議所からの委嘱をうけて準備委員会を設けた。ただ同会は共進会に直接関わったわけではなく、付随的に景品会を組織しており、この企画には一定の経済効果があったことが報じられている。その後、三七年一一月には「戦時に際して市内の商況頓に消沈したるを以て、此の儘放棄せは商家は如何なる悲境に陥るも計り難し〔中略〕誓文払を企て不景気挽回策を講せん」（長谷川庄蔵[37]の発言）との意図のもとに、二〇日から二七日にかけて誓文払い[38]が行われた。同時にやはり景品会が組織されており、「誓文払は首尾能く図に当り[39]」と言われるように、かなりの成功を収めた。四〇年にも「不景気挽回旁、誓文払（商店共同景品会）を行はん」ことが企画されたが、この時は会合に出席する者が少なく中止となり、「痛く之を嘆し居れる商店もある由」と報じられている[40]。

【社会資本への要望】三二年八月一二日に富山市で大火が起きた後、九月一日の会合で「市区改正及家屋建築規則改正の件」を協議し、その結果、市区改正を商業上不利益として家屋建築規則の改正にのみ賛成するとした[41]。また同年には、伏木港の築港を中心とした日露貿易振興の建議を行っている[42]。翌々年の三四年には「電灯の価高きに過ぎ、光明充分ならさること」について電灯会社に交渉を行った[43]。しかし、こうした活動も以後は四〇年まで確認できない。

【営業税への対応】前述のように、営業税問題は同会の設立経緯とは直接関係がなかった。しかし、設立翌年の三二年一月二七日には、営業税の課税標準の一つである不動産の賃貸価格[44]の改正を求める建議書を商業会議所宛てに提出しており[45]、翌年からは賃貸価格をめぐって同会が介入するようになった。ただ、その後紙上に営業税関係の記事が登場するのは、『富日』『北政』両紙を見ても三六年（『北政』一月二五日付）、三八年（『富日』『北政』二月一日付）のみである。実際には毎年同会が営業税のとりまとめを行っていた可能性はむろんあるが、少なくとも記事にはほとんど取り上げられていない。

以上のように、富山実連は設立後、商取引の改善、地域経済振興、社会資本への要望、営業税への対応、というように多岐にわたる活動を展開していた。ただし記事の量から見る限り、活動の密度は設立後一、二年ほどがピークであった。その後は記事が減っており、沈滞に向かっていたように思われる。

③高岡各業組合連合会

この時期にまとまった活動が確認できる他の地方都市の実連としては、やはり富山県に位置する高岡市の各業組合連合会が存在する。そこで同会の活動についても検討しよう。

同会設立の状況は、富山市よりもわかりにくい。大正一二年（一九二三）に刊行された『高岡市統計書』は、同会の設立を明治三二年二月としており、(46)『高岡市史』でも根拠を明示していないが同じく明治三二年二月としている。(47)その時期の新聞を確認すると、三二年二月二五日には「市内営業各組合会員を〔中略〕招集し、市吏員出張の上、組合実行に就き協議する所」があり、(48)また『北政』同年三月一七日付では高岡商業会議所が同業組合の設立を勧奨している記事がある。だが、これらが連合会の設立を意味するのかは不明である。その後の同紙を見ていくと、翌三三年二月一九日に「市内各同業組合より二名宛の惣代を出席せしめ」た会合が開催され、(49)その際に同会規則の決議や役員選挙が行われている。そのため、実質的な設立はむしろこの時点ではないかと思われる。なお同会についても、当時の加入組合の一覧などは未詳である。

ともあれ、以後の同会の活動ぶりについて、やはり新聞記事に現れたものを整理してみると、それらは性格別に次のようにまとめられる。

【商取引の改善】先に触れた三三年二月一九日の会合では、議題として高岡市における取引上の節季、つまり決済期日の改正が論じられている。従来同市の節季は盆暮れにあたる七月と一二月の二期であった。しかし今後は一年を六期として、二月は二八日、四月は二九日、七月は一三日、八・一〇月は末日、一二月は三〇日とすることが決議されたのである。もっとも、この件の議論はその後四二年まで確認できない。ちなみに『富日』三七年七月一四日付は、同市商取引の実態について次のように報じている。「尚ほ未だ旧慣を墨守する者多く、中には各商店中、商業聯合組合の規約を遵守し、既に去る十二日書出しを配布し昨十三日集金に従事するもありしが、其多くは昨日書出しを配布し今十四日集金するものゝ由」。

【地域経済振興】『富日』三四年三月六日付の記事には、香川県で開催されることになった第八回関西府県連合共進会（三五年四月一一日〜五月三〇日）への出品督励団体として、市商業会議所、富山県工業会高岡支部、高岡経済会などとともに、高岡実連が挙げられている。また翌三五年二月二八日付にも、出品奨励に関する記事がある。その後、三八年一〇月には市内で日露戦争の祝捷売りが企画されたことを受けて、同会はその景品会を担当した。なお翌年五月四日には、地元出征者の凱旋祝賀祭にあわせて各商店で大割引販売を行うように決議しているが、(50)実際に行われたかどうかは報じられていない。

【営業税への対応】『富日』三四年二月一日付には、同会が営業税のとりまとめを行っている記事がある。だがその後、営業税への関わりを示す記事は四四年まで見当たらない。

同会の活動には、富山市と異なり社会資本へ要望や営業税への対応がほとんど見られないものの、商取引の改善や地域経済振興などの活動は共通している。また、活動の密度が設立後一、二年ほどをピークとしており、その後沈滞している傾向も似通っている。

この時期に活動内容が確認できる実連は、現在のところ右で取り上げた富山県内の二団体のみである。(51)両実連の活動において、営業税の取りまとめは確かに一つの柱となっている。しかし決してそれだけではなく、全体としては商取引の改善や景品会企画のような、小売商＝非有力者寄りの立場にふさわしい地域経済の振興活動こそが中心であった。これらの両実連の活動を東京実連と対比すると、共通点としては、いずれも商業会議所が行わない、商業界全体にわたる事項を扱っていることが挙げられる。これは、会議所がおのおのの地域における最有力者層からなるのに対して、実連には加盟団体たる同業組合に納税資格条件などがないことから、相対的に非有力者寄りの組織となっていたためと言えよう。一方、両者の最も大きな違いとしては、東京の実連に見られた対外貿易を念頭に置くようなスケールの経済振興活動が、富山・高岡実連の活動にはほとんど見当たらないことが挙げられる。前にも触れたように、こうした対外的な活動に関心を持つのは、一般に卸商や商社クラスの、有力者というべき階層の商人たちが中心であったと考えられる。

同じ実連であっても、東京の場合には卸商＝有力者の、富山・高岡の場合には小売商＝非有力者の利害を、それぞれ強く反映する組織であったと言えよう。

富山・高岡の実連はいずれも、設立後一、二年間ほどは活動の密度が高かったが、その後は沈滞気味であった。その理由は定かではないが、この種の任意団体にしばしば見られるような、経年による形骸化が進行していた可能性はあるだろう。

第二節　日露戦後（明治四一〜大正二年）の活動

1　大都市（東京市を中心に）

①東京商業会議所

明治四〇年（一九〇七）一〇月にアメリカで発生した恐慌は世界恐慌に発展し、これが日本における日露戦後恐慌の直接的な契機となった(52)。この不況期にあたる明治四一年から大正二年にかけて、東京商業会議所が行った主な活動を『東京朝日新聞』の記事から拾うと、表8―4のようになる。ここからは、次のことが指摘できるであろう。

第一に、中心となっているのは引き続き、万国博覧会を含む対外的な事項や商業関係法規の審議である。東京市内のローカルな案件への関わりとしては、東京市を会場とする博覧会の計画を別とすれば(53)、東京市電の速力増進に関する上申と、いわゆる申酉事件(54)にからんだ東京高等商業学校問題への対処が挙げられるにとどまる。第二に、中小商工業者対策というべき活動はほとんど見られず、営業税反対運動への関わりが、わずかに挙げられる程度である。具体的な動きとしては大正二年（一九一三）、営業税法について「新に有価証券売買、保険会社の責任準備金、銀行の借入金及預金

表 8-4　東京商業会議所のおもな活動（明治 41 ～大正 2 年）

年月日	内容
明治41年　1月10日	増税反対決議
1月21日	税制改廃実行委員会協議要項、増税新税反対
7月5日	①商会連での関税改正問題及び財界救済問題に関する決議事項 ②米国太平洋沿岸の商業会議所議員及び各都市の有力者を我国に招待
8月12日	財政整理調査について、各大臣へ意見具陳
8月28日	日本大博覧会開催の延期反対を大浦農相へ意見
10月13日	米国実業家来着
12月11日	電話度数制への反対意見
42年　3月22日	商業会議所法改正案への反対運動
5月3日	商科大学問題調査委員会（帝大商科設置反対）
6月24日	東京高等商業学校専攻部は六ヶ年存続へ
12月4日	工場法案の調査→15日、工場法修正意見（調査委員会）
43年　10月30日	総会、商法改正案と工場法案
44年　1月28日	商業会議所の商法修正案
45年　9月9日	明治神宮献灯費の総額
9月22日	重要物産同業組合法改正案への答申
11月6日	博覧会開設建議。東京博覧会開設の建議書
12月5日	増師反対会議所委員会
大正 2年　1月15日	米及粉輸入税撤廃請願→3月5日採択
3月20日	改税反対（所得税·営業税<新に有価証券売買、保険会社の責任準備金、銀行の借入金及預金に課税>へ反対）→3月21日各派を訪問
4月20日	桑港の商業会議所に排日法案反対の返電
6月26日	桑港博覧会への出品に関する協議会（牧野外相訪問てんまつの報告）
8月7日	市電の速力増進を警視庁·東京市電気局に上申
10月9日	商業会議所法改正に関する協議

出典：『東京朝日新聞』 各日付。

に課税」がなされることに反対して、三月二〇、二一日に、代表者による政党各派の訪問などを行った[55]。いずれにせよ、総じて最有力者層の意思代表機関としての性格は不変である。この時期には日露戦後の不況が長引く一方で、おそらくは非常特別税継続の影響もあって、東京市では表8—5のように同会議所の有権者数は増加していた。だが、この有権者規模の拡大が会議所の性格に影響を与えた形跡は、特に認められない。

②東京実業組合連合会

この時期の東京実連の活動は、表8—6からもわかるとおり、次のようにまとめられる。

対外的な活動のうち、まず博覧会などに関するものとしては、四二年に東京勧業博覧会委員会を設置しており、明治四二年の日英博覧会東京出品同盟会、大正二年の第五回日本産業博覧会などに対しては出品協会を設けている。また海外視察関係としては、明治四二～四三年にかけて渡米実業視察団を編成した。さらに大陸方面については満洲利源調査に関与しているほか、併合が行われた韓国についても、同会は東京実業鎮海興業株式会社という企業の設立に関わっていた。

一方、対国内的な活動として、この時期になると税制改正に関するものがまとまって現れている。ただし同会が改正対象としたのは営業税だけではなく、所得税や印紙税も対象であった。また大正二年三月一八日に連合会の理事会が決定した営業税法改正要求の趣旨は「営業税中物品販売に就き甲卸売万分の八を六分の半に、乙卸売万分の十二を万分の十に、又原案以外の材木、薪炭、銅、鉄、燐寸等は甲卸売に編入すること」というものであって、(56) 卸商に対する税率への反対に重心が置かれている。これは、ほぼ同時期の『万朝報』大正二年三月一五日付に見られる「法案ハ卸売と小売との収益の差異を尚ほ過大に見積れるの嫌あり、卸売の万分八に対し小売を万分二十となし、小売ハ卸売に比して二倍半の利益あるを臆測したるが如き、小売業ハ依然として負担の苛重に苦しむのみならず、之が為に自ら日常必需品の市価を高からしめて多数消費者の利益を侵すの恐あり」云々という、小売業に重点を置いた主張とは大きく異なるものと言えよう。またこの時期の国内活動は、決して税制改正運動だけではなかった。前の時期に引き続いて同業組合の組織に関する事柄が挙げられるほか、購買組合への反対、電話度数制に関する調査委員会・商工業不振挽回調査委員会・官公署入札法改正委員会など各種委員会の設置の設置、そして東京湾の実地視察などを行っていた。

この時期の東京実連の活動には、営業税反対運動も大きなトピックとして現れたが、それ以外にも、購買組合への反対のようにローカルな小売商＝非有力者の利害を反映する活動が行われていた。その一方で、卸商への課税方針に対する改正要求や対外貿易振興に関わる事業など、卸商や商社レベルの階層者の利害が強く反映された活動も、引き続き盛んであった。

表 8-5　東京商業会議所の選挙権者（明治 29 〜大正 3 年）

年次	有権者数	年次	有権者数
明治29年	2,226	明治39年	3,303
30年	2,481	40年	3,273
31年	2,698	41年	4,058
32年	*2,771	42年	4,356
33年	3,143	43年	4,469
34年	3,367	44年	4,000
35年	2,304	45年	4,214
36年	2,595	大正 2年	4,356
37年	2,857	3年	4,454
38年	2,965		

出典：内閣統計局編『日本帝国統計年鑑』各年版。
注：*は上記史料で 771 となっているが前後より補正した。
　　この補正については注9「解題」も参照。

表 8-6　東京実業組合連合会の活動（明治 41 ～大正 2 年）

a.海外を念頭に置いた活動

【博覧会、共進会、商品陳列館関係】

年月日		内容
明治41年	7月7日	明治45年開催予定の日本大博覧会延期にともなう商工業者の利害得失につき調査委員会を設置
	9月7日	日本大博覧会延期に関する善後策委員会を設置
	11月12日	日本大博覧会延期善後策、府市区委員との連合会開催
	11月18日	日本大博覧会開設の建議書を要路に提出
42年	5月26日	東京勧業博覧会委員会を設置
	7月2日	日英博覧会東京出品同盟会の設立
44年	3月10～14日	全国産業博覧会に協賛
	3月15～18日	国技館共進会に協賛
45年	6月15日	朝鮮総督府商品陳列館への出品および寄贈方につき協賛
	9月26日	全国特産品博覧会に協賛（岡山市）
大正 2年	4月1日	帝国実業協会主催の第7回全国特産品博覧会に協賛
	4月2日	舞鶴築港記念全国物産博覧会に協賛
	4月3日	第5回日本産業博覧会に東京商品の出品斡旋
	4月15日	明治記念拓殖博覧会に東京商品の出品斡旋
	6月19日	私立商品陳列館設置につき請願
	10月1日	横浜市勧業共進会に協賛
	10月31日	天長節奉祝ならびに大正博覧会上棟式祝賀提灯行列を挙行

【海外視察関係】

明治41年	7月7日	関税改正にともなう対策調査委員会を設置
	9月17日	米国実業家・大西洋艦隊来訪にともなう歓迎準備委員会を設置
	10月22日	同上、歓迎提灯行列実施
	10月28日	同上、歓迎提灯行列慰労会開催
42年	8月19日	渡米実業視察団出発、12月17日帰国
43年	2月3日	渡米実業団帰朝歓迎会
	5月4日	日英観光団を結成し派遣
	5月19日	満蒙貿易同志会を設立
	11月18日	製品検査（特に輸出品検査の制度化）に関する調査委員会を設置

【朝鮮・鎮海興業株式会社関係】

明治43年	3月17日	鎮海市街地借入に関し評議員会開催
	9月25日	朝鮮鎮海借地問題について同問題の四委員、書記長渡鮮
44年	2月25日	東京実業鎮海興業株式会社を設立

b.国内を念頭に置いた活動

【増税反対運動関係】

年月日		内容
明治41年	1月22日	明治41年財政計画および新税増税に対する委員会を設置
	2月5日	新税増税反対運動の全国組合大会開催
43年	1月30日	①所得税および営業税に関する委員会を設置
		②印紙税法について調査委員会を設置
		③所得税および営業税に関する講演会開催
	2月1日	営業税問題に関し東京商業会議所および東京市と協議会開催
	2月8日	営業税改正について本会調査委員、衆議院各派に陳情
	2月25日	印紙税法改正を貴衆両院へ請願
44年	2月21日	納税手続円滑のための委員会を設置
45年	3月18日	所得税法改正についての常設委員会を設置

【重要物産同業組合·準則組合の制度改正関係】

明治42年	1月29日	同業組織に関する調査委員会を設置
	6月10日	牛乳販売同業組合設置にともなう調査委員会を設置
45年	8月6日	重要物産同業組合法改正についての調査を実施
大正 2年	10月31日	新設組合および既設不整理組合についての調査を実施

【その他】

明治41年	1月22日	臨時総会開催
	6月18日	①定時総会開催
		②星野錫、会長に就任
	7月3日	前川名誉会長に感謝状および記念品贈呈
	7月7日	臨時総会開催
	11月9日	購買組合無税是正を決議
	11月11日	電話度数制に関する調査委員会を設置
42年	1月22日	臨時総会開催
	1月29日	購買組合に関する調査委員会を設置
	4月26日	定時総会開催
	6月16日	創立五周年記念大会を挙行
	11月10日	故伊藤博文公爵奉送
43年	1月30日	臨時総会開催
	2月12日	①東京商工懇談会を設立
		②各組合機関新聞の主筆を招き時事問題についての懇談会を開催
	2月24日	東京実業記者懇談会主催の商工業者大会に協賛
	4月28日	定時総会開催
	10月20日	①本会評議員および賛助会員で構成する茶話会を設立
		②商工業不振挽回調査委員会を設置
	12月14日	官公署入札法改正調査委員会を設置
44年	4月28日	定時総会開催
45年	3月18日	星野錫会長の衆議院議員立候補につき本会推薦(当選)
	4月28日	定時総会開催
	8月25日	御大葬道筋献灯のため東京市へ700円寄付
大正 2年	4月28日	定時総会開催
	7月5日	東京湾の実地視察を実施
	12月20日	商工調査会依頼による調査報告書を作成

出典：注 20『七十年史』231 ～ 235 頁。

③三大都市における団体

他の大都市（を含む県）における同業組合連合体の動きをまとめておこう。

【大阪市】 四三年当時、大阪府内には大阪輸出同業組合が設立されており、これに対して硝子商工同業組合や酒商同業組合らが大阪府貿易連合会を結成して対抗していたことが、新聞紙上に報じられている。[57] ただし、その具体的な動向は現在のところ未詳である。一方、原田敬一氏が指摘したように、四三年には実業組合の総合体として、大阪商工団体連合会という組織が設立された。しかしこの団体は設立されたものの、翌年の商業会議所議員選挙に至るまで結成以来「一度も会合をも催さず殆ど其存在を疑はしめつつありし」と報じられている状況であった。[58] 筆者もこの時期の新聞を改めてチェックしたが、確かにそれまで活動は見られない。また、この会議所議員選挙以降も活動は確認できず、結局自然消滅したと思われる。大阪商工団体連合会は、のち大正一〇年頃に設立される大阪実業組合連合会[59]とは無関係であろう。

【京都市】 明治四〇年に市内の七つの重要物産同業組合で結成されていた八日会は、四一年三月九日、当時計画されていた日本大博覧会への対応として、商業会議所に建議書を提出している。[60] 四二〜四三年には第一〇回関西府県連合共進会について協議を行い、また大正二年には舞鶴博覧会や大正博覧会のための協議を行うなど、[61] 同会には博覧会、共進会への対応が目立つ。一方、同市では各実業組合が営業税標準届出のとりまとめを行っており、明治四三年二月三日には、実業組合の連合総会が開かれて営業税法反対決議を行っている。[62] 江口氏が指摘したように、大都市の中で東京市についで実連組織が設立されたのは、大正三年一月の京都実業組合連合会である。[63] 同会は、直接にはこの時の営業税廃止運動の盛り上がりの中で結成されたものと考えられる。だが背景として、同市では各実業組合と営業税との間に、以前からこのような関係があったのである。

【愛知県】 明治四〇年から行われていた、県内重要物産同業組合の組合長による会合は、明治四二年一月一五日の総会で組織を改め、愛知県各種同業組合連合協会という組織になった。[64] そして四五年四月一二日には「準則組合を合併」

する、という形で愛知県実業組合連合会が発足している。[65]もっとも、同会の具体的な活動は新聞レベルでほとんど判明しない。現在のところ、各種同業組合連合協会の発足時に、共進会のための補助申請を県に対して行ったことが確認できる程度である。[66]

以上のように、大都市では、引き続き重要物産同業組合の連合体による活動が見られた。これらの団体が行ったのは博覧会や共進会など、貿易ないし国内でも広域な商圏を念頭に置くような活動が中心であって、逆に営業税問題には全く関与していない。その性格は、総じて卸商、商社クラスの有力者寄りであったと言えよう。また、このように見てくると、元来大都市では、卸商たちの結集のほうが容易であったことがわかる。地方都市に比べて大都市で実連の設立が遅れたのは、大都市の場合、卸商・小売商それぞれが目指す方向性の違いが、際立ちやすかったためと考えられる。その中で、東京市では例外的に実連がいち早く設立された。これは、同市で商業会議所が地域経済振興にほとんど関与せず、そうした活動を行う組織を新たに設ける必要があったという、特殊な事情が影響していたためと考えられる。

2　地方都市（富山市を中心に）

①富山商業会議所

ここでは地方都市の事例として、前節に引き続き、富山市を中心に取り上げる。

まず、富山商業会議所の活動について見ておこう。『富日』所載の記事からは、この時期にも以下のような活動が引き続き確認できる。ⓐ政府を初めとする行政庁などの諮問に対する答申、ⓑ税制をはじめとする国家政策への建議、ⓒ全国商業会議所連合会や他の商業会議所との連絡・連携事項、ⓓ地元の社会資本整備に関する建議や請願、ⓔ地元の特産品というべき羽二重や売薬についての販売促進事業（この他、共進会や物産陳列所に関する記事はこの時期従来よりも増えており、同業組合の設立斡旋という動きは逆に見られなくなる）。

一方、この時期の特徴としては、次のような点が挙げられる。第一に、税制関係の活動の活発化である。会議所は明治四一年（一九〇八）二月五日の総会で増税新税反対の決議文を採択しており、[67]この行為によって会議所副会頭は富山県庁から諭告的注意を受けた。また四二年七月一四日の総会では、所得税調査会にならった営業税の調査制度を要望している。[68]『富日』四三年二月八日付でも、三年あまり前の三九年一〇月に、全国商業会議所連合会が諸税法改廃の建議を行っていたことをふまえて「三九年度発表の意見を遂行すること」を政府に求めている。さらに同年三月三一日の役員会では、営業税調査委員制度の設置を要望している。[69]

そして第二に、中小商工業者に対する施策の強化である。まず四〇年一二月一三日の総会では、副業調査が議題となっている（委員付託となる）。[70]そして同月二六日の副業調査委員会では調査対象として綿織物業が選ばれ、[71]翌年四月二三日の委員会でその実行方法が議論された。[72]もっとも、その後に関連記事は見当たらない。一方、四三年一月三一日の総会では、「米価低落に伴う労銀逓減、原料品下落に伴わざる製造品価格の低減」についての建議が行われた。[73]日露戦後は政府当局も中小商工業者対策に着手しはじめた時期であり、『富日』四四年五月三〇日付には、農商務省商務局長から会議所が小商工業者資金融通状況に対する照会を受けたという記事がある。[74]店員の奨励事業も、この時期に始められた活動である。同紙四一年四月二〇日付では、「商店員奨励法」が会議所で作成中であると報じられている。これは結局四四年二月六日の総会で店員奨励規程として具体化し、[75]その後同年一一月一二日、また翌大正元年（一九一二）一一月一〇日（この時は職工を含む）に、店員表彰式が行われた。[76]店員表彰事業の位置づけは難しいが、この時期には各商店主のみならず、従業員の存在にまで目が向けられることになったという形で評価しておきたい。

この時期の会議所の活動には、富山商工業組合連合会（明治四一年一二月二七日に富山商業組合連合会から改称した）[77]とリンクした活動が目立つようになる。これも、中小商工業者との関わりが強まってきた結果と言えよう。具体的には、前述した労銀・製造品価格調査で結論を得ると、商工業組合連合会に対して「これが実行を認めること」を求めており、また小商工業者資金融通状況の調査においても「商工業組合連合会にも状況を聞くこと」を決めている。店員奨励については、実は連合会側でも四二年一二月一日以来議論されており、[78]四三年七月一九日の連合会による調査委員会では、会議所に先立つ形で奨励規程について「大体の決議」をしていた。[79] また営業税問題でも、四二年一二月一五日には会議所の書記長と連合会の会長がそろって税務署長と面会しており、営業税の届出標準や卸・小売の区別などについて交渉を行った。[80] さらに、この時期には会議所が商取引の改善というべき活動を手がけるようになり、その流れからも連合会とのつながりが生じている。その一つは、四二年七月一二日の役員会で提議された「中元の改良」、つまり中元を従来の八月から七月一五日に移すという提案である。この節季の繰上について、会議所は連合会に対応を依頼している。[81] もう一つは、織物丈量の統一計画である。これは四三年七月から連合会側が会議所に対し、全国商業会議所連合会（全商連）の議案とするよう要望していたものである。[82] 会議所ではこの案件を翌四四年の全商連に提議した。ただし結果としては、同年の全商連会議で宿題となり、翌大正元年には再び全商連会議の議案となったものの、「製産地」の商業会議所が「一般に之れを実行することの難き」を主張したうえ、「有力なる商業会議所は概ね反対に立ち」という状況となった。このため可決の見通しが立たず、富山商業会議所は提案を撤回した。[83] このほか、大正二年に同市で開催されることとなった共進会に関しても、会議所は三月一二日の議員協議会で、連合会側の意見を徴することを決定している。[84]

この時期に、富山商業会議所はなぜ中小商工業者への歩み寄りを見せたのだろうか。会議所の有権者数の推移を見ると、表8−7のように非常特別税の継続によるものか増加しているため、より小規模な商工業者の意見が反映されるようになった可能性は高い。だがそれだけではなく、不況の影響や、右でも触れた政府レベルにおける中小商工業者への関心の高まりといった背景も挙げるべきであろう。

表8-7　富山商業会議所の選挙権者（明治29〜大正3年）

年次	有権者数	年次	有権者数
明治29年	454	明治39年	662
30年	576	40年	592
31年	526	41年	639
32年	558	42年	629
33年	570	43年	708
34年	452	44年	645
35年	476	45年	667
36年	559	大正 2年	663
37年	587	3年	678
38年	642		

出典：内閣統計局編『日本帝国統計年鑑』各年版。

表 8-8　富山商工組合連合会の構成団体（明治 42 年）

商業者が中心と見られるもの		工・製造業者が中心と見られるもの
富山市荒物営業人組合	魚商組合	富山米穀同業組合①
富山市肥料商同業組合①	油業組合	富山市醤油製造組合
呉服太物卸売組合	砂糖組合	富山市酒類製造組合④
呉服太物小売商組合	富山市菓子商組合④	富山市茶業組合③
富山市古着商組合	材木商組合	富山洋服商工組合④
富山市綿糸同業組合	木炭商組合④	硝子製造業組合
富山市足袋商組合④	紙商組合	富山陶器業組合
履物同業組合	書籍商組合	飴製造業組合
富山市小間物商組合	金物組合	富山製紙購買販売組合②
富山市受醤油組合	薬種商組合	質業組合
酒類組合		富山市浴湯《ママ》組合

出典：『富山日報』明治 42 年 12 月 19 日付。
注：富山県編『富山県統計書』明治 41 年版、巻之二（1910 年）246 ～ 258 頁によれば、
①は重要物産同業組合、②は産業組合、③は茶業組合、④は準則組合。
それ以外はすべて申合組合と考えられる。

②富山商工業組合連合会

同会の加入組合については『富日』四二年一二月一九日付に、表8―8のように掲げられている。総数三八のうち重要物産同業組合が二、準則組合が五で、残る二三は公認されていない申合組合と見られる。ここからは、地方都市における申合組合の比重の大きさがうかがえよう。

さて、この時期の富山商工業組合連合会（会名の改称については注77を参照）の活動は、次の通りである。

【商取引の改善】四一年九月九日の会合では、正札の励行や商品切手の使用方法について決議されており[85]、同年一一月一二日には、節季を毎月とすることや、通帳の形式一定化について議論がなされた[86]。また『富日』同年一一月三日付には天長節にあたる同日、連合会の決議に基づいて市内商家が一斉休業をする旨が報じられている。翌四二年には二月二三日の会合で正札の励行が再度議題となり[87]、七月八日には商店の改良や店舗装飾方法について「各組合にて協議の上、良方法を講じ」ることとされている[88]。店舗装飾については、同年一二月一日にも議論された[89]。『富日』大正元年八月二八日付では、八月三一日が新たな天長節となったことを受けて、市内の商家は八月の節季を末日から一日繰り上げるよう、連合会が決議を行った旨が報じられている。そして『北陸タイムス』大正二年八月一八日付によれば、その時の成績が良好であったため、この年に天長節祝日と定められた一〇月三一日も同様に一日繰り上げるよう、連合会から市内商家に通

知すると報じられている。[90] この他、明治四三年七月に丈量の統一を全商連への提出議題とすべく会議所に交渉したことは前述の通りであるが（注82を参照）、同年一二月一七日の会合では、旧来の習慣に照らして、市内では「尚ほ曲尺と共に鯨尺をも用ゆること」を決めている。[91] また度量衡の統一をめぐっては、斤量についても四三年七月一一日に調査が委員会へ付託されたが、同年一二月一七日に継続調査となっており、[92] 結論は確認できない。

【地域経済振興・都市祭典の支援】四〇年一一月に誓文払いの企画が中止になると、一二月一〇日の会合では、代わりとして年明けの初売りが企画された。[93] もっとも、結果を示す記事は見当たらない。『富日』四一年七月一七日付では、富山製産《ママ》品評会に伴う景品会の企画が報じられているが、これも結果は確認できない。大正二年七月三日には、富山市の繁栄策を議論するために、連合会の書記長から金沢市の事例が報告されて今後の協議の参考とするとされている。[94] だが会議所[95]と異なり、その後具体的な議論が行われることはなかった。この時期の連合会の活動は、むしろさまざまな都市祭典を支援するという形のものが目立つ。明治四一年二月二六日には、富山市に配置されることになった歩兵第六九連隊を歓迎するための諸事項が決定された。[96] また『富日』四一年一一月一五日付では、富山―魚津間の鉄道開通にあわせて花火を寄付することが報じられている。さらに四二年七月八日には、皇太子の行啓に際して「行啓当時は各町村等より多数の拝観者来富すべきに付、不当の利得を為さゞることを特に各組合へ注意する事」「御通行道筋各店舗には幕を張る事（但可成は一定のものたる事）」などを協定している。[97]

【社会資本への要望】四三年七月一一日には、飛越鉄道急設期成同盟会[98]に対して「及ぶ限り同会に力を添」えることとし、同時に神通川改修についても、商業会議所に対して尽力を促すことを決議している。[99]『北陸タイムス』四四年一月一四日付では「電灯光力に関する電灯会社との交渉顛末」が報告されている（内容の詳細は不明だが、注43と同じ文脈だった可能性があるだろう）。また同年一二月一〇日には、富山―福井間の鉄道増発請願を鉄道院総裁宛てに行った。[100]

【営業税への対応】四一年以降になると、営業税の課税標準について税務署との交渉を行っていることを報じる記事が、毎年現れるようになる。そして『富日』明治四三年二月六日付では、営業税反対運動に関連して富山商業会議所が牧野平五郎衆議院議員[101]（同会議所の特別議員でもある）に依頼電報を発したのにあわせ、連合会でも「商工業家の休戚に関する大問題なるを以て極力尽力を頼む」意味の依頼電報を、牧野宛てに発した旨が報じられている。また四五年一月一六日の会合では、営業税の課税標準の一つである建物賃貸価格の改正について、再び議論がなされている。[102]

③高岡各業組合連合会

この時期における同会の活動は、次の通りである。

【商取引の改善】『富日』四二年三月二四日付では「各業組合連合会は先年市内の取引期日を年四回〔中略〕に改正〔中略〕」も、今に其履行を見ず」とあり、当時高岡では節季の履行が大きな問題となっていたことがわかる。その後四三年九月二二日には、取引期日に関する注意書を連合会が一般商家に配布している。[103]『富日』明治四四年七月二三日付では「今尚ほ容易に旧慣を打破するに至らず」という状況の中で、織物卸商らが「断然組合を組織し取引期日に関する厳重なる誓約を結び、今回は織物卸小売商共其励行を期し、範を他業に示すべき意気込なりと」と報じられている。節季の履行は同紙の翌四五年三月二五日付でも「尚ほ未だ不実行者も尠からざる」と評されており、同年六月一日の会合でも取引日の整理とその励行が改めて決議されるなど、[104]改善は容易でなかったが、連合会にとって大きな課題であったことは確かである。

【地域経済振興・都市祭典の支援】四三年と四四年には、連合会が一一月三日の天長節を祝した売出を企画した。翌大正元年には明治天皇の崩御を受けて、一一月三日の祝い売りは中止している。しかし、代わりに同月二〇日から二二日にかけて各商店が「恵比須売」[105]を行うことを、「応分の補助を与へ」つつ奨励している。[106]またこの時期には、当市でも都市祭典の支援というべき活動が目立つようになる。四〇年頃には、連合会が主導して関野神社内で夏季に夜店を開設していたが、[107]『富日』四一年四月一一日付によれば、馬場古城公園での観桜会にも新たに夜店を出すことを決定した。四二年九月二〇日には、商業会議所との協議会により、高岡神社の祭礼にあたって花火や相撲などを催すことを決定した。[108]翌四三年には、一〇月二日からの「行啓紀念慶賀祭及び日韓合併奉告祭、高岡神社秋季祭」に際して、「商品の安売を為すべく勧誘」しており、(109)大正二年七月一〇日の会合では、高岡三百年祭にあたって祝い売りを開催することを決議している。(110)

【営業税への対応】四二年一一月二六日には、連合会の委員が税務署長と面会して「当業者の事情等を具陳して、誅求の声あらしめざる様述べ」ている。(111)また四四年からは、連合会でも営業税のとりまとめを行っていたことを示す記事が、紙上に再び現れるようになる。

以上のように、両実連ともに、この時期には営業税反対運動を含む税制関係の活動が目立ってくる。しかし、それだけが突出していたわけではなく、ほかに商取引の改善なども引き続き重要な課題であった。地域経済振興については、商業会議所側が積極化したことも影響しているのか、独自のものは少なくなる。だがそれに代わるように、都市祭典への参加という形に変わった活動が多くなっている。総じて、両実連においては引き続き、もっぱら小売商レベル＝非有力者の利害に即した活動が行われていたと言えよう。そしてこの時期には、新聞記事を追う限り、しばらく沈滞していた活動が再び盛んになっている。その背景としては不況の本格化、そして政府レベルにおける中小商工業者への関心の高まりといった要素が考えられる。

④他都市における実連

この時期には、他の地方都市でも実連が新たに設立されている。(112)その活動ぶりが新聞記事から具体的にわかるのは広島市、山形市、下関市くらいである。しかしここでは、存在したことがわかるレベルで確認できるものを含めて列挙してみよう。

【広島商工業組合連合会】連合会についての記事の初見は『芸備日日新聞』四二年四月二九日付である。広島商業会議所から各種組合に対し、連合事務所の設立について諮ったところ賛同を得たので、二九日には「更に種々の実地問題に付商議」することになったというものである。その後五月一〇日には総会が開かれており、そこでは正札の励行や顧客待遇に関する研究といった商取引の改善、第六回関西聯合共進会への対応などが議題となっていた。(113)その後、大正二年までの活動内容は、商取引の改善、市経済繁栄策の研究、店員奨励、営業税・印紙税反対運動などであった。

【山形実業組合連合会】山形商業会議所は、実業組合連合会を組織することで「実業の発展を計るべく」と考え、四三年一二月一五日に連合会の発会式が行われた[114]。大正二年までのおもな活動内容は、掛代金を月勘定に一定すること、荷為替付荷物の引渡方法に関する「悪習」改善への注意喚起といった商取引改善に関する事項のほか[115]、市区改正計画の申請など社会資本整備に対する建議、そして営業税反対運動などであった。

【下関商工組合連合会】明治四五年一月二一日に「下関商工聯合会」の発会式が行われた[116]。この時の記事からは、同会が同業組合の総合体であるという確証は得られない。しかし当地の卸商組合は同年二月三日の総会で「商工組合聯合会に加入すること」を決議しており[117]、また一一月一日の理事選挙の様子を報じた記事では団体名も「商工組合聯合会」となっているため[118]、連合会の発足は同年中と見られる。具体的な業務が現れるのは翌大正二年からである。六月一八日の総会では市繁栄助成施設の調査を理事に委託したほか、正札販売の励行、掛売勘定期日や奉公人出替わり期の一定化、特種商人の出張販売に対する課税などが協定されており[119]、また一二月には連合会主催による連合売出が企画、実施された。

【長野商業連合組合】長野実業組合連合会の沿革について、『長野商工会議所六十年史』は「早くから発足していた」としか記していない[120]。『信濃毎日新聞』によれば、長野市では明治三五年から一月に各同業組合が集合する新年会を催した記事がしばしば現れる。恒常的な組織として明示されている初出の記事は四一年一月一九日付であり、そこでは商業連合組合という名称とともに、「長野市商業家各組合より成れる同組合」との説明がある。しかし、連合組合の具体的な設立状況などは不明であり、また大正二年までは新年会のほかに記事は現れない。

【福岡商業組合連合会】福岡市では、明治四一年四月に四市連合品評会の開催を契機として福岡工芸団体連合会が設立されており、同会はその後も品評会や共進会などを通じて熱心に活動していた[121]。一方、翌年には九州八県連合共進会を契機として商業組合連合会が設立されることになった[122]。四月二八日の会合で定められた規約には「店頭装飾、正札励行、使用人の奨励、紛議の調停」などが盛り込まれている[123]。しかし実際にはその後活動が見られず、大正二年には「創

立以来未だ何等の事業をも遂行したることなく」と報じられている。(124)

【大津商工団体】『大津商工会議所沿革史』には、明治四三年一月に大津商業会議所が各同業組合から営業税申告のとりまとめを依頼されたことを契機として、同年五月に「大津商工組合の成立を見〔中略〕翌四十四年の〔営業税〕賃貸価格改正問題にも一糸乱れざる結束を示し」たとある。(125) ただ、この団体については新聞記事などの同時代史料が確認できないため、活動の実態は未詳である。

【長岡実業組合連合会】『会議所五十年の歩み』では、連合会の設立を明治四〇年（月日不詳）としている。(126) しかし『長岡市史』には、四四年一一月一一日付の「発起組合」による会則案が掲載されており、(127) 設立は実際にはこの頃であったと思われる。連合会はその後昭和期まで存続しているが、この時期の活動については未詳である。

【熊本県実業団体連合会】この連合会は、県を区域としたものである。『新熊本市史』では「各種実業団体相互の気脈を通じ実業の振起発達を図ることを目的に、明治四三年一月二九日に創立され」たと述べている。(128) しかし『九州日日新聞』を見ても、その後の活動を示す記事はほとんど見られない。

各実連の活動状況については、不明なものや不活発なものも多い。しかし、判明する情報からうかがう限り、課題としていた内容はおおむね富山・高岡と大同小異であり、その性格は小売商＝非有力者寄りであったと言えよう。不況の本格化や政府レベルにおける中小商工業者への関心の高まりが、多くの地方都市においてこうした組織の設立を促したのである。

おわりに

本章では、以下のことを明らかにした。

第一次世界大戦以前の実業組合連合会について、従来の研究では明治三八年（一九〇五）に設立された東京市のものが注目されてきた。東京実連は、非有力者層を含む広い階層の利害を反映しており、営業税廃止運動をリードするなど比較的デモクラティックな性格の組織と評価されている。しかし、大戦以前の時期に大都市で実連が設立されたのは東京市のみであり、むしろ地方都市でいくつもの実連が設立されていた。なぜこのような事態となったのだろうか。

大都市の場合、実連は東京市以外で設立されていない。だが、卸商・商社レベルの有力商人の利害を反映するような、貿易ないし広域な商圏を念頭に置いた経済振興活動を行う連合体は設立されていた。本来、大都市の傾向はこうした組織の設立にあったと考えられる。東京市の実連は、対外貿易の振興活動を行いながらも、一方で小売商レベルの地域経済振興活動を早くから行うという点で、むしろ特異であった。東京市で際立つのは、商業会議所がローカルな経済振興活動に対して、日露戦後の不況期を含めてほとんど無関心なことであって、こうした特殊性が、実連を早期に設立させる背景にあったと考えられる。実連が、大都市において小売商＝非有力者たちの利害を反映し、デモクラティックな性格を強めるのは、中小商工業者が発言力を増す、第一次世界大戦後の時期を待たなければならなかったのである。

地方都市の場合、三二、三三年に設立された富山市・高岡市の実連が取り組んでいたのは、商取引慣習の改善や地域経済振興などの活動であった。公認組織たる商業会議所が、納税資格制限によって最有力者層の利害を反映するにとどまるなか、そうした制限が課せられない実連は、小売商レベルの中小商人が大多数を占める地方都市にとって、むしろ適合的な組織であった。もっとも、両市の実連も設立当初の熱心さはしだいに失われかけていた。しかし日露戦後の四一年頃になると、不況が本格化するとともに、政府が中小商工業者への施策に力を入れ始めた。こうした背景のもと、地方都市では商業会議所も中小商工業者政策に関心を示すようになり、富山・高岡両市の実連でも活動は再び盛んになった。さらにこの時期には、他の地方都市でも実連があいついで設立されるに至ったのである。

注

（1）昭和九年頃の状況については栂坂昌業編『団体総覧』第二回［昭和九年版］（大日本帝国産業総聯盟団体研究所、一九三四年）一六五〜一七一頁を参照。実連は、営業税廃止運動が行なわれた大正期のみならず、深刻な不況が問題となった昭和初期にも盛んに活動していた。昭和八年には各都市実連の全国連合組織として、日本実業組合連合会も設立されている（『東京朝日新聞』昭和八年一月二五日付、前掲『団体総覧』一六五〜一六六頁）。なお三和良一氏は青木和夫ほか編『日本史大事典』第三巻（平凡社、一九九三年）「実業組合」の項目執筆で「実業組合連合会の全国組織は誕生しなかった」と述べているが、誤りである。また朝尾直弘ほか編『角川日本史辞典』［新版］（角川書店、一九九六年）「実業組合」の項目における日本実業組合連合会の説明は、武藤山治による大日本実業組合連合会と混同したものとなっている。

（2）高嶋雅明『企業勃興と地域経済』（清文堂出版、二〇〇四年）一一六頁以下。

（3）白戸伸一『近代流通組織化政策の史的展開』（日本経済評論社、二〇〇四年）二五五頁以下。

（4）『川越市史』第四巻近代編（川越市、一九七八年）四二七頁以下。

（5）宮地正人『日露戦後政治史の研究』（東京大学出版会、一九七三年）二六一、二一二頁。

（6）江口圭一『都市小ブルジョア運動史の研究』（未来社、一九七六）一六二頁。

（7）江口氏は前掲書の序章（一九〜二〇頁）で次のように述べており、営業税反対運動を担った階層の規定にいささか苦慮していることがうかがえよう。「営業税反対運動は、都市小ブルジョアジーのみの運動ではなく、小資本家層もその有力な部隊を構成し、大・中の資本家層も参加した運動であって、その意味ではこれを『都市小ブルジョア運動史』として概括することは必ずしも適切ではなく、むしろ『中小ブルジョア運動史』と表現した方が日本近現代史研究でふつう描かれているイメージに照応している面があろうが、以上にみたように『中小ブルジョアジー』という概念があいまいであることと運動の推進力が一貫して小資本家・小ブルジョア層とくに後者にあったことを考慮して、『小ブルジョア運動史』という概括をあたえたものである」。

(8) 大阪商工会議所編『大阪商工会議所史』(一九四一年)、京都商工会議所編『京都商工会議所史』(京都商工経済会、一九四四年)、名古屋商工会議所編『名古屋商工会議所五十年史』(一九三一年)など。

(9) 石井寛治「解題」(商品流通史研究会編『近代日本商品流通史資料』第六巻、一九七九年)一七頁。

(10) 各地の商工会議所の沿革史によれば、この時期に設けられた四大都市や長崎、大津などの商工会では、同業組合の代表者が参集する、同業組合総合体の形式が採られていた。

(11) 東京市役所編『東京市市勢調査原表』第二巻(大橋新太郎、一九一一年)一四～一五頁。

(12) 永田正臣『明治期経済団体の研究』(日刊労働通信社、一九六七年)第九、一〇章。

(13) 注5『日露戦後政治史の研究』二一三～二一四頁。

(14) 注9「解題」一四頁。

(15) 星野錫翁感謝会編『星野錫翁伝』(一九三五年)一二七頁。

(16)『東京朝日新聞』明治三八年一月二一日付。

(17) 同前、明治三八年四月二五日付。

(18) 宮崎豊次編『東京勧業協会終始一斑』(東京勧業協会、一九一七年)。

(19) 注5『日露戦後政治史の研究』二一〇～二一一頁。なお三和良一氏は注1「実業組合」の項目執筆において、次のように述べている。「(実業組合連合会では)商況調査、紛議の仲裁・調停、生産性向上・労使問題の研究、官庁への諮問答申・建議などが主たる活動内容であった」。しかしこの記述は、森田良雄『我国の資本家団体』(東洋経済新報社、一九二六年)

七三頁の「一例として東京実業組合連合会に就て見るに〔中略〕定款上の目的に依れば」以下に全面的に依拠したものと見られ、実態をふまえた説明とはなっていない。
(20) 東京実業連合会編『七十年史』(一九七五年)。
(21)『京都日出新聞』明治三七年一月一一日付。
(22) 同前、明治四〇年一一月九日付。
(23) 同前、明治四〇年一二月一〇日付。
(24) 前注と同日付。京都市では、明治四〇年から営業税の課税額を同業組合がとりまとめる形式が採られるようになったようで、このことは、筆者が実際に閲覧した京都薬物商組合の史料によって確認できる。注6『都市小ブルジョア運動史の研究』からもわかるが、大正三年に営業税調査委員制度が発足する以前、比較的大きな都市では同業組合、中小都市では個別町という都市社会集団が営業税の賦課徴収をとりまとめるという方法が、しばしばとられていた。後者の実例として、筆者は群馬県桐生町(現、桐生市)の二つの個別町で史料を閲覧した経験がある。
(25)『名古屋新聞』明治四〇年一一月六日付。
(26) ここで想起されるのは、近世における大坂の二十四組問屋や江戸の十組問屋の存在であろう。これらは、海運によって諸商品の集散地間売買を行う仲間の連合体である。そのため、明治期大都市の同業組合連合体と類似した性格を持つ近世の組織をあえて挙げるとすれば、右の二集団になるであろう。また京都にも京都十仲間と呼ばれる仲間の連合体があったと言われる。ただしその実態はいまだ明らかではない。この点については「三井高維蒐集史料目録解題」(国立史料館編『史料館所蔵史料目録』第三〇集、一九七九年所収)一一八頁以下を参照。
(27) 富山商工会議所編『富山商工会議所八十年史』(一九七三年)六頁。
(28) 富山県編『富山県統計書』明治四一年版巻之一(一九一〇年)、七一頁。
(29)『富山日報』は、明治一七年創刊の『中越新聞』が二一年に改題されたものである。『北陸政論』は、明治二二年創刊の『北陸公論』が二三年に改題されたもので、三七年九月には『北陸政報』と改題された。また『北陸タイムス』は、明治四一年の創刊である。本章では新聞ライブラリー所蔵『富山日報』のマイクロフィルムを主に利用し、注記のない限り同紙によった。ただし同マイクロフィルムは、本章が扱う明治二九年〜大正二年の中で明治三〇年七月〜三二年六月、三三年七月〜一二月が欠号となっており、この期間は『北陸政論』で補った。

(30) 全国商業会議所連合会は明治二五年九月に設立されたが、当時この連合会の法的位置づけは「会議毎に組織される任意の協議会」にとどまるものであった(『日本商工会議所三五年の歩み』日本商工会議所、一九五七年、七頁以下)。その後、昭和三年に商工会議所法が施行されるのと同時に、連合会は同法に基づく日本商工会議所に改組された。

(31) 富直鉄道とは、富山—直江津間の鉄道路線を指しており、現在の北陸本線の一部である。

(32)『北陸政論』明治三一年二月一七日付。

(33) 同前、明治三一年三月二三日付。

(34) 同前、明治三一年九月二八日付。

(35) 同前、明治三一年一〇月二八日付。

(36)「節季」(「切季」とも表記される)とは、延取引の決済期日のことである(第七章第四節第一項を参照)。またここでいう「通帳」とは、いうまでもなく掛買のためのカヨイチョウを指す。

(37)、『北陸政論』明治三七年一一月一六日付。長谷川庄蔵は、明治四五年から昭和三年まで富山消防組頭を務めた人物である。

(38) 誓文払いは、もともと京都の商家が一〇月に行っていた売出をいう(加藤友康ほか編『年中行事大辞典』吉川弘文館、二〇〇九年、「誓文払い」の項目)。ここで一一月となっているのは、いまだ旧暦が基準となっているためである。

(39)『富山日報』明治三七年一一月二五日付。

(40) 同前、明治四〇年一一月二二日付。

(41) 同前、明治三二年九月三日付。なお九月一七日には、富山県告示第一三九号建物制限規則が定められた。

(42) 同前、明治三二年一二月二六日付。
(43) 『北陸政論』明治三四年一月二二日付。
(44) 国税営業税は、たとえば物品販売業であれば売上金のほか、使用人数などの外形標準に基づいて課税額が算定されることになっていた。この標準の一つに建物賃貸価格があり、その評価方法は「全国を通じて、また各業種を通じて、当局と納税者とのトラブルの最大の因となった」(注6『都市小ブルジョア運動史の研究』四五頁)。なお、ここでいう建物とは「店舗其ノ他営業用の土地家屋」であり、建物がたとえ営業者自身の所有物であっても「借家ニアラザル場合ニ於テハ近傍借家ノ借料ニ照準シテ」仮に賃貸価格が計算されるものであった(営業税法第一八条)。石井寛治氏は「建物賃貸価格(中略)というのは商人がたいてい貸家を持っていたためであろう」と述べているが(『日本流通史』有斐閣、二〇〇三年、一三九頁)、これは誤解である。
(45) 『北陸政論』明治三二年一月二九日付。
(46) 高岡市編『高岡市統計書　大正一〇年』(一九二三年)一一八頁。
(47) 高岡市史編纂委員会編『高岡市史』下巻(一九六九年)五七三頁。
(48) 『北陸政論』明治三二年二月二六日付。
(49) 『富山日報』明治三三年二月二二日付。
(50) 同前、明治三九年五月六日付。
(51) 明治期に市制を施行した都市では、このほか高知市の土佐商工連合会が「各商工組合の聯合を以て、明治二十七年三月高知市堀詰に創設し、商工業の発展と商取引の改良円滑を図るを目的と為し」(高知商業会議所編『かうち』一九一五年、四四頁)と言われている。しかし史料の制約もあり、今のところ同時代の実態は検証できていない。
(52) 高村直助「恐慌」(大石嘉一郎編『日本産業革命の研究』下、東京大学出版会、一九七五年)二一二頁。
(53) 東京市では明治四〇年に東京勧業博覧会が、大正三年に東京大正博覧会が開催された。なお明治四〇年には、五年後の日本大博覧会が計画されたが、中止となった。

(54) 東京高等商業学校（一橋大学の前身）が専攻部を設置して大学への昇格を目指したのに対し、文部省が東京帝国大学法科大学に経済・商業学科を設置して東京高商専攻部を廃止しようとして両者が対立した事件である。結局、文部省側が折れて東京高商専攻部の存続が決まった。

(55)『東京朝日新聞』大正二年三月二一日付。

(56) 同前、大正二年三月二〇日付。

(57)『大阪毎日新聞』『大阪時事新報』明治四三年七月五日付。

(58)『大阪時事新報』四四年二月一六日付夕刊。原田敬一『日本近代都市史研究』（思文閣出版、一九九七年）一三二〜一三三頁より再引用。

(59) 注6『都市小ブルジョア運動史の研究』第三章を参照。同書でも触れられているが、新聞記事レベルでは大阪実業組合連合会の設立時期をはっきり確認することはできない。

(60)『京都日出新聞』明治四一年三月一〇日付。

(61) 同前、大正二年四月二一日付、一一月八日付を参照。

(62) 同前、明治四三年二月四日付。

(63) 注6『都市小ブルジョア運動史の研究』一四二、一六八頁。

(64)『名古屋新聞』『新愛知』明治四二年一月一七日付。

(65)『名古屋新聞』明治四五年四月一三日付。

(66) 同前、明治四二年一月一七日付。

(67)『富山日報』明治四一年二月六・七日付。

(68) 同前、明治四二年七月一六日付。

(69) 同前、明治四三年四月三日付。
(70) 同前、明治四〇年一二月一五日付。
(71) 同前、明治四〇年一二月二八日付。
(72) 同前、明治四一年四月二五日付。
(73) 同前、明治四三年二月二日付。
(74) 日露戦後には、農商務省内で「重要輸出品産業ならびに国内生活必需品産業」という観点から「中小工業」への関心が強まっており、一方で農業分野を含めた生産調査会の諮問も開始された。しかし、同省による第一次世界大戦前の具体的な動きとして挙げられるのは、明治四四年から翌年にかけて実施された小商工業者の金融事情調査くらいであった（通商産業省編『商工政策史』第一二巻、商工政策史刊行会、一九六三年、一六〜一九頁）。
(75)『富山日報』明治四四年二月八日付。
(76) 同前、明治四四年一一月一三日付、大正元年一一月一一日付。
(77) 富山市編『富山市史』（一九〇九年）四七八頁では、改称を明治三五年一月一八日としているが、新聞を見てもこの時期記事に対応するような動きは見当たらない。同書の刊行時から見て直近の出来事であり、不可解だが、誤りと言わざるをえない。
(78)『富山日報』明治四二年一二月二日付（欄外）、三日付。
(79) 同前、明治四三年七月二一日付。
(80) 同前、明治四二年一二月一七日付。
(81) 同前、明治四二年七月一四日付。
(82) 同前、明治四三年七月二一日付。
(83)『北陸タイムス』大正元年一〇月二七日付。

（84）『富山日報』明治四五年三月一四日付。
（85）同前、明治四一年九月一一日付。
（86）同前、明治四一年一一月一四日付。
（87）同前、明治四二年二月二五日付。
（88）同前、明治四二年七月一〇日付。
（89）同前、明治四二年一二月二日付（欄外）、三日付。
（90）八月三一日は大正元年から天長節となったが、同年の当日は宮中での祝典のみ行われた（大正元年宮内省告示第二号）。翌年に一〇月三一日を天長節祝日と定め、宮中での拝賀宴会はこの日に行われることになった（大正二年宮内省告示第一五号）。
（91）『富山日報』明治四三年一二月二〇日付。
（92）同前、明治四三年七月一三日付、同年一二月二〇日付。
（93）同前、明治四〇年一二月一三日付。
（94）同前、大正二年七月六日付。
（95）商業会議所では、共進会や店頭装飾が挙げられるとともに、永久的計画として呉羽道路の修築や富山市街鉄道の整備などの社会資本整備が提議された（同前、大正二年六月一二日付）。
（96）同前、明治四一年二月二八日付。
（97）同前、明治四二年七月一〇日付。
（98）飛越鉄道は飛驒—富山（越中）間の鉄道路線を指しており、現在の高山本線の一部である。飛越線の端緒として富山駅—越中八尾駅間が実際に開業したのは、昭和二年のことである。
（99）『富山日報』明治四三年七月一三日付。

(100)同前、明治四四年一二月一一日付。
(101)牧野平五郎は呉服商。富山市議、富山県議、衆議院議員、富山市長などを務めた人物である。
(102)『富山日報』明治四五年一月一八日付。
(103)『北陸タイムス』明治四三年九月二四日付。
(104)同前、明治四五年六月五日付。取引を大小に分け、小取引は毎月末日、大取引は年四回とした。
(105)「恵比須売」は、いわゆるエビス講と同義であろう。エビス講は都市に限らない行事であるが、商家では一〇月ないし一一月のエビス講に古くから売出が行われており、注38の誓文払いもエビス講の影響を受けたと言われている（注38『年中行事大辞典』、「恵比寿講」の項目）。
(106)『北陸タイムス』大正元年一〇月二七日付。
(107)『北陸政報』明治四一年七月五日付。
(108)同前、明治四二年九月二五日付。
(109)『北陸タイムス』明治四三年九月二四日付。
(110)同前、大正二年七月一一日付。
(111)『富山日報』明治四二年一一月二八日付欄外。
(112)この時期に実連が設立された地域に、どのような傾向があるかを指摘することは難しい。しかし大まかに見ると、比較的人口規模の大きい都市に設立されたように思われる。
(113)『芸備日日新聞』明治四二年五月一三日付。
(114)『山形新聞』明治四三年一二月四日付、同月一七日付。
(115)同前、明治四四年一一月一六日付、大正元年一二月二日付。ここでいう「悪習」とは、東京などから委託輸送された荷物の引渡にあたり、山形市内の運送店が、代金（貨物引換証か）と引き換えずに荷物を引き渡すというものである。これは「若し荷物受取人が代金を支払はざる時は運輸業者の損害となるが、従来の習慣上斯くせざれば華客を失ふ」ためであった。

(116)『馬関毎日新聞』明治四五年一月二三日付。
(117)同前、明治四五年二月五日付。
(118)同前、大正元年一一月二日付。
(119)同前、大正二年六月一九日付。
(120)長野商工会議所編『長野商工会議所六十年史』(一九六二年)一五九頁。
(121)福岡市編『福岡市史』第一巻〔明治編〕(一九五九年)九〇〇頁。
(122)『福岡日日新聞』明治四二年二月二三日付。
(123)同前、明治四二年四月三〇日付。
(124)同前、大正二年一月七日付。
(125)大津商工会議所編『大津商工会議所沿革史』(一九四三年)三八一頁。
(126)長岡商工会議所編『会議所五十年の歩み』(一九五五年)三〇頁。
(127)長岡市編『長岡市史』資料編四〔近代一〕(一九九三年)七二九頁。
(128)新熊本市史編纂委員会編『新熊本市史』通史編第六巻〔近代Ⅱ〕(熊本市、二〇〇一年)五四五頁。

第九章　昭和期における職縁集団の再編と商業組合

はじめに

本章では、昭和戦中期の経済統制政策によって全国的に設立された商業組合の組織が、戦後社会までを展望した職縁集団の流れの中で、どのような意義を持っていたのかを明らかにする。

昭和六・七年（一九三一・三二）、協同組合型組織の設立を認める工業組合法・商業組合法が制定された（本章で扱うのは、このうち商業組合である）。藤田貞一郎氏は、従来の重要物産同業組合が昭和初期頃に「問屋中心的傾向」を示していたのに対し、協同組合型の商業組合は、元来小売商の保護が意図されたものであるとして、ここに商業組合の画期性を見出した。(1)その後、昭和戦中期には商業組合が全国で多数設立されるに至るが、周知のように、この時期の性格は配給統制機関へと大きく変わっていた。このため、戦前の商業組合を扱う研究は、戦時統制が本格化するまでで考察を終えるのが一般的であり、(2)戦中期の商業組合については、戦時経済統制の文脈で別途扱われている。(3)しかし戦後、共同経済事業などを行うために再び制度化された事業協同組合には、後述するように戦前の商業組合を前身とするものが少なからず存在していた。この点をふまえると、職縁集団の長期的な流れの中における戦中期の商業組合の位置づけについては、再検討の余地があると思われる。つまり、国家主義的な戦時経済体制強化のもとで配給統制機関に変質はしていても、この時期の営業者側の意思や状況を史料からうかがうことで、戦後社会につながる要素を指摘できるのではないか、ということである。なお、考察の前提となる戦中期以前の状況について、第七章では明治期の大都市しか扱わなかった。そのため、本章では地方都市に重点を置いて明治期から改めて振り返る。また第三章や第六章で見たように、地縁集団ではこの時期に区域＝空間との関わりにおいても変化が生じていた。そこで、本章でもこの点に注意する。

本章では右の課題を一般論として検討するが、具体的な業種の事例としては、第七章と同じく薬業（医薬品流通業）を取り上げる。医薬品業界は、小売営業者に薬剤師と薬種商（現在の登録販売者）が併存することや、(4)保健衛生という公益的な観点から、戦後も乱売統制目的の価格協定などのカルテル行為が容認されやすいことなどの、特殊な性格を持つ。その反面、メーカー・卸・小売という流通段階が比較的明瞭なことや、各地域で沿革史などがある程度まとまって存在するといった研究上の利点があることから、本章でも取り上げたい。また対象とする地域は、これまでの章に従って在来都市に重点を置く。ただし結論からいえば、この時期の職縁集団にとって、在来都市か、あるいは明治期以降の新興都市かという区別はさほど影響していない。

第一節　明治・大正期の同業組合

1　組合と業態の関係

第七章で述べたように、明治政府は殖産興業の文脈から、同業組合については卸商のほか製造業者や小売商など異なる業態の者が所属する「同居型」組織の設立を図っていた。しかし大都市においては、そうした組合が確かに多い一方で、卸商のみ、あるいは小売商が除外されたタイプの組合も少なくなかった。

地方都市の場合、公認の組合である重要物産同業組合や準則組合にはならない、いわゆる申合組合が多く存在していた。このため、そもそも同業組合の全容を知ることが容易ではない。その中で、富山市の場合には、第八章で取り上げた富山市商工業組合連合会の加盟組合一覧（表8―8を参照）から、明治四二年（一九〇九）時点で「金物商組合」「紙商組合」といった多くの申合組合が存在したことを知りうる。こうした場面は、組合の存在をまとめて実証する数少ない機会であろう。また、右のような「～商組合」という組合名からは、組合員の中心が小売商であることが推測されよう。この点を裏付けるデータとして、やや時期をさかのぼるが、『富山県統計書』には明治一七年から二一年にかけて業種・業態別の商人数統計が掲載されている。このうち二一年の「富山市街」（当時は市制施行前である）を見ると金物、紙ともに卸商はゼロとなっている（なお仲買商もともにゼロ、小売商はそれぞれ六五、四一である）[5]。

以下では薬業を事例とし、卸商・小売商それぞれの同業組合の状況について、大都市・地方都市に区別したうえで改めて整理してみよう。

①薬種卸商

大都市における薬種卸商と同業組合との関係については、第七章で述べた。大都市は、単に人口規模が巨大であるのみならず、国内商品流通のうえでも集散地として特別な地位を占めた。そのため、近世にはそれぞれ問屋や中買が同業者町と呼ばれる特定の区域＝空間に集住して仲間を結成していた。そして明治期になっても、東京市では卸商が単独で重要物産同業組合を設立しており、大阪市や京都市では仲買商や小売商と同居した準則組合が設立されたものの、その内部には卸商らによる非公式な組合が存在した。こうして、「同居型」化という制度上の原則にもかかわらず、卸商は「分離型」組合が持つ有効性を事実上確保していたのである。なお彼らは明治期になっても問屋町に集住する傾向があり、区域的にも組合員分布の広域化はあまり進まなかった。

大都市以外については、明治一五・一六年の『統計年鑑』に府県ごとの薬種卸商の数が掲載されているため、各地にそれぞれ卸商が分布していたことは一応うかがえるが[6]、正確な状況を知ることは困難である。そのため、同業組合の設立状況とあわせて次節でまとめて述べることとする。若干先回りして述べておけば、当時の地方都市における卸商の数は一般に少ないのみならず、小売商による兼業が多かったと見られる。ただしこのことは、地方都市における少数の卸商が弱い存在であったことを意味するわけではなかった。たとえば大正期頃の松本市について「いまでいう過当競争は

表 9-1　業界雑誌に現れる薬業組合（明治期）

a.市区域

市名	記事内容	誌名·号·頁
秋田市	明治25年秋田市薬業会従来よりあり	学128-1039
新潟市	明治29年新潟市薬業組合総会開催	学171-550
松山市	明治30年松山薬業会春季総会開催	学183-483
高松市	明治32年高松薬業組合総会開催	学204-187
富山市	明治32年富山市の薬業組合「矯正会」定期総会開催	学205-285
弘前市	明治32年弘前薬業組合総会開催	学208-619
長崎市	明治32年長崎薬業会再興	学210-818
松江市	明治32年松江薬業会、下山博士一行歓迎会開催	学210-836
宇都宮市	明治33年、宇都宮市薬業家により宇陽薬業組合あり	学225-1172
長野市	明治34年長野市に長野市薬業組合あり	学237-1191
水戸市	明治36年水戸薬業会再興	学256-633
静岡市	明治37年静岡薬業会、再興して薬業組合へ	剤73-39
仙台市	明治40年仙台薬業組合再興	学300-194
姫路市	明治40年姫路薬業会設立	学305-841
浜松市	明治41年浜松薬業会設立	剤123-30
四日市市	明治42年三重郡薬業組合設立	剤127-60
宇治山田市	明治43年神都徳盛会規約改正	学346-22
津市	明治44年津市薬業組合、薬業講習会開設	学356-8
青森市	明治44年青森市薬業組合認可	学357-18
盛岡市	明治45年盛岡薬業組合設立へ	学360-197
福島市	明治45年福島薬業会定期総会開催	剤173-801
甲府市	明治45年甲府薬業組合、毒物劇物取締規則研究会開催	剤170-595
尾道市	明治45年尾道薬業会会合開催	剤169-533

ぜんぜんなかった。マスニとお店（マス井）（ともに薬種卸商の店名）とで話し合いができた。小売りは定価販売が決まっていた」という回想がある。[7] これによれば、同地の卸売価格は事実上二店の協定で決まっていたことがうかがえる。これは、自由市場のもとで乱売防止のために行われる消極的なカルテルというよりも、近世的な統制市場のもとで行われる独占的なカルテルに近い状況であったと読み取るべきであろう。

②薬種小売商

大都市の場合、第七章で述べたように薬種小売商は卸商と合わさった「同居型」、ないしは別々になった「分離型」の同業組合を設けており、名古屋市を除けばそれぞれ長く存続していた。

地方都市の場合、前述のように小売商は重要物産同業組合や準則組合といった公認の組合を設立しているところ自体が少ないため、組合の動向を知ることは容易でない。[8] しかし薬業の場合、業界の専門誌である『薬学雑誌』『薬剤誌』[9]の地方通信欄から記事を拾うと、表9―1のように明治期には、市郡区域ないし県区域で薬業関係の同業組合がいずれも多数設立されていたことがわかる。もっ

表 9-1　業界雑誌に現れる薬業組合（明治期）

b.郡区域（*は町域）

県名	記事内容	誌名·号·頁
静岡県	明治25年遠江薬業組合（見附町）設立	学130-1297
	明治27年富士薬業会（吉原町）春季総会開催	学147-492
	明治27年駿東·君沢薬業組合定期総会開催	学154-1193
新潟県	明治29年北蒲原郡薬業組合（新発田町）会合開催	学178-1261
兵庫県	明治33年豊岡薬業会設立	学219-500
新潟県	明治33年古志郡薬業組合臨時総会開催（明治39年長岡市市制施行）	学226-1273
岐阜県	明治35年武儀郡薬業会（上有知町）総会開催予定	学241-282
愛媛県	明治39年今治薬業会設立*	学293-812
栃木県	明治40年栃木町薬業会総会開催*	学303-594
兵庫県	明治41年津名郡薬業会（洲本町）設立	学312-193
	明治41年三原郡薬業組合設立	学312-193
広島県	明治41年深安郡薬業組合（福山町）設立	学312-195
	明治41年芦部郡薬業組合設立	学313-294
静岡県	明治41年賀茂郡薬業組合臨時会開催	学313-300
兵庫県	明治42年城崎郡薬業組合設立	学326-410
滋賀県	明治42年甲賀郡薬業組合会総会開催	学326-415
	明治42年犬上郡徳盛会（彦根町）設立	学329-845
愛知県	明治43年額田郡薬業組合（岡崎町）総会開催	学335-5
大分県	明治42年宇佐郡薬業組合設立	剤126-58
茨城県	明治43年行方郡薬業会設立	剤138-52
	明治43年下館町薬業会設立*	剤139-53
三重県	明治44年北勢薬業会（=鈴鹿郡、河芸郡）定期総会（第4回）開催	学358-21
長野県	明治44年南安薬業会通常総会開催	剤153-258
愛知県	明治44年喜多郡薬業会春季総会開催	剤153-263
大分県	明治44年別府薬業会総会開催、中津薬業会会合開催	剤155-441
福島県	明治44年安積郡薬業組合総会開催	剤157-579
千葉県	明治45年君津郡薬業会設立	学359-15
徳島県	明治45年板野郡薬業組合総会開催	学362-447
	明治45年阿波郡薬業組合総会開催	学362-447
三重県	明治45年多気郡薬業組合設立	学363-558
	明治45年桑名薬業会臨時総会開催	学364-673
千葉県	明治45年安房郡薬業会協議会開催	学365-792
福島県	明治45年郡山（町）薬業会臨時総会開催*	学369-1221
広島県	明治45年比婆郡薬業会設立	学370-1350
大分県	明治45年別府薬業会総会開催	学370-1350
山梨県	明治45年都留薬業組合·峡南薬業会、毒物劇物取締規則研究会開催	剤170-595
三重県	明治45年尾鷲郡薬業組合会臨時総会開催	剤173-798

表9-1　業界雑誌に現れる薬業組合（明治期）

c.県区域

県名	記事内容	誌名・号・頁
茨城県	明治26年常総薬業組合大会開催(明治42年茨城県薬業会発足＝剤137)	学134-443
千葉県	明治26年千葉県薬業会再興(明治44年千葉県薬業会発足＝剤155)	学135-561
山形県	明治29年山形薬業組合、県令に基づく組合に改組	学169-354
宮城県	明治30年宮城県薬業会総会開催	学182-398
山口県	明治30年山口県薬業会会合開催	学183-486
埼玉県	明治30年埼玉薬業組合大会開催	学183-498
大分県	明治30年大分県薬業組合会(第2回)開催	学185-715
香川県	明治31年香川県薬業組合設立	学192-193
福岡県	明治33年福岡県薬業会設立	学220-618
高知県	明治34年高知県薬業組合総会開催	学231-488
群馬県	明治38年群馬県薬業組合長馬場常七、薬剤師会県支部発会式来賓	剤84-46
岩手県	明治40年岩手県薬業会設立	学304-723
栃木県	明治40年栃木県薬事協会設立	剤104-23
岐阜県	明治40年岐阜県薬業組合会設立	学304-728
広島県	明治41年広島県薬業会設立	剤114-31
宮崎県	明治43年宮崎県(日州)薬業会設立	学340-18

出典：注9『薬学雑誌』（表中では誌名を「学」と略記）、『薬剤誌』（同じく「剤」と略記）。
注：本表に掲げたものは、両誌の記事に現れたもののすべてではない。複数回現れるものも少なくないが、原則として初出の記事を取り上げた。

とも、組合設立時の報告のみでその後の様子がまったく現れないものもあり、また組合廃絶や再興の記事がしばしば見られるなど、実態を明確につかめるものは必ずしも多くない。その中で比較的明瞭なものを挙げると、たとえば次のようなものがある。

【秋田市】「元来我秋田県は〔中略〕交通の不便なるより相互同業者の往来頻ならざるの結果として一の大団体として見為すべきものに至りては今日其組織に困難を来しつゝあるも〔中略〕秋田市の如きは薬業会なる組織既に明治の初年に成り、爾来今日に至る数十年連続し来り漸次其歩を進め」云々。[10]

【長野市】「長野市には薬業組合なる団体ありて、薬剤師薬種商二者の間は円満に結合しつゝあり」[11]。

【富山市】「富山市薬業組合は今度其区域を拡大ならしめんか為め県組合を創立せんとし熱心に計画をなせり」[12]。

また新潟市については薬剤師会史に記述がある。

【新潟市】「新潟市薬業組合は明治二二年結成、会員数五一名と新潟市史に出ているが、渋木翁のお話では、佐藤永作らが中心となり、会員数二〇余人で明治二一年頃結成ということであった。〔中略〕この頃中蒲原、北蒲原にも組合が結成されていた」[13]。

これらの同業組合と業態との関係を確認しておこう。たとえば明治二九年に県令によって設立された山形県薬業組合が「本組合員タルヘキ者ハ〔中略〕薬剤師・薬種商・製薬者タルノ資格ヲ有スルモノニ限ル」とされ[14]、また明治三二年に設立された和歌山薬業組合が、「薬局（当時二名）、薬種商、製剤業者、配置薬業者等全和歌山市に於ける薬業者の組合が設立された」[15]と言われているように、地方都市の薬業同業組合は薬剤師・薬種商のほか製薬者、売薬営業者といったさまざまな業態の者を含む「同居型」となるのが通例であった。卸と小売が未分離な同居型組合においては小売商（薬種商・薬剤師）が構成員の大半を占めたであろう。しかし、山形県薬業組合で明治三二年から昭和四年（一九二九）にかけて組合長を務めたのが後年「東北最大の卸」（小売も兼業）と言われた吉野屋渡辺正三郎であったように[16]、役員となるのは卸を兼ねるような有力者であった。

なお、当時の組合が設立された区域＝空間は、市郡が単位であったものが多い。表5―1によれば県という、より広い区域を単位とした組合の名称も少なからず現れている。しかし当時の県区域組合は、熊本県・山形県[17]の二県を除くと後年の編纂物などで言及されているものはほとんどなく、市郡区域組合よりも活動は乏しかったと推測される。もっとも、右で示した富山県の事例のほか、たとえば秋田県については従来秋田市薬業会・雄勝平鹿二郡聯合薬業会があったのに対して秋田県薬業会の設立を目指すとし[18]、静岡県についても「所々に小団体ありしが〔中略〕県下通して未だ一堂に会合し意見を糾合するとき《ママ》なかりしを遺憾とし」静岡県薬業会設立を決定する[19]、といった事例が見られるため、方向性としては、市郡区域↓県区域という形で広域化が志向されていたと考えられる。

2　地方都市における組合の機能

明治・大正期の地方都市における商業系同業組合の業務については、先行研究を見渡してもほとんど未解明である。比較的詳細なものとしては、幸運にも一次史料が残されていた茨城県古河町の肥料商組合（消費地組合）について検討した船江豊三郎氏の研究が、わずかに確認できる程度である[20]。同組合では東京からの買入肥料の品質取締のほか、得意先農家に対する決済期日変更や、通帳取引の協定などの活動が行われていたという。しかし、当時の地方新聞には同業組合の活動ぶりを伝える記事がしばしば掲載されており、そこには価格協定の事例も散見する。

そもそも戦前の同業組合において、価格協定、すなわち価格カルテルは適法であったのだろうか。結論から言えば、当時は戦後の独占禁止法に該当する基本法令が存在していなかったため、当局の施策はその時々の景況などに左右されて一定しなかった。戦前の同業組合と価格協定との関係については、石原武政氏が一通り論じているが、[21]氏が検討対象としているのは重要物産同業組合のみである。そのため、ここでは準則組合や申合組合も視野に入れて、改めて実態をうかがおう。明治期には、たとえば富山県の場合、高岡市では呉服商組合による商品価格の一定化が報じられ、[22]また富山市では履物組合において「本年度売捌き値段の改正を議し」云々という記事が見られる。[23]また栃木県の場合、宇都宮市では石炭商組合による値上げが報じられており、[24]足尾町の酒類商組合の発足にあたって従来「組合なく、従って相場も一定せず」云々と報じられている。[25]他方、小池金之助『同業組合及準則組合』によれば、価格協定に対する当局の通牒が現れるのは明治末期からであり、明治四四年（一九一一）には準則組合について、商工省工務局長通牒によって「準則組合ト雖モ、組合ニ於テ販売価格ヲ一定スヘキ規約ヲ設クルハ穏当ナラス」と達せられた。しかし翌大正元年（一九一二）一〇月の省議決定では、準則組合は任意加入であるから「地方長官ニ於テ特ニ弊害ヲ生スヘキ虞無シト認ムル場合ハ、其ノ規約中販売価格又ハ賃金ノ一定ニ関スル規定ヲ設ケ、之ヲ強制セシムルモ妨ナシ」とされている。[26]その後大戦景気のただ中にあった大正五年、重要物産同業組合法の改正にあわせて出された第八九九九号農商務次官通牒では、強制加入である重要物産同業組合に対して「外国貿易ニ於ケル売崩ノ弊害ヲ防クタメ必要ナル場合ノ外、商品ノ価格ヲ組合ニ於テ定ムル規定ヲ設ケシメサルコト」という一条が盛り込まれた。[27]しかし翌六年に準則組合に対して出された通牒では、大正元年の省議決定に準じる形で「組合加入ヲ強制セサルカ故ニ、地方長官ニ於テ特ニ弊害ナシト認ムル場合ニ於テハ、価格又ハ賃金ノ協定ヲ認容スルモ支障ナシ」とされていた。[28]総じてこの時期の行政判断は、組合が強制加入であるならば価格協定をすべきでないという、原理的な性格が強いものであったと言えよう。

これに対して、戦後恐慌が生じたのちの大正一〇年に出された通牒は「近頃同業組合中、私カニ販売価格ヲ協定シテ不自然ニ物価ノ下落ヲ阻止シ、不当ノ利得ヲ貪リツツアリトノ批難モ有之〔中略〕不都合ノ行為アリト認メラルル組合ニ対シテハ、厳重ニ之カ取締ヲ励行相成様、特ニ御配慮相成度」と、具体的な世情を背景として、価格協定行為を取り締まるよう求めている[29]。並河永氏が指摘するように「一転して危機感にあふれ」たものであった[30]。さらに大正一二年三月六日付の『東京朝日新聞』は、次のように報じている[31]。

農商務省は国民生活必需品たる米穀の値段を自由競争に委するため、大正十年に断然白米商組合の価格協定を禁止した。又売薬の定価販売を撤廃させ自由競争に委することとした。〔中略〕続いて農商務次官の名に依り白米組合のみならず全国の各組合に対し、協定値段の廃止を命じた。事態斯くの如くして同業組合としての事業一向に進歩せず〔中略〕注意すべきは不都合なる組合は同業組合よりも準則組合に於て甚だしいことである。〔中略〕各区各町の同業者が、何れも該組合を設置して〔中略〕今や一千六七百を算する。〔中略〕此種の組合は、暴利を貪る事のみに努め、弊害頗る多く当局でも其れが取締に非常に苦心し、寧ろ手を焼いて居ると云つた調子である。

ここからは、大正一〇～一二年当時、小売商中心の同業組合が[32]、価格協定によって全国的にかなりの社会的影響を及ぼしていたことがうかがえる。そしてその状況は、強制加入の重要物産同業組合に限られず、任意加入の準則組合でも変わらなかったのである。

薬業組合の場合、明治期には福岡薬種商組合で価格協定事業（目的は乱売統制となっている）が挙げられている[33]。ただし、当時こうした事例はほかに確認できない。和歌山薬業組合の場合は「業者相互の親睦と相携えて業界の発展を計る」ことが設立の目的であり「当地としてはその頃〔大正後期まで〕まだ価格問題なども話題にのぼらぬ静穏な時代であった」と言われている[34]。また山形県薬業組合では私設薬品巡視の実施が明治三四年頃の「薬業組合としての最大の事業」であったという[35]。しかし大正後期になると、広島薬業組合で「近年〔大正一〇年設立当時〕漸く紊乱の傾向を来せる小売薬価の維持も亦主眼の一つにして、一部薬価の協定を行ひて濫売の弊を防止し[36]」と言われている。また静岡薬業組合には、大正一三年から昭和二年（一九二七）にかけての一次史料が残されており、そこには当時の組合が価格協定のほか無尽、薬種商養成、店員表彰などを行っていた様子が記されている。[37]この時期には、申合組合であるこれらの組合においても、価格協定は業務の柱の一つになっていたことがわかる。

第二節　昭和初期の同業組合・商業組合

1　政策の動向と両組合の設立状況

前述のように、大正中頃には小売商中心の同業組合が価格協定によって強い影響力を持っていた。しかし、不況が長期化した昭和初期になると、今度は小売商の疲弊が社会問題となってくる。この結果、昭和八年（一九三三）には商工次官通牒によって、重要物産同業組合の価格協定が、不況カルテルという面から再び公認されるに至った。[38]さらにこの時期に重視されたのは、商工事務官小出栄一が重要物産同業組合を念頭に置いて指摘したように、卸商や小売商、製造業者らがともに所属する同居型組合に「問屋中心的傾向」が見られるということであった（注1を参照）。この問題を改善するため、政府はまず工業系の営業者に対して、共同経済事業が認められていた大正一四年（一九二五）の重要輸出品工業組合法（法律第二八号）を昭和六年に工業組合法（法律第六二号）へと拡充した。そして翌年には、商業系の営業者に対して商業組合法（昭和七年法律第二五号）を制定した。

工業・商業組合の設立数は、表9―2に見られるように制度発足後順調に伸びた。このうち商業組合の内訳を見ると一一年三月現在で小売商組合三二二、卸商組合二七七、卸・小売商組合一六四となっており、[39]総数では卸商組合の比重も高いことがわかる。ただし、それらには生産地問屋の組合が多く、一般消費地においては小売商組合の比重が高かった。[40]商業組合は、重要物産同業組合で認められていなかった共同経済事業を行うことができる協同組合型組織である。そして副次的に乱売防止を目的とした価格協定などの統制事業を行うことも認められており、任意加入であったが行政官庁によるアウトサイダー規制の統制命令条項も存在した。商業組合法には、組合を卸商・小売商の「分離型」とするか「同居型」とするかを指示する規定は存在しない。しかし、実態を示す右の内訳の数値からは、こうした業務を行ううえでは分離型の組織が、とりわけ小売商にとって適合的であったことがわかる。なお、工業・商業組合には第七章で取り上げた司法的機能についての規定は盛り込まれていない。商業組合は純粋な共同経済事業に特化した組織であるから、それ以外の業務を行わないことは当然かもしれない。しかし昭和九年の全国（商工）同業組合大会決議では、第一〇項に「〔重要物産〕同業組合法中ニ、組合員間ノ商事紛議ヲ調停スル権能ノ賦与条項ヲ設クルヤウ要望スルコト」が掲げられており、[41]職縁集団が同機能を行使すること自体が要望されていたことは確かである。ちなみに、この時設立されはじめた商業組合も、おもに市部を区域=空間とするものであった。

一方、表9―2からは、重要物産同業組合（商工省商務局主管のもの）の数もさほど変わっていないことがわかる。同省工務局主管のものは、昭和三年をピークとして以後明らかに減少しているが、商務局主管のものは一〇年がピークであり、その後もしばらくその水準を維持している。このほか、準則組合は明治三〇年時点で「一千有余」と言われていたのが、昭和一四年年時点で「其の数三千以上」と言われる程度に増えている。[42]また申合組合も、この時期には統計や商工名鑑に掲載されるなど

表9-2　重要物産同業組合（商工省主管）・工業組合・商業組合数の推移（昭和元～11年）

年次＼組合種別	重要物産同業組合		工業組合	商業組合
	商工省工務局主管	商工省商務局主管		
昭和元年	635	228		
2年	639	234		
3年	642	227		
4年	630	220		
5年	540	301		
6年	528	291	131	
7年	518	300	182	5
8年	503	303	324	265
9年	488	305	452	590
10年	468	306	614	882
11年	458	304	833	1,189

出典：商工省編『重要物産同業組合一覧』（日本商工会議所）、商工省編『商工省統計表』（東京統計協会）各年次。
注：表のほか、昭和5年商工省に貿易局が設置されると、工務局・商務局からそれぞれ6つの重要物産同業組合が貿易局に移管されているが、同局主管の組合はその後も12のまま変更はない。

従来に比べて存在感を増している。共同経済事業以外の業務を行ううえでは、問屋中心的傾向を持ちながらも、旧来からの同業組合（準則組合や申合組合を含む）はそれなりに機能しており、昭和初期は同業組合・商業組合が併存する時期であったと言えよう。

以下、この時期の同業組合と商業組合の設立状況について、薬業組合を事例に、卸商・小売商に分けて、それぞれ具体的に見ていこう。

2　医薬品卸商と両組合

①同業組合

大都市では、前述のように明治期から問屋町を中心に卸商の活動が盛んで同業組合も種々の業務を行っており、それはこの時期も変わらなかったと考えられる。(43)

一方、地方都市における明治期以来の医薬品卸商の状況については、引き続き一次史料に基づく実証が難しい。だが、『卸薬業史』に掲載されている、次のような各地方の記述が参考になるであろう。

【山梨県】「当時〔大正期まで〕は卸の組織はなく、団体として甲府薬業組合というのがあり、薬局、薬種商、売薬商の三者が参加して年に五～六回の会合を行なった。〔中略〕現在のような卸専業者は一店もなく、いずれも小売兼業で、卸を主力にしていた店が二店、医師売主力が四店、内容は何れも個人経営であった」(44)。

【鳥取県】「鳥取県医薬品卸業者は、歴史的に小売業者であったのが、需要により自然発生的に卸業としての営業を行うようになったものである。故に全て小売と卸の兼業者であった」(45)。

【愛媛県】「本県卸の変せんは戦前、大正・昭和の時代は、政治経済の中心である県都松山市周辺に集中し〔以下店名略〕があり、本県の代表的な卸として（もちろん当時は小売もかねていたが〔原注〕）機能と役割を果していた。その他規模の小さい卸として数軒が地域を限って営業していた」(45)。

また『香川県薬業史』は、やや詳しく次のように述べている。「大正期にはいり、薬品の需要に応えて、前記〔略〕の老舗業者の中から卸薬業を始めた店舗も誕生して来た」「大正後期から昭和初期にかけて、医薬品生産の活況の刺戟を受けて、県下の卸業者の間にも本格的な卸売業の形態が整い始めた」「昭和も五年を過ぎると、卸売業はほぼ一つのパターンがつくられ、精力的な市場開拓は新商品の出現とともに華々しく展開されていった」[47]。これらの記述からは、戦前期の地方都市における医薬品卸商には、小売商で比較的有力な者が兼営するという形の卸小売兼業者が多かったことがうかがえよう[48]。

表 9-3　諸都市における卸商・卸小売商・小売商の分布（昭和 10 年頃）

市名	卸商	卸小売商	小売商
① 東京市	13,980	13,855	182,303
② 大阪市	11,730	7,184	73,141
③ 京都市	2,428	4,159	28,529
④ 名古屋市	2,318	4,732	25,680
⑤ 神戸市	1,749	2,069	18,709
⑥ 横浜市	899	1,847	17,931
⑦ 函館市	87	341	2,635
⑧ 岐阜市	271	457	10,800
⑨ 静岡市	375(13)	464(20)	3,362(139)
⑩ 敦賀市	71(0)	153(3)	636(18)

出典：①～⑦…函館商工会議所編『函館市商業調査書』（1938 年）24 頁。
⑧…岐阜市編『岐阜市勢要覧』（1940 年）18 頁。
⑨…静岡県立静岡商業学校経済調査部編『静岡市商業統計表』（1935 年）3 頁。
⑩…福井県立敦賀商業学校編『敦賀市商業調査』（1939 年）17 頁。
注：⑨の（　）内は「薬品、染料、顔料、化粧品類販売」営業者の数を示す。
⑩の（　）内は「薬品化粧品」営業者の数を示す。
上記のほかに「製造販売」「製造小売」も見られるが、ここでは省略した。

そもそも、薬業に限らず、当時の地方都市における卸専業者・卸小売兼業者の比率はどのようなものだったのだろうか。この点についての網羅的な統計などは確認できない。しかしたとえば昭和一一年（一九三六）の『函館市商業調査書』には、六大都市とともに函館市の卸商・卸小売商・小売商の割合が表9—3のように掲載されている[49]（表には、別に確認できた昭和一五年の岐阜市[50]の値もあわせて載せた）。また業種別の数値が載るものとしては昭和一〇年の静岡市[51]、昭和一三年の敦賀市[52]のものがある（ただしこのうち静岡市は、京都市や名古屋市と比べても卸専業者の割合がかなり高くなっている）。これら以外に、網羅性を欠くものの、より広範な地域について業種別の状況を知る史料としては、各市の商工名鑑が挙げられる。商工名鑑は、昭和に入る頃から各業者の製造卸小売の別を記すものが多くなるためである。薬業の場合、それらの名鑑を通覧しても、卸専業者は少なく卸小売兼業者が多い。別の表現をすれば、当時地方都市においては、一般に卸と小売が未分離だったのである。

次に、地方都市の薬種卸商組合として昭和初期までに設立されたものは、『卸薬業史』の記録によれば以下がすべてである。

【奈良県（郡部中心）】「明治後期、薬種問屋の集まりとして「奈良共薬会」があり、商品交換会などを中心に、情報交換や親睦などを図っていた」[53]。

【北海道（小樽区→全道）】「大正九年（一九二〇）小樽薬種卸同業共和会創立、昭和八年同会改組して北海道薬種卸組合となる」[54]。

【徳島県（全県か）】「大正九年徳島県薬業同業組合が設立され、その中の一部分である、「薬種総合卸部会」が現在の卸協同組合の前身といえるのではなかろうか」[55]。

【高知県（高知市）】「大正の時代から高知市内の医薬品卸業者は桂会という会をつくっていた」[56]。

【熊本県（全県か）】「昭和八年頃卸業者は先述の薬業組合から別れて卸組合として独立、任意組合を結成した」[57]。

【栃木県（宇都宮市）】「〔卸商の団体は〕昭和一二年頃、宇都宮市の宇塚正三九氏が中心となり〔中略〕計七人の任意団体で発足し」[58]云々。

地方都市における卸商の立場を反映した形で、卸商のみによる組合は大都市に比べて後発であり、存在自体が曖昧である。そのうち奈良県の組合は、設立が明治後期と早い。だが、『卸薬業史』が記す戦前の同会メンバーはおおむね奈良市外の人物であり、また同書に「大和青垣の山々は〔中略〕昔から生薬類の宝庫でもあった。奈良県薬業卸の源もこのあたりからはじまる」とあることからも、これは生産地問屋という異質な事例と見るべきである。

②商業組合

薬業の場合、昭和一四年まで卸商による商業組合の設立はまったく見られない。これは、右に述べたような地方都市（消費地）における医薬品卸商が、この頃までにようやく成熟しつつあるという状況を反映したものと考えられる。

表 9-4　医薬品小売商業組合の設立年次（昭和 16 年 4 月現存分）

年次(昭和)	8年	9年	10年	11年	12年	13年	14年	15年	16年
組合数	12	8	8	0	11	8	16	153	53

出典：注 62『全国商業組合一覧』362 ～ 379 頁。
注：(島根県) 邑智郡医薬品小売商業組合は 19 年 11 月 19 日設立と誤植されており、除外した。

3　医薬品小売商と両組合

①同業組合

昭和一〇年（一九三五）時点における同業組合（連合会を含む）の全国的な分布は、厳密ではないものの、『薬業年鑑』昭和一〇年版に見ることができる。(59) 同書によれば、重要物産同業組合のほか薬業組合、薬業会、薬事協会などの名称の同業組合が、この時期までに多くの市郡、あるいは県を区域＝空間として設立されていたことがわかる。これらの組合は、小売商が構成員の大半を占めたであろう。だが、たとえば静岡薬業組合で大正一三年（一九二四）当時組合長を務めていたのが、卸を営んでいた野崎衛七であったように、(60) 地方都市における同業組合は、明治期に引き続き、卸小売が未分離の同居型組織であった。

②商業組合

薬種小売商による商業組合は、同制度の発足後早くから設立されはじめた。医薬品・売薬のほか化粧品などもあわせた薬粧商業組合は、山本景英氏が詳述しているように、商業組合の中でも成功例として著名であった。(61)『全国商業組合一覧』(62) 所収の一覧表によれば、昭和一四年末までに設立された薬粧商業組合や医薬品小売商業組合の数は、六〇ほどとなっている（表9―4）。これらはほとんどが市郡を区域＝空間として設立されており、また地域的には、比較的規模の大きな都市を中心に設立されていた。

またこれらの組合の業務については、山本氏も引用している『東京都下の商業組合』に、東京府下の各組合に関する記述がある。同書によれば、商業組合の中心事業は共同仕入れであり、一部では不況カルテルとして価格協定なども行われていた。対象商品の中心は大衆的な売薬であったが、たとえば東京山之手薬粧商業組合における価格協定の対象商品には、売薬ではないタカヂアスターゼやバイエルアスピリンヱキホスなども挙げられている。(63)

こうした商業組合の性格について、藤田貞一郎氏は「小売商の自立化をもたらす」ものであったと評価している。(64)しかし『卸薬業史』は次のように「卸無用論」が台頭したことを述べており、この時期には分離型組合の設立を契機として、小売商側がむしろ積極的に卸商側に対抗する姿勢を持つに至ったと評価すべきであろう。「昭和九年、当時東京府の嘱託であった小笠原公韶〔正しくは小笠公韶〕が米国の卸薬業組合の事業報告書を基にして商業組合を計画した。これは小売業者に卸業務を行なわせるのが目的で、東京の小売業界に薬粧商業組合が誕生するきっかけとなり、薬粧側の「卸無用論」の根源となった」(65)。そして後述するように、こうした卸商・小売商間の対立は、戦中期にも続いていくのである。

第三節　昭和戦中期の商業組合

1　分離型・広域型組合の設立

①経済統制と卸・小売商の分離政策

日中戦争の長期化によって経済統制が強まってくると、工業・商業組合は生産・配給統制の受け皿として活用されていく。統制は徐々に強化されていったが、昭和一五年（一九四〇）は特に大きな画期であった。すなわち、同年一一月二二日に商工次官通牒「生活必需品配給機構整備ニ関スル件」（以下、「配給通牒」と記す）が、翌一二月二三日には商工省振興部長通牒「配給機構整備要綱」が発せられた。そして翌一六年五月一五日には商工省振興部長・農林省総務局長通牒として新たな配給通牒が発せられ、商業組合を軸とした流通機構が各地域の流通実態をふまえて整理されるととも

に、以後は各営業者に対する企業整備・転廃業が順次行われていった。(66)

もっとも、厳密に言えば配給機構の整備過程は商品ごとに異なっている。たとえば医薬品の場合、配給通牒以前の一五年四月一三日付で商工・厚生次官通牒として「医薬品生産配給統制要綱」が出されており、同年七月には卸の薬業組合を卸商業組合へ改組させる厚生省の通牒が発せられた。また一六年五月には、生産・配給の総合的な配給機構を定めた医薬品及衛生材料生産配給統制規則（厚生省令第一五号）が出されている。(67)

こうした一連の政策によって、商業組合や工業組合は配給統制機関へと変質させられた。ただし、これはもともと協同組合型組織が行う共同仕入れなどの機能が配給統制に転用しうるという、両者の同質性を利用した施策でもあった。その後事態がますます深刻になると、今度は異質性が問題となり、これらの組合は「統制事業に徹底するには必ずしも適当ではなかった」(68)と評されて、実態に法律をあわせる形で一八年七月には商工組合法が新たに施行されるのである（同年法律第五三号、勅令第五九〇号）。同法施行後、各組合は順次統制組合に改められていったが、この改変に対する事業者の反応は次のように鈍いものであった。「統制組合への改組ならびにその新設は業者の任意ではなく、関係官庁からの事前の指示によって行なわれたため、その進捗は、はかばかしくなかった。〔中略〕改組期限間際になって、ようやく速度をはやめ、同年〔昭和一九年〕七月末には六六〇一の統制組合が誕生した」。(69)

このように配給機構が徐々にできあがる中で、各業種の商業系営業者は、商工省（医薬品の所管は一二年以降、新設の厚生省に変わった）から、おおむね元売―卸売―小売という流通段階に分けて捉えられるようになった。(70)ただし、前述のように地方の卸商は実際には卸小売兼業者が多かったため、(71)卸商業組合を設立したり公定価格を決定したりする過程で、この点が問題となったのである。全国的に問題となったのは、後藤一郎氏が指摘している酒類であった。(72)その経過は広島県の場合、次のように述べられている。「昭和十五年四月の公定価格では、生産、卸、小売の三段階に設定されたため、販売業者に卸、小売の兼業を認めると価格取締り上不都合が生ずる。〔中略〕卸・小売りを兼業している販売業者に対しては、これを卸業者とみなし〔中略〕小売価格での販売を統制違反とした。〔中略〕卸業の実績が全体の三

表9-5　工業組合・商業組合数の推移（昭和12～17年）

年次	工業組合	商業組合
昭和12年	1,173	1,653
13年	2,836	2,706
14年	4,417	5,328
15年	6,580	10,066
16年	8,560	11,733※1
17年	8,547	13,501※2

出典：注78『商工組合法の解説と研究』8、261頁。
昭和17年の工業組合数は注68『商工政策史』第12巻262頁。
注：※1は11月末現在、※2は6月末現在、他は12月末現在。

割程度までの場合は申告によって小売りと認めることになった。その申告期限は昭和十五年十二月十日であったから、この日を境に、卸・小売りの兼業者は、卸か小売りのどちらかに明確に区分されたわけである」[73]。

しかし酒類以外でも、たとえば岩手県盛岡市では砂糖小売商業組合の設立にあたって卸小売兼業者に加入を認めないとし[74]、また熊本県ではメリヤス・タオル・足袋の卸商組合設立にあたって卸小売兼業者に業態の分離が求められている[75]。こうした指示が、どの程度の地域・業種にわたって出されたのかを網羅的に示すことは筆者も今のところできていないが、酒類だけに限らず、卸小売兼業者にとって、戦中期は卸商と小売商への分離が問題となる時期であったと考えられる[76]。

②分離型・広域型組合の全国的設立

表9―5は、一二年から一七年にかけての商業組合・工業組合数の推移である。『商工政策史』が記すように[77]、この時期の両組合の急増は、配給機構整備が強化された結果である。そして商業組合の詳しい状況を表9―6の数値から見ると、この急増をもたらしたのは、小売商による単独型組合として設立された小売商業組合の九九九五であり、続いて卸商業組合の二一九七であることがわかる[78]。

山本景英氏は急増の原因を統制（商業）組合や商業小組合の増加に求めているが、それは誤りであろう[79]。この時期には①で見た個別商人レベルにおける卸・小売分離政策を前提とし、卸商と小売商がそれぞれの業態ごとにまとまった分離型の商業組合が、全国的に設立されたのである[80]。これは、国家主義的な配給統制を効率的に行うという目的から、強制されたものにほかならない[81]。しかし、昭和初期の時点ですでに小売商だけで商業組合を設立する傾向が見られたように、分離型という特徴自体は、小売商らの意思にも、結果としては合致するものであったと考えられる。

表 9-6　工業組合・商業組合の形式細別（昭和 17・18 年）

(1) 工業組合（昭和18年2月現在）

（単独）　工業組合		工業組合連合会	工業組合総計	工業小組合
7,803		423	8,226	6,846

(2) 商業組合（昭和17年6月現在）

種類細別	小売商業組合	卸商業組合	卸小売商業組合	統制商業組合	商業組合連合会	商業組合総計	商業小組合
包括的業種別商業組合	1,486	84	16	15	69	1,670	20
生活必需品商業組合	416	73	15		3	507	9
地区商業組合	1,340		8		12	1,360	14
業種別商業組合	6,753	2,040	696	191	284	9,964	192
総計	9,995	2,197	735	206	368	13,501	235

出典：注 78『商工組合法の解説と研究』252 〜 253、261 〜 269 頁。

ところで、分離型の職縁集団という形態は、近世期、地域的な独占機能を行使することを主な目的とした大都市問屋仲間などが採用していたものである。これに対して昭和戦中期の商業組合の場合は、とりわけ卸商が、府県を区域＝空間とした広域型組合を全国的に設立するという特徴も同時に備えたものであった。この特徴も国家主義的な、つまり全国レベルでの配給統制を効率的に行うことを目的として、強制されたものにほかならない。しかし、そうした政策が実現するためには、前提として、卸商が各府県で一定の成熟を遂げているという営業者側の状況が必要となる。そして彼らがその条件を昭和初期頃にようやく満たしつつあったことは、前節第二項で述べたとおりである。

次節で述べるように、分離型・広域型という特徴は、機能を大きく転換させた戦後の（商業系）事業協同組合においても定着している。昭和戦中期に各業種で全国的に卸・小売の商業組合が府県などを単位として設立された事実そのものは周知のことである。しかしながら、当時強制的につくられたこれらの特徴が、戦後社会へも影響を及ぼしているということの画期性は、従来自覚的に評価されているとは言い難い。

2　医薬品業界における組合の設立状況

本項では、前項で見た一般的な動向が具体的に反映された業界の事例として、医薬品の場合における卸・小売商組合再編の様子を確認する。

まず卸商について。医薬品の卸商業組合は、昭和一五年（一九四〇）七月の通牒発令後に各府県区域で順次設立された。[82] 配給機構の頂点に位置する元売機関としては、一六年九月に日本医薬品配給統制株式会社の本社・支店が、大阪市・東京市にそれぞれ置かれた。そして卸売段階については、大都市を含む東京・大阪・京都・愛知の各府県においても、他の県と同じように府県区域の広域な卸商業組合（のち、いずれも統制株式会社となる）が設置された。他方、従来から存在していた市区域の卸商組合は順次解散、あるいは機能を停止していったと見られる。[83]

次に小売商について。前節で述べたように、薬粧商業組合などの名称の組織はすでに八年から比較的規模の大きな都市を中心に設立されていたが、表9―4に示したとおり、そのペースは毎年一〇～二〇ほどであった。これに対して一五年には一五〇以上の組合が一挙に設立されており、この時点で全国を覆うことになった。この時期の組合は名称がほぼ「小売商業組合」に統一され、業務内容についても小売であると明示されているところが多い。三重県の場合、一五年四月一三日付の医薬品配給統制要綱を契機として、従来卸・小売の区別を明確にしていなかった同業組合が卸・小売の各組合に分立したことが、沿革史に述べられている。[84] なお、小売商業組合の設立区域＝空間は従来と同じく市郡単位のものが多い。ただし県区域やそれに準じるものが従来よりも増えており、広域化の傾向がうかがえる。[85]

また、分離型組織の前提というべき個別営業者レベルにおける業態分離問題は、当業界でも確認できる。香川県では、一七年頃に売薬などの非統制品をめぐって卸と小売の対立が激化した。同年暮れには（小売）薬業者大会において「卸業者は入荷品の内、よく売れる有名品を自分の小売部面にのみ流して、小売業者へ適切に配給しない」ことが批判され、「卸業者は小売をやめろ」といったスローガンが掲げられた。[86] そして一八年に卸商業組合を統制会社に変更する際には「岡内勧弘堂社長岡内昌三と神原薬房社長神原洋氏は卸小売の店舗を閉鎖して常勤の〔統制会社〕役員となり、他の役員は卸部門のみ配給会社へ合同して小売部門で残り、非常勤役員となった」という動きを見せた。[87] このように、卸・小売商が分離した組織がつくられること自体は、小売商＝非有力者側の意思にも合致していたと言わなければならない。

第四節　昭和戦後期の事業協同組合

1　政策の動向

敗戦後、昭和一八年（一九四三）制定の商工組合法に替える形で、二二年一二月に商工協同組合法（法律第五一号）が施行された。そして、二四年七月には中小企業等協同組合法（法律第一八一号、以下「中協法」と略す）が新たに施行された。同法に基づく事業協同組合については研究蓄積が少ないが、(88)戦後における最も一般的な職縁集団であると言えよう。

中協法は、「資材割当を目的とした統制組合の延長」であった商工協同組合にかわり、「実質的に民主的な〔中略〕同時に本来の中小企業組織化の要請に即応」した協同組合制度をつくるために制定された。(89)同法を立案したのは、二三年に商工省の外局として設置された中小企業庁である。連合国軍最高司令官総司令部（ＧＨＱ）側は「根本思想は企業結合を排除しようという考え」であったため、同法制定に消極的であった。(90)

戦後制定された事業協同組合は、原則として従業員数や資本金額が一定規模以下の事業者に加入資格を限ることで、中小企業≒非有力者本位の組織であるという性格を明瞭にした。(91)加入資格に制限を設けたことについて、全国中小企業団体中央会専務理事であった稲川宮雄氏は「商工協同組合のボス的性格を排除」するためであったと述べている。これは昭和戦中期の組合が、卸商・小売商を分離する一方で、その内部においては大規模事業者と中小事業者の内部格差を温存していた状況をふまえた表現であるが、(92)昭和戦中期の町内会に対する批判の論理に通じている点でも興味深い。

2　事業協同組合の機能

事業協同組合については、中小企業庁によって昭和二五年（一九五〇）以降『事業協同組合実態調査報告』（以下、『実態調査』と略す）が何度か刊行されている。事業協同組合の主要事業を三七年版の『実態調査』によって見ると、共同購入を第一順位とするものが卸売業・小売業でそれぞれ二一〇・七九五組合、資金貸付は同じく一四五・二五一組合、共同販売は同じく四〇・八二組合などとなっている。これらは、中小の事業者によって設立された平準的な組織にふさわしい機能と言えよう。同業組合が価格協定（価格調整事業）などのカルテル行為を行うことについて、戦前は適法か否かの明確な判断基準がなかった。だが、戦後はＧＨＱの指導により独占禁止法が制定されたことを前提として、乱売統制目的を含めて厳しく制限されるようになった。なお、司法的機能については、事業協同組合においても規定されていない。事業協同組合は、昭和初期の商業組合と同じく純粋な共同経済事業に特化した組織であり、それ以外の業務を行わないことは当然かもしれない。[93] ただし戦後は、二六年に包括的な民事調停法（法律第二二二号）が制定されたことを[94]はじめとして経済法の整備が進んだことにも注意すべきだろう。昭和初期と違い、もはや職縁集団に司法的機能の付与を求めるという事業者の要望自体が、戦後は見られなくなるのである。

なお、医薬品の場合には保健衛生という公益的な観点から、独禁法施行後も価格協定・調整事業が比較的容認されやすくなっている。二九年九月には前年の独占禁止法改正を受け、再販売価格維持をなしうる商品として、四五品目の医薬品が指定された（同年公正取引委員会告示第五号）[95]。こうした特異性によって、当業界の場合、卸売業・小売業ともに、戦後の配給統制機関は、まず乱売統制のための価格協定組織に移行した。そしてこの経緯は、組織面で戦中・戦後の強い連続性をもたらす要因となったのである。[96]

3　事業協同組合の組織

事業協同組合は、制度上、商業系組合に対して卸売業者の組合と小売業者の組合を区別していない。『実態調査』の各年版を見ていくと、商業系組合は当初「卸売及び小売業」という形で分類されていた。しかし昭和三七年（一九六二）版からは「卸売業」「小売業」に分かれており、分離型の組織が定着したことが見て取れる。すでに昭和初期から小売商らが商業組合を設立しはじめていたように、共同経済事業を行ううえで、事業者の対応としては分離型の組織を設けることが適合的であったと考えられる。

ただし、分離型組織が定着したいま一つの背景として、個々の事業者レベルにおいて業態分離（専業化）が進んだことも見逃せない。宮城県の医薬品卸組合の沿革史は次のように述べている。「〔昭和二九年の卸組合設立以降〕組合を去った業者の直接の理由は、卸から小売専業への転向、あるいは卸小売兼業者から卸を廃めたのが一番多く、合併吸収、営業権譲渡、廃業等もふくまれる」。そしてこのようになった理由として「①メーカー間の競争が激しくなったこと②次第に商品数が増えて来たので、卸業者は特定のメーカー品に集中するようになり、いち早くメーカーとの系列化を形づくる卸業者と、系列化の遅れた卸との間に格差が大きくなっていったこと③卸専業がそれぞれ各地域に支店を設けるなどして、卸間の差はますますひろがったこと」、そして国民皆保険の実施による家庭薬中心の卸売業者の後退などが挙げられている。[97] 医薬品業界にとって、三〇年代初期に本格的に導入された国民健康保険制度が与えた影響は確かに大きかった。[98] しかしそれだけでなく、戦後はメーカー側の生産能力が上がったことを前提として、卸売業者もその動向に対応できる能力や資本を持つことが必要条件となり、小売業者による兼業は難しくなったのである。こうした事情は宮城県という地域に限られた事情ではなく、また戦後における製造業界の本格的成長という事態も、医薬品業界に限られたことではないであろう。つまり個々の事業者レベルにおいては、敗戦後段階的に統制が解除されるなかで、卸小売兼業者はいったん増えたものの、今度はメーカー側の本格的成長という新たな社会状況によって、再び卸・小売業者それぞれの専業化が進むという経緯が存在したのである。

商業系事業協同組合と区域＝空間との関係を、同じ三七年版によって見てみよう。卸売業では七〇八組合のうち三〇四組合が「一都道府県のもの」となっている。これに「数府県に亘るもの」七三組合、「全国に亘るもの」九組合をあわせると、広域な組合は全体の五五％に及ぶ。小売業では二八六六組合のうち一四五七組合が「一郡（市）以下のもの」であり、ついで八〇八組合が「数郡（市）に亘るもの」、四三六組合が「一都道府県のもの」となっており、[99] お

表 9-7　事業協同組合数の推移（昭和 25 ～ 31 年）

年次(昭和)	25年	26年	27年	28年	29年	30年	31年
組合数	7,225	14,194	16,329	18,415	21,032	22,423	30,494

出典：注 68『商工政策史』第 12 巻、437 ～ 440 頁。
注：昭和 25 年は 5 月 20 日現在、26 年は 3 月 30 日現在、他は 4 月 20 日現在。

そらくは商圏の相対的な狭さから、引き続き市（郡）区域のものが多い。だが昭和戦中期以前に比べると、府県区域などの形に広域化したものは増えている。とりわけ卸売業界においては、地方都市の営業者も昭和初期頃までに広い商圏をようやく確立しつつあったが、戦後は「昭和四〇年代の前半にかけて、日本経済は高度成長を遂げ〔中略〕流通段階における経営規模の格差は増大し、かつ広域化現象はますます顕著になった」[100]「めざましい道路網の整備拡充は交通機関の飛躍的な発達を促し、これが必然的に経済圏の拡大に拍車をかけ、業者の併合合併を招く結果となり、再び商圏拡大に向かう情勢を来たしつつある」[101]と言われている。交通・流通網のさらなる発達によって商圏がいっそう拡大したため、[102]事業者の対応としては広域型の組織を設けることが適合的であったと考えられる。

それでは、商工協同組合と事業協同組合との間に、直接的な前身・後身関係はどの程度あったのだろうか。一般に、事業協同組合のような組織は設立・解散が繰り返され、前身を持つものは年を経るに従って減ることが予想される。また全国中小企業団体中央会専務理事であった稲川宮雄氏の次のような発言を参照する限り、かなり低くイメージされそうである。「新しい組合法〔中協法〕というものは、当時の業界の非常な要望であったにかゝわらず、組合設立は意外に伸び悩んだのであります。商工協同組合が最後には大体一万五千というふうに推計されておりましたが、昭和二十五年の二月末、新組合に切替えましたものは約五分の一の二千二百組合に過ぎなかった。新しく作られた組合もありましたので、それを加えましても二月末までに全部で七千の組合しかできなかった」[103]。

しかし、中小企業庁による統計調査の結果は、表9―7・8に示したように右のイメージとはやや異なっている。事業協同組合の前身に関するデータが掲載されているのは、『実態調査』の二五年版[104]と二六年版[105]である。前者によれば、二五年二月末時点の事業協同組合数は五一〇〇余りであり、このうち商工協同組合ほかを指すと見られる旧組合から単純に組織変更したもののみで三六〇〇余りと

表 9-8　事業協同組合の前身

(1)昭和25年2月末現在

前身＼業種	組織変更のもの	旧組合より分離して新設したもの	旧組合の合併により新設したもの	不明	新設のもの	計
総計	3,616	179	17	382	915	5,109
うち製造業	1,847	122	14	188	573	2,744
うち商業	1,327	33	2	141	205	1,708

出典：注 104『事業協同組合実態調査概要』2 頁。
注：昭和 22 年 6 月商工協同組合数：9,337、昭和 25 年 2 月末事業協同組合数：5,109。

(2)昭和26年7月末現在

前身＼業種	商業組合	工業組合	統制組合	施設組合	商工協同組合	その他の組合	不明	ないもの	計
総計	795	887	434	228	962	472	1,227	1,740	6,805
うち製造業	109	10	210	153	544	226	687	966	3,782
うち卸売び小売業	617	947	133	37	290	135	321	504	2,047

出典：注 105『事業協同組合実態調査報告』33 頁。
注：昭和 26 年 7 月 20 日現在組合数：15,214、昭和 26 年 6 月 30 日現在調査票回収数：6,805。

なっている。サンプル調査となった後者では、前身の「ないもの」の割合が増えているが、戦中期にさかのぼる前身を持つものが約半数存在している。少なくとも事業協同組合の出発期においては、戦中期にさかのぼる前身を持つものも約半数の割合を占めたわけである。なお事業協同組合には同業者組合以外にも産地組合、商店街組合などのタイプがあるが、こうしたタイプ別まではこの時期の統計で確認できないことを申し添えておく。また筆者が確認したかぎり、以上のような事業協同組合の連続・断絶の推移を示すケーススタディとして確認できるのは、今のところ工業組合を扱った久岡道武氏の研究のみである。[106] 氏の研究は兵庫県製麺業組合を扱ったもので、戦前の工業組合から戦中期の統制を経て、戦後の事業協同組合に至るまでの連続した活動の軌跡を、具体的に明らかにしている。

以上見てきたように、戦後における商業系の事業協同組合では、分離型・広域型の組合組織が定着している。これらは、昭和戦中期に国家主義的な配給統制を効率的に行うために強制されていたものである。しかし分離型という特徴は、共同経済事業を行おうとする小売商らの意思に適合的なものであり、また個々の事業者レベルで専業化が進んだことも、組合の分離を促した。また広域型という特徴は、交通網の発達によって商圏が拡大するという卸商らの経営環境に適合的なものであった。そして出発期の事業協同組合に、昭和戦中期以来の商業組合を前身に持つものが約半数あったことも、こうした特徴の定着に寄与したと考えられる。

4 府県中小企業団体中央会の設立

ところで職縁集団＝事業協同組合の総合体、つまり第八章で取り上げた実業組合連合会に対応するような組織は、昭和戦中期や戦後にはどうなったのだろうか。結論から言えば、各地の実業組合連合会は戦中期に順次解散し、市を区域とする組織としては、戦後一般に復活しなかった。[107] 東京の実業組合連合会は戦後、個別企業を構成員とする東京実業連合会に改組された。そしてこの事例を別にすると、復活した事例としては、高崎市の実業組合連合会が例外的に確認できるくらいである。

その理由の一つには、市を区域として設立される商工会議所の性格が、戦後大きく転換したことが挙げられよう。戦前の商業・商工会議所（商業会議所は昭和二年〈一九二七〉の商工会議所法で商工会議所に改称し、一八年の商工経済会法により廃止された）は、仏独系の制度である議員制を最後まで制限選挙によって維持していた。これに対し、戦後制定された商工会議所法は、会議所を「地区内における商工業の総合的な改善発達を図」るものとして（昭和二八年法第六条）、英米系の制度である会員制を建て前としたうえで、特定商工業者制度を導入した。この結果、相当数の中小の事業者が、同業組合を介さなくとも個人・法人の資格によって地域経済団体の活動に直接関与できるようになったのである。

しかし、戦後も職縁集団の地域的な総合体がなくなったわけではない。これに該当するものとしては、各府県を区域＝空間とする中小企業団体中央会が挙げられる。各府県の中央会が刊行した沿革史を見ると、昭和初期の工業・商業組合法による工業・商業組合中央会、それに続く一八年の商工組合中央会（全国組織であるが各府県に支部が置かれていた）は、一般に戦後の各中央会の前身として自覚されていることがわかる。商工組合中央会は戦後、商工協同組合中央会に引き継がれていたが、これはＧＨＱの意向によって二四年の中協法制定とともにいったん廃止された。しかしその後三〇年には、中協法の改正とともに中小企業団体中央会が、各府県ごとに独立した団体を組織する形で新たに設立されたのである。こうした経緯から、商工協同組合中央会の各府県支部が廃止された昭和二五年から各府県で中小企業団体中央会が設立された三〇年までの期間は、各中央会の沿革史で「六年間の空白」と呼ばれているのである。[108]

このように職縁集団の総合体も、戦後は府県を区域＝空間とする組織として定着した。これは、個々の事業協同組合で都道府県を区域とするものが、三〇年時点で工業系組合をあわせて約三四％まで増えるという状況に対応した現象であると考えられる。[109]

おわりに

本章では、次のことを明らかにした。

昭和戦中期の商業組合が、戦後社会までを展望した職縁集団の流れの中で、どのように位置づけられるのかは従来あいまいにされてきた。昭和初期に導入された商業組合制度は、藤田貞一郎氏が言うように、従来の「問屋中心的傾向」を持つ同居型の同業組合に対抗する形で、中小商業者向けの平準的な組織としてつくられたものであり、確かにその点で画期的であった。ただしこの時点で設立された商業組合は、消費地においては多くが小売商が設けるものであり、またその区域＝空間は多くが市郡を単位とするものであった。そして設立数は、相対的に伸びていたものの、絶対数は全国的に見ればさほど多くなかった。

昭和戦中期には、戦時体制のもとで商業組合が全国的に設立された。それらは、個々の営業者の業態分離を前提として、卸商・小売商それぞれによる分離型組織となった。また卸商の組合を中心に、大都市・地方都市を問わず府県という広い区域＝空間によって設けられる広域型組織となった。こうした特徴は、むろん配給統制を効率的に行うという国家主義的な目的に従って強制されたものである。しかし、そこには当時の営業者側の置かれた条件と合致する側面も存在した。つまり、卸商の小売兼業が小売商から批判されていたように、共同経済事業を行うにあたって組合を分離型とすること自体は、小売商の意思に適合的なものであった。そして、地方都市や郡部の卸商も昭和初期頃にはようやく広い商圏を得て成熟しつつあったため、組合を広域型とすることも、とりわけ卸商の経営環境に適合的なものであった。

そして戦後、事業協同組合は自主的な共同経済事業組織として再び制度化される。その際、小売専業者の台頭や卸売業者の商圏広域化といった商業経営上の条件は戦後も変わらず、あるいはいっそう進展した。また出発期の事業協同組合には、商業・工業組合など戦中期の前身を持つものが約半数存在していた。こうした背景によって、分離型・広域型という組合の特徴は、戦後の事業者によって採用され、定着することとなった。言い換えれば、昭和戦中期の商業組合は、卸商・小売商それぞれの新たな経営環境にある程度対応した組織となっていたという点で、戦後社会へとつながる画期性を有していたのである。

このほか同業組合の総合体について、戦前期の実業組合連合会に相当する組織として挙げられるのは、戦中期に設立された組織を前身とする各府県区域の中小企業団体中央会である。広域化の傾向は、ここにも指摘することができると言えよう。

注

（1）藤田貞一郎『近代日本同業組合史論』（清文堂出版、一九九五年）一九〇頁以下。

（2）堀新一『商業組織化論』（風間書房、一九六〇年）一三四〜一三九頁、山本景英「産業合理化と商業組合」上／下（『国学院経済学』第三六巻第二・三号、一九八九年／第三七巻三・四号、一九九〇年）、濱満久「戦前期における商業組合の浸透過程」（『名古屋学院大学論集』社会科学篇第四三巻第四号、二〇〇七年）など。
（3）山崎志郎「繊維関連部門の中小商工業整備」（山崎志郎・原朗編『戦時中小企業整備資料』第一巻、現代史料出版、二〇〇四年）、柳沢遊「戦時体制下の流通統制」（石井寛治編『近代日本流通史』東京堂出版、二〇〇五年）など。
（4）医薬品の小売営業者には、薬剤師と薬種商の二種が存在する。薬剤師は国家試験による有資格者であり、薬種商は各地方庁（東京府は警視庁）の行う試験による有資格者であった。明治四〇年に薬品営業並薬品取扱規則（通称「薬律」）が改正されて以降、同規則の指定薬品を扱えるのは薬剤師のみとなった。なお類似の職種に売薬営業者があるが、売薬とは、科学的根拠によらずに経験から効能があるとされる家伝薬を言った。売薬も明治四二年の売薬法により、製造は原則として薬剤師が行うこととなったが、製造された売薬を販売するだけの者（請売営業者）は、行商人を含めて地方庁に届出をすれば資格は不要であった。これら三者は兼業される一方で、しばしば利害を異にしたため、薬業組合の維持を難しくする一因となった。なお、医薬品については流通経済学の分野で従来からしばしば取り上げられており、片岡一郎・嶋口充輝・三村優美子編『医薬品流通論』（東京大学出版会、二〇〇三年）、石原武政・矢作敏行編『日本の流通100年』（有斐閣、二〇〇四年）などがある。
（5）富山県編『富山県統計書』明治二三年版（一八九〇年）一五六、一六二、一六六頁。
（6）統計院編『第三統計年鑑』（一八八四）、同『第四統計年鑑』（一八八五年）。
（7）住山正木編『松本薬業会館三十年史』（松本薬業会館、一九七二年）一二八頁。
（8）近世の地方都市で薬種仲間の研究が比較厚いのは仙台で、朴慶洙氏による一連の研究がある。また同氏が執筆した仙台市史編さん委員会編『仙台市史』通史編六［近代一］（二〇〇八年）二〇八頁は、明治一二年時点における仲間（薬種仲間を含む）を挙げ「合同や新規参入など時代にあわせての変化をしながら、仲間が実態としては存続していたことがうかがえる」と述べている。なお日本薬学会編『薬学雑誌』三〇〇号（一九〇七年）一九四頁には「本組合（仙台薬業組合）は従来当市薬種商仲間と称し、正副の当番を置き輪番に其組合の牛耳を取り来りしが、去る三十一、二年の頃自然消滅の姿に帰したるものを、今回再興せるなり」という記事がある。
（9）日本薬学会編『薬学雑誌』（一八八一年創刊）、日本薬剤師会編『薬剤誌』（一八九九年創刊）。なお、ほかに新聞（業界紙）が各地方で出されていたようで、今後はこうした史料も収集する必要があるだろう。
（10）前注『薬学雑誌』第二一九号（一九〇〇年）五〇〇頁。
（11）同前、第二三七号（一九〇一年）一一九一頁。
（12）同前、第二八九号（一九〇六年）二八五頁。
（13）新潟県薬剤師会史編纂委員会編『新潟県薬剤師会史』（新潟県薬剤師会、二〇〇一年）一八頁。
（14）荒木清蔵編『薬業法規』（山形県薬業組合事務所、一八九七年）附三頁。
（15）山ノ井岩吉編『和歌山県薬業史』（和歌山県薬業史刊行会、一九七〇年）一〇九頁。
（16）山形薬業組合編『薬と100年』（一九八九年）、九八頁。
（17）熊本県薬業組合は、私立熊本薬学校の維持経費負担を主な目的として、明治二〇年に県区域の組合として設立された（『熊薬百年史』熊薬百周年記念事業会、一九八六年、八頁）。また山形県薬業組合は、明治二二年に日本薬局方研究のための任意組合として設立された山形県内薬業組合を前身とし、その後二八年には県令第五六号「薬業組合設置規則」に基づいた山形県薬業組合に改組された（注16『薬と100年』三九～四五頁）。これらの地域で県区域の強力な組合がいち早く形成された理由は不明である。だが、どちらの県もそれぞれ九州地方、東北地方の中で薬業が盛んな土地であったと言われている。
（18）注9『薬学雑誌』第一二八号（一八九二年）一〇三九頁。
（19）同前、第一四七号（一八九四年）四九二頁。
（20）船江豊三郎「ある商業組合の記録から」（茨城県史編さん委員会編『茨城県史研究』第二二号、一九七二年）
（21）石原武政『公設小売市場の生成と展開』（千倉書房、一九八九年）一六六頁以下を参照。

(22)『富山日報』明治三七年七月三〇日付。
(23)『北陸タイムス』大正二年一月二八日付。
(24)『下野新聞』大正二年一月二二日付。
(25)同前、明治四五年一月二八日付。
(26)小池金之助『同業組合及準則組合』(昭和図書株式会社、一九三九年)二一八、二三二頁。
(27)同前、一七八頁。
(28)同前、二三四頁
(29)同前、一八三頁。
(30)並河永「小売価格維持と矯正メカニズム」(埼玉大学経済学会編『社会科学論集』第一二〇号、二〇〇七年)、四頁。
(31)引用されている行政命令のうち、白米商同業組合に対する東京府の指令は『東京朝日新聞』大正一〇年一〇月八日付にある。また、売薬同業組合に対する大阪府の指令についても同じ頃に出されたことが、注30「小売価格維持と矯正メカニズム」六頁からわかる。これに対して、同業組合一般に対する農商務省次官通牒は『東京日日新聞』同年八月二〇日付に掲載されており、実際には次官通牒の方が先に出されていたと見られる。
(32)東京白米商同業組合は事実上小売商の団体であり、米の小売標準価格を発表していた(『報知新聞』大正八年三月二九日付)。これに対する卸商の団体は東京正米問屋連合会であった。昭和八年一二月一日、両団体は「問屋小売提携し米の配給を統制」するために東京米穀商連盟会を結成した(『中外商業新報』昭和八年一〇月二二日付、一〇年一〇月一二日付)。
(33)福岡市編『福岡市史』第一巻[明治編](一九五九年)八九一頁。原史料は『九州日報』明治三一年六月一五日付。各薬剤師会史などでも特に指摘されていないが、乱売を生じる一因としては、営業者の相対的な増加という単純な事実も挙げることができるのではないか。国内全体で見ると、薬剤師制度がはじまった明治二三年には、現住人口一万人あたりの薬剤師・薬種商合計は三・一八人であった。しかしその後三一年には五・一六人、四一年には六・一一人と、かなりの増加を示している（現住人口、薬剤師数、薬種商数の値はいずれも『日本帝国統計年鑑』による）。
(34) 注15『和歌山県薬業史』一〇九頁。
(35) 注16『薬と100年』五九頁。
(36) 松浦斎編『広島薬業史』（広島薬業組合、一九三一年）一九八頁。
(37) 伊藤久光編『静岡市薬業組合誌』（一九七八年）一〜五頁。
(38) 注26『同業組合及準則組合』二〇一頁。なお注1『近代日本同業組合史論』六五、二〇八頁を参照。
(39) 商業組合中央会編『商業組合概況』（一九四〇年）七頁。
(40) 山本景英氏（注2「産業合理化と商業組合」下、一七頁）や藤田貞一郎氏（注1『近代日本同業組合史論』一九六頁）は、卸商による組合の相対的な多さに注目している。しかし商工省商務局編『商業組合一覧』（商業組合中央会、一九三七年）一三四頁以下に所収の業態一覧を検討すると、卸商組合に分類されているものには「製造」「移出」が含まれており、生産地問屋が多いことがわかる。
(41) 大阪府同業組合聯盟編『全国（商工）同業組合大会記念誌』一九三六年、二四二頁。なお注1『近代日本同業組合史論』二一五〜二一六頁を参照。
(42) 注26『同業組合及準則組合』五五頁。
(43) 大阪薬種卸商組合編『大阪薬種業誌』第四巻（大阪薬種卸商組合事務所、一九四一年）所載の記事などを参照。
(44) 日本医薬品卸業連合会卸薬業史編纂委員会編『卸薬業史』（日本医薬品卸業連合会、一九七八年）四八〇頁。
(45) 同前、四九七頁。
(46) 同前、五〇四頁。
(47) 香川県薬業史編集委員会編『香川県薬業史』（香川県薬業連合会、一九七八年）一二五、一六〇、一六一、一七八頁。
(48) 卸商が小売商から成長していくという図式は、問屋を町人、中買・小売を商人と捉える近年の近世史の理解（序章注

20を参照）と矛盾するように見えるかもしれない。しかし塚田孝氏が述べたように、院内銀山町のような地方都市では「振売」と「見世売商人」という異なる形態の商人が存在しても、彼らはそれぞれ「卸売と小売に完全に特化しあっているとは必ずしも言えない」（『近世身分制と周縁社会』東京大学出版会、一九九七年、一四頁）。また松本四郎氏も、城下町で一町株を有したような問屋とは、中買＝卸商ではなく、荷受問屋であったのではないかと述べている（『城下町』吉川弘文館、二〇一三年、一八〇〜一八三頁）。

（49）函館商工会議所編『函館市商業調査書』（一九三八年）二四頁。
（50）岐阜市編『岐阜市勢要覧』昭和一五年版（一九四〇年）一八頁。
（51）静岡県立静岡商業学校経済調査部『静岡市商業統計表』［昭和一〇年一一月］（一九三五年）三頁。
（52）福井県立敦賀商業学校編『敦賀市商業調査』［昭和一三年七月施行］（一九三九年）一七頁以下。
（53）注44『卸薬業史』四九五頁。
（54）同前、四六三頁。
（55）徳島県薬業史編集委員会編『徳島県薬業史』（徳島県薬事協議会、一九八八年）四三八頁。
（56）注44『卸薬業史』五〇五頁。
（57）同前、五一〇頁。
（58）同前、四七三頁。
（59）薬石日報社編『薬業年鑑』昭和一〇年版（一九三五年）二〇二〜二〇六頁。
（60）伊藤久光編『静岡市薬業組合誌』（一九七八年）二頁。
（61）注2「産業合理化と商業組合」下、二一、二三頁を参照。
（62）『全国商業組合一覧』［昭和一六年四月一日現在］（商業組合中央会、一九四一年）三六二〜三七九頁。
（63）東京市商工輸出組合協会編『東京都下の商業組合』［昭和一一年一二月末現在］（一九三七年）二四一頁。

(64) 注1『近代日本同業組合史論』一九六頁。
(65) 注44『卸薬業史』五六頁。
(66) 以上、通商産業省編『商工政策史』第七巻［内国商業］(商工政策史刊行会、一九八〇年) 第六編第二章。
(67) 注44『卸薬業史』四〇、四一、五五頁。
(68) 通商産業省編『商工政策史』第一二巻［中小企業］(由井常彦執筆、商工政策史刊行会、一九六三年) 二六九頁。
(69) 稲川宮雄『中小企業の協同組織』(中央経済社、一九七三年) 四五頁。
(70) オーソドックスな叙述として、山崎志郎「戦時中小商工業整備の展開と国民更生金庫」(山崎志郎・原朗編『戦時中小企業整備資料』第一巻、現代史料出版、二〇〇四年) 一四～一五頁を参照。
(71) 維新後、卸商と小売商とが国家レベルで初めて区別されたのは、明治一一年の地方税規則に基づく営業税の実施に際してであった。これは、卸商と小売商とでは税の課率に差をつける必要があったためである。しかし卸小売兼業者の場合には、卸売・小売それぞれの販売金高に卸売・小売の課率を乗じて合計すればよく、卸専業者と卸小売兼業者とを区別する必要はなかった。
(72) 後藤一郎「マーケティングと経済統制」二 (『大阪経大論集』第五六巻第四号、二〇〇五年) 一九頁。
(73) 広島小売酒販組合編『広島小売酒販組合七十年史』(一九八五年) 三九～四〇頁。
(74)『岩手日報』昭和一五年四月一二日付。
(75)『九州日日新聞』昭和一五年一一月二八日付。
(76) 一五年一二月の「配給機構整備要綱」六項には「統制ヲ必要トスル物資ニ関スル卸、小売兼業者ニ付テハ〔中略〕個人トシテノ卸小売ノ同時経営ハ之ヲ避ケシムルコト」とある。また商工事務官川崎立太はこの点について「卸につきましては卸組合等による団体取引と云ふものの中に経営を吸収さして貰ひたい。個人と致しましては、小売業者としてやつて行つて貰ひたい」と述べている (『商工業者の生きる道』日本商工倶楽部、一九四一年、七六頁)。注71「マーケティングと経済統制」二は、この要綱をもとに卸小売の兼業が禁止されたと述べている。だが、これはあくまでも当時における政府の方針を示しているにすぎない。実態としてどの程度分離が行われたかについては、具体的な事例に基づいて考察する必要があるだろう。

(77) 注68『商工政策史』第一二巻、三三六頁。

(78) 重要産業協議会編『商工組合法の解説と研究』（東邦社、一九四三年）二六九頁。

(79) 注2「産業合理化と商業組合」下、七頁。しかし前注『商工組合法の解説と研究』に基づく表9―6の数値からわかるように、小組合の割合が大きいのはむしろ工業系であり、商業系では大きな要因とは言えない。また統制（商業）組合についても、表9―6にある通り一七年六月時点の統計で二〇六となっており（前注書一〇頁。この表は注1『近代日本同業組合史論』一七四頁でも引用されている）、組合急増の要因と考えることはできない。

(80) ただし当時の商業組合は、戦後の事業協同組合とは異なり、組合員資格が一定規模の事業者に限られていなかった。すなわち、卸商業組合・小売商業組合それぞれの内部には、大企業＝有力者と中小企業＝非有力者がともに所属しており、内部格差が存在した。その意味では、これらの組合は「同居型」の組織であったわけである。

(81)「配給機構整備要綱」前文（注68『商工政策史』第一二巻、二四七頁）。

(82) 各組合の設立時期は、高田浩運『医薬品及衛生材料生産配給統制規則解説』（薬業往来社、一九四一年）六〇～六一頁の一覧により知ることができる。

(83) 大阪薬種卸商組合は、大阪府薬剤師会創立百周年記念事業実行委員会編『大阪府薬百年史』（大阪府薬剤師会、一九九三年）所収の年表によれば、昭和一九年三月に解散した。また東京薬種貿易同業組合は、東京薬事協会百年史編纂委員会編『百年史』（東京薬事協会、一九八七年）一八五頁によれば、昭和一九年六月に解散した。名古屋薬業組合や銅駝会の動向は不明である。これらは申合組合であり、解散する必要はなかったが、統制下では順次機能停止していったものと思われる。

(84) 伊藤長次郎編『三重県薬業史』（ミエ薬報社、一九四〇年）一九五頁。

(85)昭和一七年一月一日現在、県区域の小売商業組合は青森・宮城・山形・福島・茨城・三重・岡山・香川・熊本・沖縄の各県に設立されていた(一部都市域のみの組合が併存するところもある)。また、県域を数区に分けたところには富山(二区)・石川(三区)・奈良(二区)・鳥取(三区)・愛媛(三区)・高知(四区)の各県があった(東京小間物化粧品商報社編『小間物化粧品年鑑』〔昭和一八年版〕一九四三年、二七八~二八五頁)。

(86)注47『香川県薬業史』二〇一~二〇二頁。

(87)同前、二〇五頁。

(88)この分野の研究を概観したものとして、三浦一洋「中小企業協同組合研究」(堀越芳昭・JC総研編『協同組合研究の成果と課題 一九八〇―二〇一二』家の光協会、二〇一四年所収)がある。また、事業協同組合をその前史から展望した個別研究に、山本貢『中小企業組合の歴史的展開』(信山社出版、二〇〇五年)がある。

(89)注68『商工政策史』第一二巻、四二一~四二三頁。

(90)小笠公詔「協同組合法施行三周年を迎えて」(中小企業庁編『中小企業情報』第四巻第七号、一九五二年)二頁。

(91)法律制定時の組合加入資格は従業員数のみが基準であり、商業・サービス業の限度従業員数は二〇人以下とされていた(昭和二四年第六条第一項第一号)。その後の改正で限度従業員数は徐々に増え、中小企業基本法の制定された三八年の改正からは「資本の額又は出資の総額」も基準に盛り込まれることとなった。なお限度を超える企業の加入の可否については、公正取引委員会の判断に委ねられている(昭和二四年第六条第二項)。

(92)注69『中小企業の協同組織』四八頁。

(93)事業協同組合では、純粋な共同経済事業以外に、スポーツ大会のような親睦的な行事なども行われている。たとえば宮城県医薬品卸組合では、昭和四〇年から五〇年まで球技大会(野球、卓球、バレー)が実施されており、山口県薬業卸協会については「昭和五二年一〇月に卸各社対抗軟式野球大会を開催。従業員の福利厚生を図る」と記されている(注44『卸薬業史』四六六、五〇一頁)。中協法に、こうした活動を積極的に勧める条文は存在しない。しかし、同法はもともと各事業者が「相互扶助の精神に基」づくという理念を掲げており（昭和二四年第一条）、事業協同組合の行い得る事業の一つとして「組合員の福利厚生に関する施設」（同年第七〇条の三）を挙げている。親睦的な行事は、これに含まれるものと解釈・容認されているのである。

(94) 戦前の商事調停法による調停事件新受件数は、制度開始後間もない昭和四年の二九九四件をピークとして、以後は減っている。一方、戦後の民事調停法による同件数は、昭和二七～三五年にかけて四〇〇〇件前後で推移しており、その後はデータのある四二年まで三〇〇〇件前後となっている（『調停読本』日本調停協会連合会、一九五五年、三九八～三九九頁ならびに日本弁護士連合会編『自由と正義』第二四巻第三号、一九七三年、四八～四九頁による）。

(95) 澤野孝一朗「日本の薬事法制と医薬品の販売規制」（名古屋市立大学経済学会編『オイコノミカ』第四四巻第二号、二〇〇七年）一二七頁を参照。

(96) 注44『卸薬業史』所載の宮城県（四六六頁）、群馬県（四七四頁）、石川県（四八二頁）の事例などを参照。

(97) 宮城県医薬品卸組合編『宮城県医薬品卸組合30年史』（一九八八年）五四、五八～五九頁。

(98) 三村優美子「医薬品卸流通の構造とその変化」（注4『医薬品流通論』第三章）六六頁。

(99)『事業協同組合実態調査報告』（中小企業庁振興部協同組合課、一九六二年）二頁。

(100) 注44『卸薬業史』、四七四頁（群馬県）。

(101) 同前、四九八頁（島根県）。

(102) 経済審議会広域経済圏検討委員会の委員長を務めた矢田俊文氏による『21世紀の国土構造と国土政策』（大明堂、一九九九年）一三九～一四〇頁では、地方中核都市を擁する府県レベルの区域が、経済圏の階層の一つに規定されている。

(103) 協同組合の歩み編集委員会編『協同組合の歩み』（中小企業等協同組合法施行十周年記念出版委員会、一九六〇年）一一〇頁。

(104) 中小企業庁振興部協同組合課編『事業協同組合実態調査概要』（一九五〇年）。

（105）中小企業庁振興部協同組合課編『事業協同組合実態調査報告』（一九五二年）。
（106）久岡道武「戦中・戦後における揖保郡製麺業と組織化活動」（神戸大学大学院経済学研究会編『六甲台論集　経済学編』第五〇巻第三号、二〇〇三年）。
（107）実連の行方を追跡した研究はないようだが、筆者の調査によれば、戦中期にそれぞれ解散ないし活動を中止している。ただし、その時期は一様でなかったようだ。地方都市の実連のうち、第八章で取り上げた富山県の事例を見ると、富山市の商工業組合連合会は、昭和一五年一一月に富山県商工連合会富山支部に吸収されることとなり、解散式が行われた（『富山日報』昭和一五年一一月一〇日付、同月一九日付）。また高岡市の商工業組合連合会は、一六年二月の総会で、今後は商業報国会を応援するとして、連合会自体の活動を見合わせることを決議している（『富山日報』昭和一六年二月二七日付）。このほか、たとえば新潟県長岡市の実連は、昭和一七年九月に解散していることが確認できるが（『新潟日日新聞』昭和一七年九月二三日付）、群馬県高崎市の実連は「戦時中自然消滅のかたちになつていた」という（高崎商工会議所編『高崎商工会議所六十年史』一九五五年、一三八頁。なお同書五三頁によれば、高崎実業組合連合会が設立されたのは大正一五年である）。一方大都市を見ると、大阪市の場合『産業経済新聞』昭和一八年八月一六日付に「商工組合法施行に伴い大阪実業組合連合会も改組することとなり」とあり、この時点でまだ存続していることがわかる。また東京市の場合には、一九年四月二八日まで定時総会の記録がある。そして戦後の二〇年一二月一七日には、東京実連協会が旧実業組合連合会の権利義務を継承して創立されているが（東京実業連合会編『七十年史』一九七五年、年表を参照）、この間の経緯は不明である。要するに、個々の同業組合と同様に、実連も特定の法令によって一斉に解散したわけではないと見てよいだろう。大阪府布施市（現、東大阪市）では、戦後になって初めて布施商工業組合連合会が設立された。厳密な設立年月日は不明であるが、昭和二六年の第二回布施商工まつりの共催団体に同連合会の名がある。もっとも、同連合会は昭和三三年には解散してしまう（布施商工会議所編『商工会議所史』第二輯、一九六七年、二七四〜二七六、三一六頁）。
（108）青森県中小企業団体中央会編『25年のあゆみ』（一九八一年）一六頁、福井県中小企業団体中央会編『中央会30年のあゆみ』

（一九八六年）二二頁などを参照。

(109) 中小企業庁振興部協同組合課編『事業協同組合実態調査報告』（一九五五年）第三表によれば、事業協同組合の区域は一郡（市）以下のものが全体の四〇・六％を占めている。この他では数郡（市）にわたるものが二一・二％、一都道府県のものが三三・九％などとなっている。

終章　近代日本の都市社会集団

1　各部のまとめ

本書では、明治期以降の在来都市における地縁集団・職縁集団の動向を追跡してきた。まずは各部で得られた結論を、各章の「おわりに」を振り返る形で確認しよう。

【第一部】近世期、個別町の運営を実質的に担い、その費用を負担したのは、原則として家持であった。ただし幕末期には、これに一部の表店借が加わっているように、商人としての実力（資力）がある程度反映された形で「身分制の流動化」というべき現象が生じていた。個別町の支出である町入用に、生活共同体としての業務が少なくなかったことは、負担を表店借へと広げることを、受益者の論理から後押ししたであろう。だが、一方で町入用には公役も含まれており、こうした側面は、町費負担者を原則として家持に限るという、身分制的な論理が再生産される根拠になっていたと考えられる。

明治期に入ると、国家レベルで身分制の解体が打ち出された。そして川越の個別町においては、それに対応するかのように、明治一〇年（一八七七）前後に町費負担者が急増している。だが、この時点で取り込まれたのは、表店借家人層に限られていた。この時期に起きた個別町の平準化とは、実力を持ちながらも個別町運営から外れていた表借家商人たちを新たに取り込むという、幕末期までに蓄積されていた身分制の論理矛盾を解消する程度に果たされたのである。家持の身分的特権が否定されるにあたり、個別町内で新たな格付け方法として導入されたのは、実力を反映した等級制である。しかし、家持らは身分的な優位のみならず実力の優位をも備えていたため、個別町運営の実権は引き続き彼らが握ることとなり、表店借家人らの影響力は限定的なものにとどまることとなった。なお、右の変容過程を別の角度から見ると、個別町は、ほぼ家持による比較的フラットな集団から、家持＝有力者と借家人＝非有力者がともに所属する「同居型」の集団に移行しつつあったとも言えよう。

個別町が一般に「強大」であった地方都市では、明治末期から町総代会が設立されるようになる。明治末期から大正初期にかけての町総代会の活動は、市当局による諮問機関的な性格を持つ一方で、デモクラティックな、言い換えれば非有力者層までを含めた形で市民の意思を代表する性格を早くから持つものであったと、自治体史や個別研究において評価されてきた。しかし、従来取り上げられていない下関市の事例も含め、当時の新聞を読み返してみると、当時の町総代会の活動は、総じて有力者寄りのものとして記述されていることがわかる。当時の町総代は、あくまでも家持・表店層が運営する個別町を代表しており、それゆえ町総代会の性格は有力者寄りだったのである。町総代会がデモクラティックな性格を帯びるのは、町内役員を家持に制限する規定が撤廃されるなど、個別町でさらなる平準化が進行する第一次世界大戦後を待たなければならない。

昭和一五年（一九四〇）の内務省訓令「部落会町内会等整備要領」は、全戸加入制に基づく町内会の設立を義務づけたものとして知られる。そしてその区域＝空間については、訓令の条文から、単に町・丁目によって設けられたと従来説明されてきた。しかし同訓令は、国家主義的な地方行政を効率的に行うことを目的としたものであり、こうした観点から、町内会には区域＝戸数を適正化することも同時に求められていた。そして在来都市の旧市域において焦点となっていたのは、あまりにも狭域な個別町を合併減少させて町内会を設立すること、言い換えれば町内会の広域化であった。これらの地域には、公称個別町よりもさらに狭い区域を町生活共同体としているところがあり、こうした狭域な地縁集団の広域化は、大正後期からすでに各市で問題となっていたのである。しかし、個別町や町生活共同体を支えてきた住民たちは、従来からの力量と経歴を背景として、戦中期における広域化の施策に対しても、しばしば独立を強く主張した。その結果、この時期の市当局の指導をもってしても単位町内会の広域化はねらい通りに進まず、昭和一八年当時における地方在来都市の町内会一つあたりの戸数は、一一二・八戸という値にとどまることとなった。そして戦後の状況を確認すると、平成一八年（二〇〇六）現在、都市部全体の町内会一つあたりの世帯数規模は、平均で二〇〇世帯を超えている。しかしこれは、在来都市・新興都市のいずれにおいても、新市域で広域な町内会が多数設立されたことに影響された値である。地方在来都市に限ると、平均仮定世帯数は、旧市域・新市域をあわせても一〇〇世帯台前半に下がる。都市部全体と地方在来都市との間に見られる平均仮定世帯数の差は、後者において、戦前からの狭い町内会の区域＝空間が戦後も維持されていることに求めるべきである。

一方、昭和一五年の内務省訓令は、町内会の内部に隣保班も設置させるものであった。川越の事例から、地方在来都市では明治前期の変革において、個別町内の中間組織であるクミアイやその代表者が、その役割を幕末期よりもむしろ拡充させていたことがわかる。これは当時生じた平準化が、個別町運営の構成員戸数の増加を招いたためであったと考えられる。前述のように地方在来都市の個別町は、相対的には狭域なものであった。しかし、昭和戦中期における全戸加入制の導入は、裏店借家人層の参加による町内会構成員戸数の増加を意味していたため、再び中間組織の重要性が高まる契機となったのである。そして町内会の機能が一変した戦後も、組織面で全戸の加入が可能な体制が維持されていることを前提として、班の仕組は住民たちによって採用され、定着することとなった。

さらに、同じ内務省訓令による全戸加入制の導入は、町内会の機能にも影響を与えたと見られる。町内会の機能には、防犯や清掃、祭礼のように、幕末から戦後に至るまで基本的に変わらないものも多い。しかし戦後町内会の特徴として、社会福祉業務を恒常化させていることが挙げられる。このことは、戦中期以降の町内会が、全戸加入制の導入によって非有力者＝社会的弱者までを網羅した平準的な組織として受容されたことを、象徴的に示していると言えよう。一方で町内会の負担のあり方を見ると、在来都市の旧市域では、各戸間の資力格差を反映した明治期以来の等級制が戦後も長く維持されていた。こうした事実から、昭和三〇年代に都市社会学研究者が町内会を「特異な地域集団」と呼んだ、平準的な性格と旧中間層支配の併存という事態が、戦中期に設立された町内会の二面性によってもたらされたことがわかる。つまり、戦中期には総力戦体制の文脈から全戸加入制の導入による平準化が徹底された。だがそれは、各戸間に資力格差が存在するという条件のもとでは、有力者＝家持（≒旧中間層）と非有力者＝借家人がともに所属する町内会の「同居型」化が徹底されることを、同時に意味していたのである。そして町内会の区域＝空間が狭域なまま維持されたことは、この内部格差が固定的なものになりやすい環境をつくっていたと考えられる。

【第二部】近世には、三都のほか比較的規模の大きい地方都市に、連合町組織というべき町組が存在した。それらは明治維新とともにいずれも解体されており、このため明治期の東京市で、区よりも小さな連合町組織が存在したことについては従来知られてこなかった。だが、日枝神社の氏子集団の動向を追跡すると、東京市の下町（京橋区や日本橋区）における連合町組織の形成過程を、具体的に明らかにすることができる。同社が広大な氏子区域を把握するために採った方法に見られるように、東京市の下町では明治一〇年代から、氏子集団のための連合町組織として、旧小区が活用されており、二〇年代後半にはこれが部制に切り替わっていった。一方、大阪市の場合、明治二五年に発足した負担学区が多機能的な連合町組織になったことは、すでに知られている。しかし大阪天満宮の氏子集団の動向を追跡すると、同社が広大な氏子区域を把握するために採った方法に見られるように、同地では一〇年代から、氏子集団のための連合町組織として、旧学区などが学事目的を超えて活用されており、二〇年代を通じてこれが負担学区に切り替わっていったことがわかる。このほか、京都市では負担学区が、名古屋市では聯区が、それぞれ明治期から多機能化していた。すなわち、多数の個別町が存在する大都市においては、負担学区という制度の有無にかかわらず、町々をより広域にまとめた中間組織が、不可欠なものとして早くから要請されていたと考えられる。

連合町組織は、地方在来都市においても大正後期頃から次第に増えてくる。しかし、多くの都市で町内会連合会が一挙に設立される契機となったのは、昭和一五年の内務省訓令である。多くの都市には、大正後期の時点ですでに一〇〇を超える個別町が存在していた。そして昭和戦中期には、防空や配給をはじめとする集権的な業務を効率的に行うために、広域な連合町組織を中間組織として設立する必要が急速に高まった。また旧市域にとってこの組織は、第一部で見たような、単位町内会の広域化が市当局の意図したほど進まないという状況を、補完する効果を持っていたと考えられる。さらにこの組織は、青年団や警防団（もとの消防団）といった、個別町よりも広域なエリアを基盤としつつ地域社会に定着していた各種団体に対し、これを補助する組織としても適合的だったのである。連合会の区域＝空間として通学区が活用されることが多かった理由としては、通学区がおおむね人口に比例していたという数的合理性のほか、当時の政策にさまざまな形で関与していた国民精神総動員運動の影響などが考えられる。

戦後は、多くの都市で、小学校通学区を区域＝空間とした町内会連合会が再び設立されている。従来の研究では、これを四〇年代以降のコミュニティ政策と関連づけて説明してきた。しかし各地の町内会連合会の沿革史からは、単位町内会と同様に、戦後まもない二〇年代から早くも再設立されていた事実を確認することができる。戦後は、昭和の大合併を含めて各地で都市の広域化がいっそう進んでおり、市と単位町内会を結ぶ中間組織の重要性はより高まっている。また、地区社会福祉協議会などが通学区を区域として設置されているように、広域なエリアを基盤とする目的集団も戦前に比べて増えている。このような理由から、町内会連合会は戦後も地域住民によって採用され、定着することとなったのである。

【第三部】近世期、大都市の仲間は、問屋、中買といった業態ごとに組織されることが多かった。これは、直接的には幕府の意向によるものである。だが、当時の仲間の主たる機能は特定の営業行為の独占ないし排除にあり、こうした機能を果たすうえで、取引相手に団結して対抗しやすい分離型の組織は、もともと適合的であったと考えられる。それだけに、仲間による独占機能が低下した幕末期には、個々の商人の実力（資力）がある程度反映される形で、職縁集団においても「身分制の流動化」に比すべき現象が生じていた。

明治期に入ると、政府は問屋仲間による流通独占の否定を基本方針とした。その後、政府が殖産興業の文脈のもとで同業組合を、異なる業態の者が所属する「同居型」組織として新たに制度化すると、大都市の商業系組合においても、卸商に仲買商、小売商などが加わった同業組合が設立されている。しかし実際にはその後、小売商が切り離された組合も少なくなかった。当時の同業組合の同居型化＝平準化は、おそらく業界ごとの状況をふまえつつ、株制度に基づいた独占体制の矛盾を解消する程度に果たされていたのである。また同居型となるにあたって、同業組合内での新たな格付け方法として導入されたのは、実力を反映した等級制であった。だが卸商らは、近世に幕藩権力から特権を与えられていたのみならず、実力の優位をも備えていたため、同業組合運営の実権は彼らが引き続き握ることとなり、仲買商や小売商の影響力は限定的なものにとどまることとなった。

さらに同業組合の場合、薬業組合の事例で見られたように、卸商らは仲買商や小売商と同居した組合を維持しながらも、その内部に非公式の下部組を設けるという行動に出ていた。こうした卸商の対応は、職縁集団の機能と関わると考えられる。職縁集団の場合、公認組織たる同居型組合には行政当局と連絡ができるなどの利点があるものの、そのほかの業務は、商品量目の公定のように商取引にとって間接的な事柄の決定や、商事法務制度が未整備ななかでの司法的機能の行使などに限られていた。これに対して、商取引をより直接的に規定する、節季などを決定する場としては、分離型組合の方が適当であった。また司法的機能は、後者でも独自に行使することができた。このように、独占機能が後退しても分離型組合はなお業務上重要であったため、卸商らは同居型組合とは別に、下部組を組織するという対応をとったと考えられる。

大都市の一角である東京市では、明治三八年に実業組合連合会（実連）が設立された。第一次世界大戦以前の実連として、従来の研究ではこの東京市の実連が取り上げられ、営業税廃止運動をリードするなど比較的デモクラティックな性格の組織と評価されてきた。しかし、大戦前に実連が設立されたのは、大都市では東京市のみである。他の大都市で設立されていたのは、卸商・商社レベルの有力商人の利害を反映するような、貿易ないし広域な商圏を念頭に置いた経済振興活動を行う連合体であった。東京市の実連は、対外貿易の振興活動を行いながらも、一方で小売商レベルの地域経済振興活動を早くから行うという点でむしろ特異であった。同市で際立つのは、商業会議所がローカルな経済振興活動に対し、日露戦後の不況期を含めてほとんど無関心なことであって、こうした特殊性が、実連を早期に設立させる背景にあったと考えられる。実連が、大都市においても小売商＝非有力者たちの利害を反映し、デモクラティックな性格を強めるのは、中小商工業者が発言力を増す第一次世界大戦後を待たなければならない。

一方、地方都市の場合には、富山市・高岡市で明治三二、三三年に実連がそれぞれ設立されていた。そしてこれらの実連が取り組んでいたのは、商取引慣習の改善や地域経済振興などの諸活動である。公認組織たる商業会議所が、納税資格制限によって最有力者層の利害を反映するにとどまるなか、そうした制限を課せられない実連は、小売商レベルの中小商人が大多数を占める地方都市にとって、むしろ適合的な組織であった。そして日露戦後の四一年頃になると、不況が本格化するとともに政府が中小商工業者への政策に力を入れ始めたことを背景に、いったん沈滞していた富山・高岡両市の実連の活動は再び盛んになる。そしてこの時期には、他の地方都市でも実連があいついで設立されるに至るのである。

昭和戦中期の商業組合は、従来、いわゆる戦時経済の枠組においてのみ捉えられており、戦後社会までを展望した職縁集団の流れの中で、どのように位置づけられるのかはあいまいにされてきた。昭和初期に導入された商業組合制度は、藤田貞一郎氏が言うように、従来の「問屋中心的傾向」を持つ同居型の同業組合に対抗する形で、中小商業者向けの平準的な組織としてつくられたものであり、確かにその点で画期的であったと言える。ただしこの時点で設立された商業組合は、消費地においては多くが小売商によって設けられたものであり、またその区域は多くが市郡を単位とするものであった。そして設立数は、相対的に伸びていたものの、絶対数は全国的に見ればさほど多くなかった。

これに対し、昭和戦中期になると、戦時体制のもとで商業組合が全国的に設立された。そしてこれらの組合は、個々の営業者の業態分離を前提として、卸商・小売商それぞれによる分離型組織となった。また区域＝空間の側面に着目すると、とりわけ卸商の組合を中心に、大都市・地方都市を問わず、府県という広い区域によって設けられる広域型組織となった。こうした特徴は、むろん配給統制を効率的に行うという国家主義的な目的に従って強制されたものである。しかし、そこには当時の営業者側の置かれた条件と合致する側面も存在した。つまり、昭和戦中期に卸商の小売兼業が小売商から批判されていたように、共同経済事業を行うにあたって組合を分離型とすること自体は、小売商の意思に適合的なものであった。そして、地方都市や郡部の卸商も昭和初期頃にはようやく広い商圏を得て成熟しつつあったため、組合を広域型とすることは、彼らの経営環境に適合的な側面を持っていた。

そして戦後、事業協同組合は自主的な共同経済事業組織として再び制度化される。その際、小売専業者の台頭や卸売業者の商圏広域化といった経営上の条件は戦後も変わらず、あるいはいっそう進展していた。また出発期の事業協同組合には、商業・工業組合など戦中期の前身を持つものが約半数存在していた。こうした背景によって、分離型・広域型という組合の特徴は、戦後の事業者によって採用され、定着することとなった。言い換えれば、昭和戦中期の商業組合は、卸商・小売商それぞれの新たな経営環境にある程度対応した組織となっていたという点で、戦後社会へとつながる画期性を有していたのである。このほか、同業組合の総合体組織の動向を確認しておくと、戦前の実業組合連合会に相当する戦後の組織としては、戦中期に設立されていた商工組合中央会の各府県支部を前身とする、中小企業団体中央会が挙げられる。すなわち戦後の中央会は、個々の組合の設置区域に対応する形で各府県を区域としたものとなっており、ここにも広域化の傾向を指摘することができるだろう。

2　結論

筆者は序章において、地縁集団と職縁集団に分けて、それぞれの課題を提示した。しかし以上の行論をふまえれば、むしろ時期によって区分することで、各時期の社会集団の対応には、それぞれ次のような特徴があったと言えよう。

第一に、明治前期には、身分制の解体や独占の否定といった国家レベルの変革が打ち出された。その結果、都市の運営をさまざまな形で支えてきた社会集団においても、平準化が進められることとなった。しかし、地縁集団＝個別町で起きていたのは、実力を持ちながら運営から外れていた表店商人を取り込むという動きであった。また、同居型となることが原則とされた商業系の職縁集団＝同業組合においても、小売商が後に分離されるという動きがしばしば見られた。このように当時の社会集団は、いずれも内部における格付けの基準を実力本位の等級制へと転換することで、幕末期までに蓄積されていた、身分制や独占制の矛盾を解消する形で平準化を進めたのだった。そのような機会として、彼らは当時の変革を受容したのである。明治政府も、市町村制や重要物産同業組合法といった法令の枠組から外れたこれらの集団に対して、それ以上の平準化を強要することはなかった。それゆえ、明治末期に町総代会や実業組合連合会といった組織が都市社会において存在感を増してきた際も、その性格や地域差には、有力者・非有力者間の利害の隔たりが反映されていた。

第二に、昭和戦中期には、戦時体制を強化するための国家主義的な変革が、さまざまな分野で強制された。そして当時のいわゆる総力戦体制は、都市社会集団に対しても平準化の徹底を迫った。裏店借家人までを含む全戸加入制を強制的に導入したのは、確かに戦中期の町内会である。しかし、個別町内で借家人の地位向上の動きが第一次世界大戦後から活発化していたことは、よく知られている。また、商業組合は卸・小売を分離した形となったが、小売商による分離型の商業組合設立が昭和初期から見られたことも、すでに指摘されている。このように、当時導入された仕組には社会集団側の、とりわけ非有力者層の利害に沿う側面も存在していた。その背景としては、都市社会そのものが、第一次世界大戦後の大衆化を経ていたという事情を考慮すべきであろう。さらに、このような住民側の条件は、戦後もますます進展するものであった。それゆえ戦後、連合国軍最高司令官総司令部の意向に反し、町内会や事業協同組合が新たに設立された際、全戸加入が可能な町内会や分離型の商業系組合という特徴は、住民らによって再び採用され、定着することになったと考えられる。

第三に、昭和戦中期の制度変革には、都市社会集団の区域＝空間に対しても、広域化の促進を迫る傾向が存在した。しかしその点にも、当時の社会集団側の利害に沿う側面が存在した。戦中期、在来都市では旧市域に見られた狭域な町内会に合併減少を命じたが、あまりに狭域な個別町の存在は大正後期からすでに問題となっていた。また政府は、各業種の卸商に対し、府県区域で商業組合を設立するように命じたが、地方都市や郡部の卸商は、昭和初期までに次第に商圏を広げて成熟しつつあった。このように、第一次世界大戦後には都市空間（生活圏や商圏）そのものの拡大が顕著となっていたために、戦中期に迫られた広域化についても受容されうるものとなっていた。そして右のような住民側の条件は、やはり戦後ますます進展するものであった。それゆえ、戦後町内会や事業協同組合が設立された際、町内会を束ねる町内会連合会の再設立や、府県区域での商業系組合といった特徴は、住民らによって再び採用され、定着することとなったと考えられる。なお、戦中期であっても行政側の意図がすべて住民に受容されたわけではない。旧市域における町内会の合併減少という施策が、住民側の抵抗によってねらい通りに進まなかったことは、その一例である。

地縁集団や職縁集団は、いずれも明治前期や昭和戦中期において国家レベルでの変革に直面したが、それらへの対応は右のようなものであった。すなわち変革の指示に対しては、これを集団内部の実態に見合ったものにとどめたり、またときに抵抗し、あるいは必要があれば制度廃止後に自らこれを採用した。このように、行政側の意向を住民側の利害にあわせて間接化する役割を果たしながら、集団内部では平準化と広域化という変容を、段階的に進めていったと言えよう。かくして、十分な制度的裏付けを持たないにもかかわらず、日本の都市社会集団は、明治維新以降も水面下でさまざまな役割を果たす存在であり続けたのである。

あとがき

本書は、國學院大學大学院文学研究科に提出し、二〇一五年三月に学位を授与された博士学位論文を、修正加筆したものである。各章のうち、初出論文として発表したものは次の五点であり、他の章はすべて書き下ろしである。

第一部
第一章「明治期地方都市における個別町の組織と機能　―川越を事例として」（国史学会編『国史学』第二一〇号、二〇一三年）

第二部
第四章「明治期東京市の町組織と氏子集団」（神道宗教学会編『神道宗教』第二一六号、二〇〇九年）
第五章「明治期大阪市の町組織と氏子集団」（日本歴史学会編『日本歴史』第七六七号、二〇一二年）
第六章「昭和期における都市地縁集団の再編と町内会連合会」（史学会編『史学雑誌』第一二二編第八号、二〇一三年）

第三部
第七章「明治期大都市における同業（準則）組合の組織と機能　―大阪・京都の薬業組合を事例として」（『國學院大學大學院紀要　―文学研究科―』第四三輯（二〇一二年）

今年で三八歳になる筆者の歩みは、じつに遅い。もともと、地道に努力を重ねるということ以外に取り柄がなかった私は、研究者として生きられればよいと漠然と思っていた。高校時代は必死で勉強して、どうにか東京大学に合格した。三年生になり、専門課程へ進む際に日本史学科、それも近代史のゼミを希望したのは、現代社会と似て非なる異世界が広がっているのが面白そうだという、まことに稚拙な思いからであった。しかし、学部の間は、さまざまな雑用に振り回されているうちに終わってしまった。大学院の修士課程には入れていただいたが、どうすれば良い論文が書けるようになるのかわからないまま時間が経っていき、博士課程には結局、進学を許していただけなかった。同期の院生たちが順調に業績を出しはじめ、キャリアアップしていくなかで、自らの愚鈍さを責めるほかない。

文字通り途方に暮れていた私に、二〇〇六年度から、大学院博士課程後期への入学をお許しいただいたのは、國學院大學の上山和雄先生である。先生は、私のような扱いにくい院生に対しても、常に一人の人間として向き合い、きちんと対話をしてくださる方であった。良い先生に出会えてよかったと、私は素直にそう思った。この論文集は、そうした上山先生のご指導のもとで、一から書き始めたものである。

私は研究テーマも、腹をくくれるものを決められないまま長いことぐずぐずしていた。だが、國學院へ進学する頃には都市史が良さそうだと考えるようになった。近代都市史は比較的先行研究が少なく、むしろ研究の遅れが言われているほどであったし、また研究者としてリベラルな立場を確保できそうだったからである。従来、歴史学分野の近代都市史研究が扱うのは、多くが都市計画や、あるいはスラム、スプロールといった都市問題であった。しかし、ふとしたきっかけで手にした社会学や民俗学の著作で描かれる近代都市の姿はそれらとはかなり異なるものであり、むしろ近世都市に近いものが感じられた。私は何とかこのギャップを埋め、前近代と近代の都市史の対話を進める一助となりたいと思うようになった。それが、都市社会集団をキーワードとする本書の研究にとりかかった動機である。

しかし、こうした研究動機から、学界で評価していただける論文を生み出していくことは、ハードルの高い課題であった。私の持参する論文の原稿に対して、上山先生からは何度も厳しいご批判をいただいた。それでも、いくつかの論文については雑誌への投稿をお許しいただいた。そして博士論文の刊行にあたっては、変わらずに厳しく批判されつつも、國學院大学の学位論文刊行助成への推薦書をお書きいただいた。何しろ、いくら経っても良い論文がなかなか書けないことには、私自身がいい加減閉口していたのである。人様に読んでいただけるものが書けそうだと自分で思えるようになってきたのは、ごく最近のことである。研究者としての道を諦めかけていた私を、辛抱強くどうにかここまで導いて下さった上山先生には、とても感謝しきれない。先生のご恩に報いるには、今後良い論文を一つでも多く書くこと以外にはないと考えている。

本書は、言うまでもなく、他にも多くの方々の学恩に支えられて出来上がったものである。すべての方はとても挙げきれないが、國學院大學大学院の根岸茂夫先生には、川越市立博物館に所蔵されている「旧南町保有文書」の閲覧にあたって多大な便宜を図っていただいた。近代個別町の史料は大変少なく、この史料に取り組めたことは大変幸運であった。また根岸先生には博士論文の審査においても副査を務めていただき、近世史のお立場からの大変鋭く、かつ有益なご指導を種々いただくことができた。東京大学大学院の鈴木淳先生には、國學院大學大学院の受験をお勧めいただき、また博士論文の審査においては副査をお引き受けいただいた。鈴木先生から冷静なご批判をいただくことは、物事の見極めが甘い私にとって、大変有り難いことであった。同じく東京大学大学院の加藤陽子先生は、学界をリードする研究論文を発表され続けている方であり、そのオリジナリティあふれる知見の数々には、大いに学ばせていただいた。そして学部時代に東京大学史料編纂所の宮地正人先生のゼミに参加できたことも、大きな財産である。幕末維新期から戦後に至るまでの歴史を、高い密度で一貫して講じられる視野の広さは圧巻であった。ご高著『日露戦後政治史の研究』所収の諸論文が、いまなお多くの学術書に引用されているという事実は、それらがいかに近代史の本質を捉えたテーマであるかを、如実に物語っていると言えよう。

さて、國學院に進学してからは、自力で探し出した史料の所蔵機関に宛てて、上山先生に紹介状をお書きいただき、先方のお許しをいただければ史料撮影のためにそこへ半年ほど通う、という生活が三年ほど続いた。朝早くの電車や新幹線に乗り、現場ではデジタルカメラのシャッタースピードとブレ具合との調整に手を焼きながら、時間の許す限りひたすら史料の撮影を続けていたのも、今ではいい思い出である。しかし私が通ったのは、史料の公開を前提とした通常の文書館ではないところばかりであった。そうしたところに半年も通えば、直接対応して下さる方からは当然ながら、いつまで続くのかと言外に呆れられてしまうのが常であり、それをこちらもひしひしと感じながら作業するわけである。

何とか信頼をいただけるように努めたつもりではあったが、各機関には調査にご協力いただいたことを、改めて感謝申し上げる次第である。

筆者は、國學院への進学と同時に、横須賀市の市史編さん室で、嘱託として勤務させていただくことになった。ある程度予想していたが、横須賀の近代史料は九割九分が、軍事に関わるものである。このため、軍事や戦争をテーマにしようと思わない私には、市史編さん室の収集史料で博士論文を書くことはできなかった。とはいえ、市史編さん室自体は、大学院にも劣らない、すぐれて実践的な専門教育の場であった。まずは古文書整理の現場に入らせていただき、近世から近代にかけての史料の扱い方を一から教わった。毎日史料を読むうちに、くずし字がいやでも読めるようになったのはもちろん、近代だけでなく近世の地域社会のあり方も、いつしか自然と少しずつ頭に入ってきた。そして史料調査に参加するなかで、史料所蔵者とうまく信頼関係を築くことが、作業をスムーズに進めるための大事なポイントであることを、何度も実感した。市史編さん室での業務は、大学院での演習とはまた違った形で、自らの研究活動の幅を広げるうえで大いに役立っている。厚くお礼申し上げたい。

また市史編さん事業は、専門委員の先生方にご面識をいただきながら、新たな史料の世界を知る機会でもあった。資料編の編集では、都市部としては比較的豊富に残されている横須賀市の行政史料に接したほか、市外のみならず海外の機関が所蔵するものなど、自分には思いもかけない史料が収録されることに目をみはった。そして通史編の刊行にあたっては、編集のみならず執筆の機会も与えていただいた。それは日頃の史料調査の成果も活かしながら、担当分野の勉強が改めてできるという、私にとってはたいへん貴重な機会であった。

仕事をするうえで最も大切なのは、結局のところ信頼関係であると、私はつくづく感じている。私は、お世辞にも人づきあいがいいとは言えない人間である。努力しているつもりではあるが、性格を変えることは容易ではないだろう。しかし、何とか私なりの方法で、これまで自分を支えてくれた方々の信頼に応えられるように、今後とも一層の精進をする所存である。

本書は、國學院大學課程博士論文出版助成金の交付をいただき、刊行されたものである。株式会社雄山閣には、地味な研究書の出版を快くお引き受けいただいた。また同社編集部の八木崇氏は、丁寧な仕事ぶりで本書の発刊にいたるまで、よく面倒を見てくださった。

最後に、まだ少しも孝行の出来ていない両親へ、心よりの感謝を記して本書のしめくくりとしたい。

二〇一六年一月

著者

〈著者略歴〉

伊藤　久志（いとう・ひさし）

1978 年　神奈川県生まれ
2015 年　國學院大學大学院文学研究科博士課程後期修了
現　在　横須賀市総務部総務課市史編さん係非常勤職員、
　　　　國學院大學兼任講師
　　　　博士（歴史学）

主な業績
「明治期大阪市の町組織と氏子集団」（『日本歴史』第 767 号、2012 年）
「昭和期における都市地縁集団の再編と町内会連合会」
　（『史学雑誌』第 122 編第 8 号、2013 年）
横須賀市編『新横須賀市史』通史編近現代（共著、2014 年）

平成 28 年 2 月 25 日 初版発行　　《検印省略》

近代日本《きんだいにほん》の都市社会集団《としきゃかいしゅうだん》

著　者　伊藤久志
発行者　宮田哲男
発行所　株式会社　雄山閣
〒 102-0071　東京都千代田区富士見 2 − 6 − 9
TEL 03-3262-3231　FAX 03-3262-6938
振 替 00130-5-1685
http://www.yuzankaku.co.jp
印刷・製本　株式会社 ティーケー出版印刷

ISBN978-4-639-02407-1 C3021
N.D.C.210 348p 22cm